NASCEMOS PARA CAMINHAR

DAN RUBINSTEIN

NASCEMOS PARA CAMINHAR
O PODER RENOVADOR DE ANDAR A PÉ

Prefácio de Kevin Patterson

Tradução
MARIA DO CARMO ZANINI

martins fontes
selo martins

"A ode suprema ao caminhar." – Carl Honoré

© 2018 Martins Editora Livraria Ltda., São Paulo, para a presente edição.
© 2015 Dan Rubinstein.
Esta obra foi originalmente publicada em inglês sob o título *Born to Walk: The Transformative Power of a Pedestrian Act* por ECW Press e em português mediante acordo com as agências literárias The Cooke Agency International, The McDermid Agency Inc. e Agência Riff.

Publisher *Evandro Mendonça Martins Fontes*
Coordenação editorial *Vanessa Faleck*
Produção editorial *Susana Leal*
Preparação *Julio de Mattos*
Revisão *Renata Sangeon*
Ubiratan Bueno
Júlia Ciasca Brandão
Diagramação *Studio 3*

Dados Internacionais de Catalogação na Publicação (CIP)
(Câmara Brasileira do Livro, SP, Brasil)

Rubinstein, Dan
  Nascemos para caminhar : o poder renovador de andar a pé / Dan Rubinstein ; tradução Maria do Carmo Zanini ; prefácio de Kevin Patterson. – 1. ed. – São Paulo : Martins Fontes - selo Martins, 2018.

  Título original: Born to Walk : The Transformative Power of a Pedestrian Act
  Bibliografia
  ISBN 978-85-8063-333-7

  1. Caminhada 2. Caminhada – Aspectos de saúde 3. Caminhada a pé 4. Relatos pessoais I. Patterson, Kevin. II. Título.

18-12953   CDD-613.7176

Índices para catálogo sistemático:
1. Caminhadas : Relatos pessoais   613.7176

Todos os direitos desta edição reservados à
Martins Editora Livraria Ltda.
Av. Dr. Arnaldo, 2076
01255-000   São Paulo   SP   Brasil
Tel.: (11) 3116 0000
info@emartinsfontes.com.br
www.emartinsfontes.com.br

*Para Maggie, Daisy e Lisa:
minhas razões para acreditar*

Sumário

PREFÁCIO	IX
PRÓLOGO	XIII
1 | Corpo	1
2 | Mente	49
3 | Sociedade	85
4 | Economia	131
5 | Política	163
6 | Criatividade	193
7 | Espírito	221
8 | Família	247
EPÍLOGO	273
REFERÊNCIAS	281
AGRADECIMENTOS	311

Prefácio

Kevin Patterson

O Antropoceno é uma consequência da tecnologia. Os seres humanos deixaram sua marca no mundo e prevaleceram graças a seus truques: o arpão articulado, o motor de combustão interna e a rede elétrica. Essas ferramentas permitiram que nos tornássemos o próximo asteroide. As mudanças que elas nos possibilitaram introduzir no planeta parecem tão inevitáveis quanto um aglomerado de rochas espaciais em rota de colisão conosco. E são mesmo, caso não abandonemos o caminho que trilhamos agora, inertes e distraídos.

O movimento é o tema deste livro. Basta você se mexer para tudo mudar. Escreve Dan Rubinstein: a maneira como pensamos, tememos e entendemos a nós mesmos.

Não faz muito tempo, eu caminhava pelo litoral da baía de Hudson. O gelo ainda não havia se formado, e eu observava a tundra com muita atenção. Ursos polares haviam entrado na cidade na semana anterior.

Eu só me sentia seguro porque o homem que me acompanhava portava um fuzil e um GPS. As pessoas não correm mais que os ursos polares, e não temos o sistema interno de orientação dos gansos-das-neves. É a explicação de sempre: somos os animais mais fracos da natureza e, para compensar essa fragilidade, criamos toda essa tecnologia para nos tornarmos formidáveis. E é por isso que conquistamos as fronteiras, porque elas nos assustam e porque podemos.

Está tudo errado. Os seres humanos são mamíferos de grande porte magníficos, tão deslumbrantes quanto as baleias-da-groenlândia de duzentos anos que vivem na baía de Hudson, tanto quanto os ursos ou os guepardos. O que esses animais têm para mostrar em termos de capacidade de mergulho, força e velocidade, nós temos no caso da marcha rápida. Mesmo quando nos esquecemos disso, os seres humanos se definem pela capacidade de caminhar. Nosso bipedalismo – ou seja, nossa anatomia, e não nossas ferramentas – nos confere uma celeridade e uma eficiência inigualáveis. Meu avô dizia que, em médias e longas distâncias, ele era capaz de alcançar um cervo, desde que tivesse uma trilha de rastros para seguir. Neve recente pela manhã era sinônimo de carne de caça ao cair da noite em sua fazenda às margens do rio da Paz, Canadá, durante a Grande Depressão. E nem era preciso desperdiçar uma bala.

Os hominídeos passaram um milhão de anos caminhando sobre a relva do Serengeti. Bruce Chatwin escreveu que nosso corpo, desde o cérebro até a estrutura do dedão do pé, se formou para cumprir uma só missão: longas viagens a pé. E, enquanto ainda as empreendíamos, entendíamos nossas capacidades. Mas as ferramentas possibilitaram que não fizéssemos mais aquilo que nossos corpos foram otimizados para fazer. Daí esquecemos como somos bons nisso e chegamos à pior das conclusões: somos fracos, a não ser quando recorremos a nossos truques.

Os inuítes do litoral ártico foram uma das últimas culturas ambulantes a criar raízes. Quando entraram nas cidadezinhas erguidas pelo governo, eles abandonaram as andanças inexoráveis que lhes permitiam viver de uma terra desprovida de árvores e até mesmo de vegetação, a não ser em um ou dois meses do ano. O povo thulé deixou o Alasca e seguiu a pé para a Groenlândia mil anos atrás, e, até a eletricidade chegar a Dylan, ainda havia famílias que iam constantemente de um ponto de caça a outro, observavam o horizonte e escutavam atentamente o ruído das botas na neve.

Os anciões que se lembram dessa vida não a romantizam. Mas eles sabiam que, se caçassem com todo o afinco e revirassem mar e terra em busca de alimento, conseguiriam manter viva boa parte das crianças. Era uma vida perigosa, e muitos morreram de fome, frio ou vítima de predadores, mas eles não tinham medo da terra em si. Hoje não há mais famílias autossuficientes vivendo na tundra, e provavelmente ninguém mais seria capaz de fazer isso. Ninguém que caminhe aqui ou em qualquer outro ponto do planeta conseguiria continuar assim. E, como já não andamos mais pela terra como antes, não temos como conhecê-la do jeito que a conhecíamos. É certo que não a percebemos. E é por isso que a tratamos assim.

Quando deixamos de caminhar, passamos a tratar mal a terra – ou seja, tudo – e não poupamos sequer a nós mesmos. Há vinte anos, não existiam inuítes que sofressem de diabetes associada à obesidade nas cidadezinhas da costa oeste da baía de Hudson onde trabalhei. Hoje, a diabetes cresce na mesma proporção que as cinturas, e os inuítes começam a ficar parecidos com todos os povos sedentários. A trama social está se desfazendo, e a diabetes e o suicídio são hoje os novos ursos brancos, só que com garras mais afiadas e apetites mais vorazes.

É disso que trata o livro que Dan Rubinstein escreveu: a beleza do caminhar humano e o que perdemos quando deixamos de fazê-lo. Trata-se de uma reafirmação deslumbrante de nosso lugar neste planeta e entre as criaturas que o dividem conosco. Ele mostra que, por mais devastadoras que tenham sido as consequências da imobilidade, o movimento e tudo que ele acarreta, no sentido metabólico e filosófico, podem ser retomados com extrema facilidade. Basta você se levantar e sair para caminhar. Ande. E não pare.

Kevin Patterson é médico e trabalha principalmente na Colúmbia Britânica e em Nunavut, Canadá. Autor do romance Consumption, *da coletânea de contos* Country of Cold *(que ganhou o prêmio Rogers Writers' Trust na categoria ficção) e da prosa memorialista* The Water in Between: A Journey at Sea, *além de ser co-organizador de* Outside the Wire: The War in Afghanistan in the Words of Its Participants.

Prólogo

"Talvez seja melhor imaginar o caminhar como uma 'espécie indicadora', para usar uma expressão dos ecólogos. A espécie indicadora reflete a saúde de um ecossistema, e sua situação de risco ou redução pode ser um alerta precoce de problemas sistêmicos."

Rebecca Solnit, *A história do caminhar*

"Caminho como medicação somática e proteção contra a psicose da vida urbana contemporânea."

Will Self, *New York Times*

O vento açoitava o lago congelado. A neve úmida me feria o rosto. Caía sem parar desde o alvorecer, derreando os galhos esparsos dos esprúces negros e abetos balsâmicos que se aglomeravam na margem indistinta do lago. Estávamos no meio da tarde e a difusa luz de fevereiro se apagava.

Com o queixo enfiado no colarinho da jaqueta e o barrete de lã cobrindo toda a testa, eu protegia os olhos ao observar as raquetes de neve emprestadas que trazia nos pés, erguendo o olhar depois de alguns passos para me orientar. Era uma maneira maçante de progredir – Ernest Shackleton, o explorador antártico, não se sentiria tão tolhido –, mas que me proporcionava muito tempo para pensar.

Percebi que as corridas de uma hora em volta do parque que ficava na mesma rua de minha casa quase suburbana talvez não fossem preparação suficiente. Minhas costas doíam de tanto puxar um trenó de plástico barato, carregado com 25 quilos de roupas de inverno e apetrechos para acampar. Eu estava coberto de suor, o que pode ser problemático numa expedição de inverno. Tinha sede: mais problemático ainda. Havia as assaduras. E era apenas o primeiro dia de uma caminhada de duas semanas e meia. Tínhamos mais 350 quilômetros pela frente.

A distância era assustadora. O que dizer então da perspectiva de atravessar a floresta e dormir sobre a neve em meio a sessenta completos estranhos, todos indígenas ou francófonos, quando não as duas coisas? Eu, o citadino de ascendência inglesa, monolíngue, acostumado a fazer excursões solitárias de veraneio e a acampar de carro, receava tamanha proximidade. Na verdade, a viagem inteira percorria território desconhecido. Eu sabia onde estava (mais ou menos) e para onde íamos (vagamente), mas não tinha a convicção de que conseguiria chegar lá. E, talvez minha maior aflição, já não sabia mais por que estava tentando.

Havia apenas uma certeza: era tarde demais para voltar.

A busca por um norte me colocara naquela expedição de inverno. O mundo girava rápido demais. Eu precisava recalibrar. Desacelerar.

Então retomei um velho hábito.

Caminhar.

Até o ano anterior, eu havia seguido uma trajetória convencional: infância feliz; casamento cheio de amor; duas filhas lindas; uma casa confortável, férias no litoral; uma pequena reserva no banco. Minha carreira também seguia o curso esperado, de articulista esportivo e repórter de jornal para uma década como redator-chefe de revista, coroado com o cargo mais alto numa publicação de respeito. Meus maiores receios – apocalipse ambiental, descalabro econômico global, tecnologia desembestada, plano de previdência – eram abstrações. Com os pés firmes no Primeiro Mundo, eu tinha a certeza de que conseguiria chegar lá, como qualquer outra pessoa.

Os problemas no trabalho foram os catalisadores de minha mudança de paradigma, mesmo que o desassossego já viesse de longe. O turbilhão financeiro ameaçava afundar o ramo das revistas. A organização sem fins lucrativos onde eu trabalhava reagiu criando conteúdo "independente e objetivo" em parceria com patrocinadores empresariais e governamentais. Num ramo com inúmeros tons de cinza, eu enxergava em preto e branco. O cão de guarda abria o portão para os lobos.

O emprego dos meus sonhos, que eu aceitara depois de me mudar para o outro lado do Canadá, transformou-se em pesadelo. Nossos patrocinadores estavam determinados a aumentar os lucros ou o financiamento público, e eu era cúmplice de sua "novilíngua". Desprovido de uma razão de ser, senti que a dissonância entre minhas convicções e meu ganha-pão se tornava ensurdecedora. O vigor e o otimismo minguaram. Os prazeres simples (uma refeição caseira, o pôr do sol no parque) não faziam mais sentido. Minha família logo se cansou de minhas reclamações quixotescas. Eu perdia, e com toda a razão, para preocupações mais urgentes: o vazamento no banheiro, o supermercado e o surto de gripe.

Ilhado em minha escrivaninha, eu rodopiava sem parar, afogando-me em estática digital, um miasma de tédio midiático que, como escreveu o crítico da tecnologia Ievguêni Morózov, "gera um desejo ardente de obter mais informações para suprimi-lo". Durante meses a fio, driblei a tensão verificando meu e-mail a cada três minutos e saindo para correr na hora do almoço. Aí rompi o menisco do joelho direito, da maneira mais ridícula e dolorosa possível, ao me sentar desajeitadamente no chão durante um festival de música folk. A articulação travou em ângulo reto e acabei desmaiando e caindo de cara no gramado logo depois de minha esposa ter me ajudado a levantar. Era meio-dia. Eu não tinha bebido nada (ainda). Às vésperas de completar quarenta anos, entendi isso como um sinal de velhice. Era óbvio que eu precisava de uma abordagem diferente.

Um mês depois, com um séquito de câmeras em seu encalço, Sua Alteza Real Haji Al-Muhtadee Billah, o simpático príncipe herdeiro de Brunei e um dos homens mais ricos do mundo, entrou na Clínica de Medicina Esportiva da Universidade Carleton para fazer uma sessão de fotos enquanto eu recebia fisioterapia. Ele seguiu direto para meu leito e perguntou como eu havia me machucado. Deitado num colchão, com o joelho bombardeado por correntes interferenciais, cercado por *flashes* e lentes dotadas de *zoom*, eu não soube responder.

– Eu... me sentei do jeito errado.

Sua Alteza Real me lançou um olhar zombeteiro.

– No meu país, jogamos muito *badminton* – ele sorriu, radiante.

Incapaz de me recuperar praticando esportes com raquetes ou correndo, eu me automedicava com longas caminhadas sempre que possível, seguindo linhas de desejo – trilhas formadas pelo tráfego de pedestres – que cruzavam corredores ferroviários e riachos tomados por juncos. Tentando conter minha mordacidade, eu faltava a sessões de conferências para andar a esmo por cidades alheias e me incumbia de escrever matérias sobre excursões a pé. Em Reno, Nevada, EUA, apreensivo com a perspectiva de assistir a mais uma mesa-redonda sobre a preponderância dos aplicativos turísticos, tomei um táxi até a trilha que eu via lá da janela do meu quarto de hotel e segui o sinuoso Hunter Creek, desde a capoeira das terras altas e áridas que orlam o vale do Truckee até as campinas e pinhais do monte Sunflower. No mar de morros cobertos de geada da região de Charlevoix, em Quebec, Canadá, excursionei de cabana em cabana durante quatro dias com um grupo de aposentados, e as diferenças de idade e idioma foram irrelevantes desde o começo. Em casa, em Ottawa, depois de colocar minhas filhas na cama, eu apanhava uma garrafa de água e escolhia um destino qualquer (uma ponte, por exemplo, ou um monumento no centro da cidade), deixava-me orientar pela própria topografia e saboreava a liberdade de seguir o fluxo. Havia tempos que eu tinha obsessão por caminhar, fosse para ir do ponto A ao ponto B ou uma maneira de interagir com o mundo, mas aquilo era diferente. Meu hábito estava em metástase. Em vez de falar sem parar do trabalho, eu falava sobre caminhar e me recusava a utilizar nossa minivan bege, a não ser que fosse absolutamente necessário.

Apaixonado por travessias que as pessoas, raras vezes, vivenciam devagar, caminhei do meu quarto de menino em Toronto até o chalé autossuficiente de meus pais e levei quatro dias para completar uma viagem que, de carro, levaria três horas. Foi uma tentativa de homenagear o espírito rústico da cabana, de entender melhor a relação batida, mas jamais estática, entre a cidade e o campo, entre mim e minha família. Na segunda noite, claudicante e coberto de bolhas, fui salvo pela proprietária de uma igreja de tijolinhos à vista transformada em pousada. Ela descolou um banho quente e me deu uma cerveja gelada. "O mundo é um livro", ela escrevera em vistosas letras brancas sobre uma lousa na cozinha, citando Santo Agostinho, "e quem deixa de viajar lê apenas uma página."

Não importava qual fosse o destino, em algum ponto da caminhada, *tudo* parecia melhor. (Não foi o que aconteceu quando, lesionado, parei num ancoradouro a vinte quilômetros do chalé, tomei emprestado um celular para arranjar uma carona e forneci a meu pai as coordenadas erradas, um equívoco que ele nunca se cansa de mencionar.) A sensação de harmonia baixava sobre mim enquanto eu estivesse em movimento e, às vezes, perdurava – "um estado no qual a mente, o corpo e o mundo se alinham", como escreveu Rebecca Solnit em *A história do caminhar*, "como se fossem três personagens que finalmente se põem a conversar, três notas que, de repente, formam um acorde". Um acorde que ainda ressoava nos recessos de meu cérebro quando, mais uma vez diante do computador, distraindo-me facilmente e deixando por fazer as tarefas do dia, comecei a topar com resmas de pesquisas recentes sobre as virtudes fisiológicas e psicológicas do caminhar. E também sobre suas possibilidades sociais, econômicas e criativas. Seria uma ilusão de frequência, acionada por minha obsessão? Ou uma prescrição para mudar?

Seja como meio de transporte ou recreação, caminhar concede a dádiva do tempo. Praticado por livre e espontânea vontade, desatrelado do mercado e de dispositivos sem fio, pode ser um ato de rebeldia. Em sua máxima pureza, caminhar nos une às pessoas e aos lugares onde nos encontramos *neste exato momento*. E também a nós mesmos. Nas primeiras décadas do século XXI, uma era de convulsões climáticas, exploração voraz, endividamento arrasador, doenças letais associadas a "estilos de vida" e de enfraquecimento da comunidade não virtual, trata-se de *commodities* valiosas. Devem render dividendos fantásticos.

Os franceses têm uma expressão para descrever quem enxerga o mundo pelo prisma de sua ocupação, à custa de um ponto de vista mais panorâmico: *déformation professionnelle*. Depois de mais de vinte anos de jornalismo, eu via tudo, primeiramente, como reportagem. Seria possível aplicar essa condição ao caminhar?

– E aí, que tal se eu transformasse as caminhadas em profissão? Por uns tempos? – perguntei a Lisa, minha esposa, enquanto lavávamos a louça certa noite.

Ela mordiscou o lábio. Enxaguou uma taça de vinho. Lisa havia, recentemente, deixado de ser escritora autônoma para aceitar um emprego fixo, antecipando-se a meu capricho.

– Você seria um "trabarilho" – ela respondeu. – Ou um "andalhador". Entendi isso como um sim.

Em busca de especialistas que também desconfiassem de que algo tão humilde poderia ter um impacto profundo em nossas vidas ou, ao menos, de cúmplices que estivessem dispostos a me escutar, contatei as pessoas responsáveis pelas obras a respeito das quais andara lendo. O epidemiologista de Glasgow que estuda a relação entre o caminhar e a depressão. O criminólogo da Filadélfia que avalia o impacto da ronda policial quando feita a pé. O fisioantropólogo no Japão que analisa como caminhar nas matas altera nossos corpos no nível molecular. O ex-engenheiro de transportes de Nova York que percorre a pé todas as ruas de todos os distritos. As cientistas de Toronto que usam um laboratório *sui generis* para ajudar as pessoas a continuar em movimento. O britânico que atravessou a pé o Oriente Médio e a Ásia Central, voltou para casa e fez campanha como candidato a uma vaga no parlamento vagando a esmo por seu distrito eleitoral na zona rural. Admito que eu estava acalentando um sonho de meia-idade, fugia ao mesmo tempo que me acercava. Mas esses homens e essas mulheres, e dezenas de outras pessoas, eram rigorosos e respeitados. E concordaram em dividir comigo suas descobertas.

Este livro trata das propriedades transformadoras do caminhar. Trata de brechas que qualquer pessoa é capaz de explorar. É o resultado de uma experiência tanto pessoal quanto jornalística, uma tentativa de entender meu vício, de ver se ainda é possível remediar alguma coisa.

Tentei organizá-lo de maneira lógica, explorando um grande benefício do caminhar a cada capítulo. Trata-se de uma estrutura problemática: as anedotas, os dados estatísticos e as conclusões se sobrepõem e ampliam umas às outras. E também existem os obstáculos erguidos pelas fronteiras geográficas. Chego a pousar na Ásia, África e América Latina, mas meu foco está nos Estados Unidos, no Reino Unido e no Canadá. As forças culturais e econômicas que deram forma à "anglosfera" (nossas cidades e nossos hábitos, nossa saúde e felicidade) incubaram um conjunto distinto de desafios.

Dizem que maturidade é aceitar que o mundo está em frangalhos. Mas e se fossem possíveis alguns remendos simples? Todas as pessoas com quem conversei ou passei algum tempo, todas notáveis em diversas áreas, demonstraram de uma maneira ou outra que restabelecer a importância do caminhar, até mesmo em comunidades em situações muito difíceis, poderia representar um pequeno passo rumo a um lugar melhor. Que minha droga talvez possa curar.

Gerações de escritores seguiram por essa estrada. Wordsworth, Thoreau, Solnit, Bruce Chatwin e dezenas de outros compuseram poemas líricos, ensaios e livros a respeito do poder do caminhar. Eu me curvo a seus pés. Esses clássicos hoje são mais relevantes do que nunca e incitaram um renascimento. Somente em 2014 o filósofo francês Frédéric Gros publicou um manifesto sobre a capacidade subversiva do caminhar de solapar o "mistério da presença"; o autor britânico Nick Hunt refez os passos de oitenta anos do erudito Patrick Leigh Fermor por toda a Europa, numa demanda para encontrar o que resta da gentileza dos desconhecidos; o historiador Matthew Algeo examinou uma era passada em que o pedestrianismo era o esporte de massas mais popular dos Estados Unidos; e o naturalista Trevor Herriot embarcou numa peregrinação pelas pradarias, munido de "uma metafísica da esperança contra o dogma de que somos viandantes sem rumo num mundo que tem em sua superfície caótica a totalidade da realidade". Esses registros indispensáveis deram a minhas ideias forma e propósito.

Um dos primeiros guias com quem conversei foi um médico chamado Stanley Vollant, o primeiro cirurgião indígena de Quebec. Filho da nação *innu*, Vollant lutava para cultivar a esperança no seio dos povos indígenas do Canadá ao liderar excursões coletivas de centenas de quilômetros, ao ressuscitar as rotas e os ritmos de seus ancestrais. Havia uma caminhada já marcada. Ele me convidou para participar.

Na época, eu estava atolado de trabalho e responsabilidades domésticas. Mas nossa conversa continuou a repercutir. "Ao começar uma jornada, você não sabe bem qual é o motivo", Vollant dissera sabiamente. "A trilha mostrará a você o caminho."

A empresa para a qual eu trabalhava realizou sua festa anual um mês antes do Natal. A elite empresarial e política do Canadá se reuniu no grande saguão de um museu em meio a altaneiros postes totêmicos e uma parede em arco de janelas panorâmicas, emoldurando a vista propiciada pela fortaleza neogótica do governo federal lá do outro lado do rio. Jogar conversa fora com pessoas influentes é a maneira eficaz de subir na carreira. Mas eu perdi a festa. Naquele mesmo dia, um cirurgião ortopedista havia realizado uma artroscopia no meu joelho lesionado, desbastando uma aba lacerada de tecido cartilaginoso do coxim em forma de lua crescente que garante a integridade estrutural da articulação.

Após três semanas de descanso e fisioterapia, pedi demissão e arranjei um trenó para carregar o equipamento. E fui caminhar.

1
Corpo

"Cada um de nossos passos é um mergulho embargado, uma queda evitada, um desastre refreado [...]. Nós o operamos diariamente: um milagre em dois tempos – um vaivém iâmbico, um segurar-se e soltar-se."

Paul Salopek, *National Geographic*

"Julga teu vizinho somente depois de calçar seus mocassins e com eles caminhar durante duas luas."

Provérbio cheyenne

Dr. Stanley Vollant queria dormir desesperadamente. Tomou um avião para Rotorua, Nova Zelândia, para participar de uma conferência sobre saúde indígena em outubro de 2007, aterrissou esgotado e deprimido, depois de viajar um dia inteiro. Sua segunda esposa acabara de deixá-lo e levara consigo o filho pequeno. Apesar do currículo brilhante, que incluía um mandato como presidente da Associação de Medicina de Quebec, ele andava sobrecarregado com plantões na sala de cirurgia, atendimento ambulatorial em comunidades remotas e suas obrigações como diretor do programa de medicina indígena da Universidade de Ottawa. Vollant, um exemplo vivo, carismático e de origens modestas, havia recentemente enfiado um revólver na boca e chegara perto de puxar o gatilho.

No hotel em Rotorua, um amigo recomendou que ele saísse para correr um pouco e aliviar o *jet lag*.

– Estou tão cansado – Vollant protestou.
– Você é maratonista, Stan. Corra uns quinze ou vinte minutos.
– Não tenho mais forças. Não me sinto bem.
– Vá correr.

Fraco demais para discutir, Vollant amarrou os cadarços e se pôs a correr no vale vulcânico nos arredores da cidadezinha. A paisagem primitiva – um paraíso de gêiseres, fontes termais e poças de lama efervescentes – era revigorante. Tinha a sensação de que estava voando.

Durante a corrida, que se estendeu, sem esforço, a três horas, Vollant teve um devaneio vívido. Ele caminhava por um lugar longínquo. Não sabia onde.

Certa noite, já em casa e de volta à rotina, ele ligou a televisão. Um homem falava do Caminho de Santiago, a famosa peregrinação cristã da Espanha. Vollant, que acredita nos valores, mas não nas hierarquias do catolicismo, olhou para sua mesinha de cabeceira. Havia ali um livro, adquirido cinco anos antes e abandonado, ainda por ler: *O diário de um mago*, de Paulo Coelho, um romance inspirado nas experiências do autor ao percorrer o Caminho. A porção indígena do cérebro de Vollant se impôs a seu treinamento cartesiano. Ele sabia o que tinha de fazer.

Na primavera seguinte [abril de 2008], ainda com pouquíssimo tempo livre, Vollant se propôs a completar o Caminho num ritmo ambicioso: 42 quilômetros por dia durante dezoito dias. A maioria das pessoas o percorre praticamente no dobro desse tempo.

– Sou maratonista – disse ele à namorada, antes de partir. – Eu consigo.

Ela ergueu a mochila vermelha de vinte quilos que ele havia preparado. Uma ávida excursionista, acostumada a percorrer longas distâncias, ela nunca carregava mais de dez quilos.

– Stan, você vai sentir o peso de cada grama disto aqui – ela avisou.
– Amor, sou um homem forte. Para mim, vinte quilos não são nada.

Findo o primeiro dia nos Pireneus espanhóis, Vollant tinha meia dúzia de bolhas. A cada passo, ele sentia o peso de cada *maldito* grama da mochila.

Teimoso, ele continuou sem se livrar de uma peça que fosse do equipamento, mesmo com a neve intensa, que o impedia de usar a barraca e o obrigava a dormir em albergues comunitários. Depois de doze dias, tremendo sem parar, ele seguia aos trancos e barrancos para o hotel de uma cidadezinha e desmaiou duas vezes antes de chegar à recepção. Um banho demorado e uma refeição no restaurante devolveram-lhe parte das forças. Reduziu o tamanho da mochila pela manhã e, ignorando as bolhas supuradas, caminhou durante mais dois dias. A dor excruciante nos dedos dos pés e uma mancha vermelha em sua canela que só fazia crescer finalmente o convenceram a tomar um trem até León, onde ele foi direto para o hospital. Os médicos diagnosticaram a infecção – fascite, precursora das bactérias devoradoras de carne – e aplicaram-lhe antibióticos por via intravenosa durante cinco dias. "Volte para o Canadá", foi a instrução que lhe deram quando ele recebeu alta. Mas, como os médicos são os piores pacientes, ele voltou ao Caminho. E foi lá que ele teve a segunda visão.

Num refúgio semelhante a um celeiro, com o vento montano forçando as rajadas de chuva a entrar pelas frestas das portas, Vollant teve um sonho tão realista quanto uma imagem de alta definição, chegando aos mínimos detalhes, como sua mochila vermelha. Dessa vez, ele caminhava por uma floresta familiar, ao lado de jovens e anciões indígenas. Abstinham-se de consumir drogas e álcool, comiam alimentos saudáveis, falavam sobre suas culturas, tratavam corpos, mentes e espíritos. Ao acordar, coberto de suor, Vollant descreveu o que vira a outro peregrino.

– O que devo fazer? – ele perguntou. – Por quê? Como?
– Seu povo acredita que os sonhos significam alguma coisa – lembrou-lhe André, um francês. – São o chamado do destino.

Vollant voltou da Espanha se perguntando se teria enlouquecido. Atravessar um pedaço do Canadá a pé era uma ideia intrigante. Talvez quando ele se aposentasse. Quando tivesse mais tempo, mais dinheiro. Quando seus filhos – duas meninas do primeiro casamento e Xavier, o caçula – não precisassem mais tanto dele. Podia se ausentar do trabalho para participar de conferências de medicina. Mas não para algo assim.

Não obstante, amigos e parentes encorajaram Vollant. Assim como ele, também viam uma carência cada vez maior de projetos como o que ele acalentava. Não no futuro. Imediatamente. Vaticinada dessa maneira e amparada por um fascinante mito da criação, a Innu Meshkenu – Estrada Innu – ganhou forma. Uma série de caminhadas de 5 mil quilômetros, para durar cinco anos, durante todas as estações, entre cada uma das comunidades indígenas de Quebec e Labrador, e algumas em Ontário e Nova Brunswick. Vollant queria demonstrar o poder de acreditar em si mesmo. Que toda mudança era possível, desde que a pessoa se dedicasse a ela com perseverança. E que caminhar – em sua essência, um tônico físico – era a maneira ideal de começar.

O 1,4 milhão de indígenas do Canadá forma um grupo diversificado. Urbanos e rurais, ricos e pobres, incluídos digitais e caçadores de subsistência, médicos e evadidos escolares, em harmonia com a terra e resistindo às intempéries: existem diferenças enormes não só entre as primeiras nações do Sul, os inuítes do Norte, os miscigenados *métis* e os mais ou menos 20 mil *innu* do Leste, como também no seio dessas comunidades. Demograficamente, porém, quando são comparados à população não indígena do país, as estatísticas revelam um fato alarmante: muitos sofrem com problemas de saúde equivalentes aos de habitantes de países em desenvolvimento, apesar de viverem numa das nações mais ricas do planeta.

Homens e mulheres indígenas morrem, em média, sete anos antes que outros canadenses. A taxa de mortalidade infantil é 1,5 vez mais elevada. (Entre os inuítes, a expectativa de vida é 15 anos mais baixa do que a média nacional e a taxa de mortalidade infantil é quatro vezes mais alta.) É 1,5 vez mais provável que os indígenas tenham pelo menos um problema de saúde crônico, como diabetes, pressão alta ou artrite. Nas reservas, 56 por cento das crianças das primeiras nações entre dois e dezessete anos de idade estão acima do peso ou são obesas, em comparação com 26 por cento das crianças não indígenas, segundo informou a Agência de Saúde Pública do Canadá em 2009. Um ano depois, num informe intitulado *A Perfect Storm* [Uma tempestade perfeita], a Fundação de Combate a Doenças Cardiovasculares do Canadá emitiu um alerta a respeito de doenças cardíacas, mencionando índices nacionais galopantes de pressão alta (um salto de 77 por cento), diabetes (45 por cento) e obesidade (dezoito por cento) entre 1994 e 2005. A não ser que algo mude, as emergências cardiovasculares vão sobrecarregar o sistema de saúde do país. Os indígenas, declarou a fundação, já estão vivendo "uma crise plena".

As estatísticas referentes ao alcoolismo, uso abusivo de drogas, encarceramento (quatro por cento da população, 25 por cento dos prisioneiros) e suicídio – a causa de morte mais comum entre os indígenas com menos de 44 anos – mostram a gravidade dessa crise. E há sinais de que vá piorar. A população indígena do Canadá é o grupo demográfico mais jovem e de mais rápido crescimento no país, tendo aumentado em vinte por cento entre 2006 e 2011, comparado ao crescimento de 5,2 por cento dos não indígenas. A idade média é de 28 anos, em comparação aos 41 anos do resto do país, e praticamente metade dos indígenas tem 24 anos ou menos. Esses valores têm implicações terríveis. Se as atuais desigualdades em matéria de saúde não forem tratadas, os custos sociais e financeiros vão aumentar descontroladamente.

Séculos de segregação econômica e educacional, além das gerações perdidas e maltratadas pela Igreja e pelo Estado nos internatos indígenas – os ecos persistentes da colonização –, nos trouxeram até aqui. Sobram preocupações agudas: moradias decrépitas, violência doméstica, água tóxica. A triagem se faz necessária em muitas das comunidades pelas quais passa a Innu Meshkenu. E, apesar de o projeto enfatizar a importância da força mental e espiritual – e a necessidade de restabelecer uma ligação com a terra, com a tradição e uns com os outros –, é difícil chegar longe sem um corpo saudável, como dirá qualquer médico.

A primeira caminhada de Vollant, em outubro de 2010, foi uma excursão solitária de 620 quilômetros seguindo para o oeste e margeando o rio São Lourenço, desde a reserva *innu* em Natashquan, Quebec, até Baie-Comeau, a cidade mais próxima de Pessamit, a aldeia natal de Vollant, uns seiscentos quilômetros a nordeste de Montreal. Seguindo num avião de pequeno porte para o ponto de partida, ele fitava o terreno lá embaixo, o terreno que ele logo iria percorrer, mais uma vez preocupado com a própria sanidade. No mapa, trinta quilômetros por dia pareciam razoáveis. Ali, de uma altitude de 15 mil pés, pareciam mortíferos. Quem sabe, se ele fosse ao posto de saúde em Natashquan, não o colocassem numa camisa de força e o trancafiassem em algum lugar? Mas aí ele pousou e viu cartazes de papelão com dizeres em *montagnais*, seu idioma, a lhe dar as boas-vindas. A rota 138, a estrada asfaltada que segue rumo ao leste a partir de Montreal, termina pouco depois de Natashquan. Os brancos dizem que ali é o fim da estrada. Para os *innu*, é o começo.

O ímpeto de Vollant só fez aumentar, feito bola de neve, depois de ter caminhado até Baie-Comeau em 23 dias, com a equipe de apoio saindo literalmente do mato para armar as barracas e preparar refeições à base de alce e salmão. Ele completou outras sete caminhadas em 2011 e 2012, a maioria com duração de duas a três semanas e distâncias que variavam de trezentos a setecentos quilômetros. Duas delas foram excursões breves, como a marcha de dois dias de Wôlinak a Odanak, no sul de Quebec, em setembro de 2012, para a inauguração de uma faculdade indígena, um passeio que atraiu 150 participantes. Até mesmo as caminhadas longas vinham reunindo mais gente. Eu acabaria descobrindo que, de certo modo, eram parecidas com o programa *No limite*, só que o objetivo seria botar mais gente *na* ilha.

A etapa de inverno de 2013 começou em Manawan, uma reserva *atikamekw* que fica no fim de uma gelada estrada de cascalho de 88 quilômetros de extensão, uma viagem de carro de quatro horas seguindo rumo ao norte a partir de Montreal. Três meses após a cirurgia no joelho, peguei uma carona até lá com dois caminhantes *québécois* e, depois de eu ter insistido para que tomássemos um atalho no ponto em que os barrancos de neve chegavam fácil à altura do teto de nosso veículo, batemos em retirada para a via aberta e chegamos um pouco atrasados, mas não perdemos a festa no ginásio da escola de ensino fundamental. As celebrações começariam "em horário de índio".

A expressão pode ser pejorativa se usada para conotar uma aversão a cronogramas. Mas, reapropriada pelos indígenas, entranhada numa longa história de acompanhar de perto as estações, o tempo atmosférico ou os padrões migratórios dos animais, e não os confins de relógios e calendários, é, na verdade, nas palavras do escritor *ojibwe* Drew Hayden Taylor, "um conceito enigmático que se baseia numa relação cultural ímpar com o tempo. Colocado da maneira mais simples, as coisas acontecem quando acontecem [...]. O universo tem sua própria pulsação, e quem somos nós para acelerá-la ou fazê-la ir mais devagar?". Assistindo a uma apresentação de diapositivos com fotos das caminhadas anteriores da Innu Meshkenu e escutando sete homens baterem tambor e cantar, o horário europeu já parecia fora de linha.

Vollant ainda estava em trânsito na véspera da expedição, vindo da Université de Montréal, onde dá aulas na faculdade de medicina quando não está trabalhando como cirurgião substituto por toda a província. A logística fora confiada às mãos serenas e calosas do gestor do projeto, Jean-Charles Fortin, instrutor de atividades recreativas ao ar livre e turismo de aventura da Université du Québec à Chicoutimi.

– Cresci na comunidade *mohawk* de Kanesatake, em Quebec – ele disse ao grupo quando nos reunimos no ginásio, sentados em cadeiras dobráveis, para a primeira de muitas rodas; mais tarde ele me confidenciaria que aquela apresentação é, essencialmente, um "lubrificante social". É *possível* que ele tenha um pouco de sangue *métis*. Fortin, com seus cabelos escuros, que lhe chegam à altura dos ombros, e os olhos negros e brilhantes, realmente se comporta como alguém que resolve problemas, mas não cria as regras. Irredutível aficionado da *mountain bike*, ele conhece todas as trilhas rústicas nos arredores de Kanesatake. Durante o impasse de um mês entre o exército canadense e os guerreiros *mohawk* por causa dos avanços de um campo de golfe dentro das terras da tribo em 1990, antes da proliferação de telefones celulares e câmeras digitais, ele passava pelas barricadas da polícia levando rolos de filme e blocos de notas para os repórteres, cobrando cem dólares canadenses por viagem. No fim do conflito, ele tinha dinheiro suficiente para comprar um carro novo.

Fortin encontrou vagas no porão de um morador para mim e meus colegas *québécois* – pouso e café da manhã proporcionados por uma família que não tinha muita coisa para disponibilizar – e voltamos a nos reunir na frente da escola pela manhã. Meu trenó estava preparado e preso a um cinturão acolchoado por cordas de náilon que passavam por dentro de varas cruzadas de alumínio. Umas trezentas pessoas apareceram para a cerimônia de partida. Só havia um problema: nem sinal de Vollant. Ele estava palestrando para os estudantes no ginásio, a pedra fundamental de todas as paradas da Innu Meshkenu. Ficamos por ali, parados, esperando, batendo os pés para nos aquecermos. Acabou sendo uma bênção, porque havia, de fato, um segundo problema. Flocos de neve enormes estavam se juntando e derretendo sobre os sacos com as minhas coisas; minhas roupas de cama e de uso pessoal estavam encharcando. Todos os demais tinham uma lona plástica, presa firmemente com cabos elásticos, para manter o equipamento seco. Mesmo com semanas de planejamento e preparação, mesmo com uma prateleira cheia de lonas na minha garagem, mesmo depois de Lisa ter sugerido que uma capa à prova de água viria a calhar, eu não havia trazido uma.

Minhas varas de alumínio retiniam feito sino de um cruzamento ferroviário enquanto eu descia o morro correndo até o posto de gasolina e armazém geral de Manawan, a única loja da cidadezinha. Percorrendo apressado os corredores, apinhados de consumidores na manhã de um dia útil, não encontrei lona alguma. Tentando não entrar em pânico, eu falava meu francês mal falado.

– *Je cherche pour un*... lona – eu disse a um funcionário jovem, abrindo bem os braços para compensar minha pronúncia deplorável e o vocabulário ginasiano. – *Un grand* lona *plastique. Pour un bateau?*

Ele chacoalhou a cabeça. Talvez porque ainda faltassem meses para a temporada dos barcos. Talvez porque o cara baixinho e suado diante dele nitidamente quisesse o tipo de ajuda que um armazém não é capaz de fornecer.

Lá fora, um homem com boné de caça na cabeça admirava as linhas arrojadas de meu trenó azul-clarinho de vinte dólares (adquirido numa loja da Canadian Tire bem suprida de lonas).

– *Le marcher avec le docteur* – murmurei, aí repeti meu pedido por *plastique, bateau.*

Por incrível que pareça, ele fez que sim. Após uma série de gestos feitos com as mãos, entendi que Mario me encontraria na escola com um lona. Ou que eu era um idiota e ele sinceramente torcia para que eu não morresse de frio no meio do mato. Não muito depois de eu já ter voltado para o ponto de encontro, Mario apareceu com uma lona verde acinzentada e grande o suficiente para embrulhar um bote para presente. Entreguei-lhe uma nota de vinte dólares canadenses, usei as duas mãos para apertar a dele, que era grande, e consegui cobrir meu equipamento antes de Vollant chegar.

Queimaram erva-de-bisão e sálvia, os anciões recitaram preces em *atikamekw* (uma língua algonquina) e francês, aí o médico discursou para a multidão. Com 1,80 metro de altura e, aos 88 quilos, um pouco acima de seu peso ideal para correr, Vollant tinha pele morena, um nariz largo e aquilino e olhos doces. Com os cabelos compridos e grisalhos recolhidos num coque, o homem de 48 anos parecia um cruzamento de Kobe Bryant e Mario Lemieux.

– Meus ancestrais percorreram esta terra a pé durante milhares de anos. Faço agora o que eles fizeram – ele disse em inglês, com um sotaque francês sonoro e caloroso, como o do narrador Roch Carrier no clássico desenho animado da National Film Board, *The Sweater* [O suéter]. – Estas caminhadas têm tudo a ver com o empoderamento do indivíduo e da comunidade. As pessoas começam a acreditar em seus sonhos e transformam-se em mais do que uma mera presença em suas próprias vidas.

Jovens e idosos, homens e mulheres concordaram com a cabeça, vários deles com lágrimas nos olhos. No salão de banquetes de um hotel de aeroporto, aquelas palavras talvez soassem baratas. Ali na reserva, tinham peso.

As pessoas se alinharam nos dois lados do caminho para nos desejar boa sorte e fazer chover sobre nós apertos de mão e uma série de "toca-aqui" enquanto, em fila única, entrávamos na mata. Grudei em Vollant. Ele me falou de sua visão febril no Caminho. Aí a trilha estreitou e fiquei para trás.

Supõe-se que os participantes da Innu Meshkenu sejam autônomos. A rota é discutida de antemão, e enfiam-se placas na neve para indicar a distância percorrida e onde virar. Carregamos água e comida suficientes para um dia, e os especialistas em logística de Fortin vão e voltam em barulhentas motoneves para garantir que ninguém corra perigo.

– Nossa função é manter vocês vivos – disse-me um deles.

Começamos bem leve: uma etapa inicial de dezessete quilômetros, com cabanas no meio do nada onde cozinhar e comer nas primeiras duas noites. Eu estava aquecido, meu joelho estava ótimo. Ainda assim, o trenó e as raquetes nos pés tolhiam meus movimentos e, quando chegou a tarde, eu estava cedendo.

O vento ficou mais forte quando me pus a caminhar sobre um rio cheio de meandros e a expansão gélida do Lac Mazana. Torrões de neve congelavam em minha barba. Sozinho no vento gelado, embarcando em minha primeira excursão de inverno, longe de minhas filhas pelo período mais longo de suas breves vidas, eu me perguntei se minha busca seria uma quimera. Que diabos eu pretendia encontrar?

Aí avistei fumaça subindo em direção ao céu. Melhor ainda: abraços de urso de caras corpulentos que eu conhecera naquela manhã. Bem-vindo ao primeiro acampamento.

Com a ajuda das quinze pessoas da equipe de apoio, os homens montavam pequenos fogões a lenha de aço galvanizado dentro de barracas de lona e uniam as diversas partes de uma chaminé. As mulheres espalhavam ramos de abetos e cedros pela neve, para forrar o chão onde dormiríamos. As folhas perenes dos pinheiros e a madeira boa em chamas perfumavam o ar. Fortin me contou que o chá e a sopa estavam prontos, mas me aconselharam a não tomar muito. No cardápio da ceia, *fajitas* de peru.

Um homem magro, forte e grisalho de Manawan me convidou a entrar numa das cabanas. Pendurei minhas camadas de roupas molhadas ao lado do fogo, vesti as calças e um anoraque azul que Lisa chama de "Fleischman" (o médico judeu e para lá de ansioso de Manhattan que se muda para um posto avançado no Alasca na série de TV *Northern Exposure*), e voltei a sair, acompanhando Jean-Alfred Flamand. O homem de 53 anos se mexera e falara com vagar na festa que marcara o início da viagem. Ele parecia cansado, frágil. Ali, depois de ditar um ritmo rápido na travessia do lago, o cara que todos chamavam de Napech – "o mais jovem dos anciões" em *atikamekw* – derrubava árvores mortas com uma motosserra e rachava lenha com uma mão só.

A idade dos 45 andarilhos variava dos 13 aos 67 anos, e dois terços eram mulheres. A maioria provinha da nação *atikamekw*. Durante séculos, seus ancestrais foram caçadores-coletores seminômades na bacia superior do rio São Maurício em Quebec. Manawan só se tornou acessível o ano todo por via terrestre em 1973. Outra aldeia, Wemotaci, só se tornou um povoado permanente na década de 1970. A cultura *atikamekw* continua forte: as crianças aprendem sua língua materna antes do francês, e a caça é uma atividade comum. Mas crescer na reserva tem lá suas dificuldades, entre elas um risco acima da média de desenvolver obesidade e diabetes, além de inúmeros males associados a um estilo de vida sedentário, à má alimentação e à pobreza.

Vollant costumava seguir de caminhonete ou avião para as comunidades isoladas e conversar com as crianças a respeito das virtudes da atividade física e dos sonhos, mas sua mensagem não era ouvida. Seu modo de vida parecia fora de alcance. Hoje ele segue a pé, leva dias ou semanas para chegar lá, e a chance de as crianças o escutarem é maior.

– Queremos que o caminhar volte a ser uma norma social nas comunidades nativas – Fortin havia me dito em Manawan. – Queremos que as pessoas que vão de quadriciclo ao mercado que fica a trezentos metros de casa pareçam estúpidas. Neste exato momento, acontece o contrário.

Hoje em dia, em boa parte do mundo, principalmente na América do Norte, não caminhamos tanto quanto costumávamos fazer. Lisa e eu talvez façamos parte da primeira geração em mil anos a criar filhos que terão uma expectativa de vida menor do que a de seus pais. A obesidade e a inatividade são os grandes culpados. Nos Estados Unidos, onde as calçadas tantas vezes são território dos imigrantes, dos idosos e dos pobres, as pessoas andam menos do que em qualquer outra nação industrializada. "Se é possível tomar uma condução, os estadunidenses têm por hábito nunca caminhar", disse o duque de Orléans e futuro rei da França, Luís Filipe, em 1798. Mais recentemente, uma análise de dados recolhidos de pedômetros mostrou que os adultos australianos dão, em média, 9,7 mil passos por dia; os suíços, 9.650; os japoneses, 7.150; os canadenses, 6,7 mil; e os estadunidenses, 5,1 mil. Em Manchester, Kentucky, uma cidadezinha nos contrafortes dos Apalaches onde 52 por cento dos adultos são obesos – o dobro da média nacional –, o *Washington Post* fotografou uma menina de 12 anos pegando carona até o ponto do ônibus escolar que ficava bem na frente da entrada de carros de sua casa.

"O declínio do caminhar", escreve Tom Vanderbil em *Traffic: Why We Drive the Way We Do (and What It Says About Us)* [Tráfego: por que dirigimos da maneira como fazemos (e o que isso revela a nosso respeito)], "tornou-se um pesadelo da saúde pública." Nesse sentido, pelo menos, 125 anos após o massacre em Wounded Knee, estadunidenses e canadenses têm algo em comum com as pessoas de quem roubamos a terra.

Depois da difícil caminhada do primeiro dia, injustiças históricas e dados pedométricos são as últimas coisas a passar por minha mente. Eu só quero um lugar para guardar a mochila.

– Acomode-se lá na barraca dos repórteres – diz Fortin, sinalizando com a cabeça na direção de uma aba aberta.

Lá dentro, sentado ao lado do fogareiro, Mathieu-Robert Sauvé, um escritor e videógrafo de Montreal, cinquenta e poucos anos, em boa forma e de óculos, esfrega vaselina no pé, um artifício de veterano. Ele completou a caminhada do inverno anterior e já faz cinco anos que escreve em francês a respeito de Vollant. Sorrindo de cansaço, ele enfia sua bolsa num canto para abrir espaço.

– Quem mais está aqui? – pergunto, aliviado por dividir a barraca com alguém fluente nos dois idiomas, mesmo sendo meu rival (e tendo a vantagem de "jogar em casa").

– Stanley vai ficar ali – responde Sauvé, apontando um monte de equipamento, e no meio dele a mochila vermelha, agora abarrotada de suprimentos médicos. – E o primo dele (o policial Éric Hervieux), lá na outra parede.

Empurro a mochila de Vollant e desenrolo meu isolante. Os jornalistas são instruídos a não dormir com os temas de suas matérias, mas ninguém nunca me disse para não dormir *ao lado* da pessoa.

Hervieux – atarracado, estoico e intimidador, mesmo sem querer – se abaixa para entrar na barraca, cumprimenta-me com um aceno mudo de cabeça e se deita para tirar uma soneca. Ele mora e trabalha em Pessamit e chegou a Manawan com Vollant no meio da noite. Nosso chefe não se encontra no acampamento no momento. Vollant pegou uma *motoneige* e voltou para a cidade a fim de se preparar para um telefonema do fisco canadense. Desde que começou a Innu Meshkenu, ele vem trocando plantões como cirurgião por tempo livre para passar na trilha, e seu salário despencou. Anda difícil pagar as contas. Está tão atrasado nos pagamentos das pensões alimentícias das duas ex-esposas, ambas médicas, que seu passaporte foi apreendido, o tipo de preocupação que costuma sumir na floresta.

Torrando dentro do Fleischman, saio da barraca à procura de uma tarefa qualquer. Não importa se você está ou não em boa forma, se está muito ou pouco cansado: mesmo que seja para fritar umas broas ou remendar mocassins, a preleção deixara claro que, no acampamento, espera-se que todos trabalhem.

Depois de inutilmente tentar rachar lenha com um machado grande uma ou duas vezes, eu ocupo o nicho apropriado a um rato de cidade com 1,62 metro de altura: levar ramos para as mulheres e a acendalha para os homens. Quanto mais me mexo, mais revigorado me sinto. Ao meu redor, todos estão ocupados. Todo esse alvoroço ratifica um fato contraintuitivo: um dos melhores tratamentos para a fadiga é a atividade moderada. Principalmente quando não parece exercício.

Em 1950, o fisiologista londrino Richard Doll publicou um artigo no *British Medical Journal* ilustrando a ligação entre cigarros e câncer de pulmão. Pioneiro no uso da estatística em medicina, Doll suspeitara que o asfalto de alcatrão ou fatores ocupacionais poderiam estar por trás da incidência crescente da doença no Reino Unido desde a década de 1930. Mas, depois que ele e vários colegas completaram os projetos de pesquisa, descobriram a arma fumegante do crime. Foi só em 1957 que o ministro da Saúde britânico, Ian Macleod, endossou as descobertas numa coletiva de imprensa, fumando um cigarro atrás do outro na tribuna. Submissos ao lobby da indústria tabagista, foi só décadas depois que os governos do mundo começaram a fazer campanhas para coibir o cigarro. A grande indústria tabagista enterrou a verdade. Bilhões de dólares estavam em jogo.

Doll teve seu papel nessa história, mas atuou nos bastidores. Um de seus contemporâneos, o médico londrino Jerry Morris, tem uma participação histórica igualmente secreta. O que é uma pena, porque, ao mesmo tempo que nos conscientizávamos aos poucos dos perigos do cigarro, não fazíamos ideia de como a atividade física e a saúde estavam relacionadas. E, a julgar pela fartura de dietas patenteadas, cirurgias plásticas e outras curas comerciais, ainda nos recusamos a aceitar a verdade.

Depois de servir como médico militar na Índia durante a Segunda Guerra Mundial, Morris – natural de Liverpool e criado em Glasgow – voltou a Londres. Juntamente com o câncer de pulmão, a incidência de ataques cardíacos andara aumentando, e ninguém conseguia imaginar por quê. Morris tinha o pressentimento de que a profissão poderia ser um fator. Conduziu um grande estudo sobre a incidência de ataques cardíacos entre os londrinos de várias profissões: trabalhadores da área dos transportes, professores, carteiros e outros. Os dados a respeito da área de transportes chegaram primeiro, em 1949, e revelaram uma diferença pronunciada entre motoristas e cobradores de ônibus, homens que pertenciam à mesma classe social. Os motoristas, que passavam o dia todo sentados, sofriam mais ataques cardíacos; os cobradores subiam e desciam a escada dos ônibus de dois andares. Morris aguardou ansiosamente os outros resultados. Quando estes chegaram, ele comparou os carteiros aos escreventes. Os resultados confirmaram sua hipótese. "Coronary Heart-Disease and Physical Activity of Work" [Doença cardíaca coronariana e atividade física no trabalho], publicado no *Lancet* em 1953, foi o primeiro grande artigo científico a afirmar que "o exercício físico regular poderia ser um dos 'estilos de vida' que promovem a boa saúde". Morris foi chamado de "o homem que inventou o exercício".

Numa sociedade em que a rotina dos citadinos engravatados era rapidamente despida do trabalho braçal, foi preciso um médico afeito à matemática para atestar um fato que hoje parece absurdamente evidente. Influenciado pelo trabalho de Doll e por seus próprios estudos, Morris deixou de fumar e começou a fazer *cooper*. "O exercício normaliza o funcionamento do corpo", ele contou a um repórter em 2009, quando ainda fazia pesquisas em seu gabinete na Escola de Higiene e Medicina Tropical de Londres. "Os seres humanos foram criados para se manterem ativos." Ele morreu dois meses depois, aos 99 anos.

Para homenagear Morris, por favor, levante-se. Use um dos pés para tomar impulso e lance essa mesma perna para frente. Quando seu calcanhar tocar o chão, baixe o arco do pé até os dedos estabelecerem contato com o solo. Agora faça a mesma coisa com a outra perna. Repita. Mais algumas vezes. Parece simples, quando se é saudável. Não é.

A deambulação ereta começou muito antes de nossos ancestrais evoluírem e se transformarem em *Homo sapiens* há uns 200 mil anos. Os antropólogos não sabem ao certo quando e por que os primeiros hominídeos que antecederam o *Homo erectus* e os neandertais desenvolveram o bipedalismo. Fósseis e crânios encontrados nas últimas décadas indicam que começamos a andar sobre duas pernas por volta de 6 milhões de anos atrás e nos tornamos primordialmente bípedes há cerca de 4 milhões de anos. Quando as campinas da África Oriental começaram a se espalhar, há uns 2 milhões de anos, nós nos tornamos inteiramente bípedes, a única espécie de primata a dar esse salto.

Nossos corpos se adaptaram a nos ajudar a percorrer a savana. Os pés preênseis que se agarravam às árvores nas florestas pré-históricas já eram coisa do passado. Tínhamos de percorrer espaços grandes e abertos para procurar alimento e escapar dos predadores. A postura ereta também nos ajudava a alcançar as frutas nos galhos baixos. Em *A origem do homem*[1], Charles Darwin escreveu que precisávamos liberar as mãos e os braços, que "dificilmente teriam se aperfeiçoado o suficiente para fabricar armas e atirar pedras e lanças com precisão enquanto fossem usados habitualmente para a locomoção". O antropólogo da Kent State University, C. Owen Lovejoy, elaborou as ideias de Darwin e relacionou o bipedalismo à monogamia. Os machos precisavam das mãos para levar

---
[1] Charles Darwin, *A origem do homem e a seleção sexual*, trad. Eugênio Amado, Belo Horizonte, Itatiaia, 2004.

o alimento às fêmeas que cuidavam dos bebês; tornaram-se os únicos provedores. Outras teorias, a de que começamos a andar eretos para enxergar por cima do mato alto, para minimizar a exposição ao sol ou facilitar a exibição do falo masculino, foram em grande parte desacreditadas.

Para se moverem com eficiência, nossos ancestrais hominoides desenvolveram um modo de andar em pêndulo invertido, uma proeza de equilíbrio e coordenação. "Usando uma perna rija como ponto de apoio, o corpo oscila acima dela, descrevendo um arco", explica Jennifer Ackerman na *National Geographic*, "de maneira que a energia potencial obtida na subida seja aproximadamente igual à energia cinética gerada na descida. Com esse truque, o corpo armazena e recupera uma parte tão grande da energia utilizada a cada passo que acaba reduzindo a quantidade de trabalho em até 65 por cento". Faltavam-nos velocidade e força, mas essa passada nos conferia resistência e uma vantagem sobre outras espécies.

Por volta de 60 mil anos atrás, nossos antepassados seguiram aos poucos para o norte e saíram da África. Depois de se demorarem algum tempo no Oriente Médio, alguns deles deram uma guinada para a esquerda, rumo à Europa (minha gente), ao passo que outros se espalharam por toda a Ásia (o povo de Vollant). Para nos ajudar a processar todas as novas informações que encontrávamos em nossa disseminação pelo planeta, nossos cérebros cresceram. A grande migração chegou à Beríngia há aproximadamente 20 mil anos, e as Américas presenciaram sua primeira bolha imobiliária. Mas ninguém ficava muito tempo parado. A procura por alimentos da estação e o comércio por terra nunca cessaram, e penúrias, guerras e perseguições continuaram a desencadear avalanches de êxodo. Podemos ter aproveitado a força de cavalos, trens e carros, mas caminhar é sobreviver. Quando as coisas andam ruins, nós tocamos a andar.

Os neurocientistas têm uma boa ideia do que acontece em nossa cabeça para nos fazer andar. "The Brain from Top to Bottom" [O cérebro da cabeça aos pés], um website produzido pela Universidade McGill de Montreal, oferece uma descrição minuciosa. O movimento voluntário começa no córtex motor, na parte de trás do lobo frontal do cérebro.

O córtex motor se comunica com outras partes do cérebro – entre elas o córtex visual e o cerebelo – e com o sistema vestibular, o sistema de equilíbrio em nosso ouvido interno: uma alça de retroalimentação de informações eletroquímicas a respeito da posição do corpo no espaço, o objetivo a ser alcançado, uma estratégia adequada para alcançá-lo e as lembranças de estratégias passadas. O cerebelo, aninhado sob a parte de trás do cérebro, é como um controlador de tráfego aéreo, regulando os detalhes de cada movimento. Os neurônios no córtex motor têm extensões compridas, ou axônios, que descem pela coluna espinhal. Nossa espécie bípede evoluiu a partir de quadrúpedes e, por isso, nossos corpos se reorganizaram como um pilar, e a pelve comprida e inclinada para frente de primata assumiu a forma vertical e achatada que tem hoje. O crânio também mudou: o forame magno, o orifício por onde os axônios do córtex motor se ligam à coluna espinhal, passou da parte de trás para a base do crânio. Esses axônios transmitem informações para os neurônios motores da coluna espinhal por meio de sinapses, e os neurônios motores enviam impulsos para nossos músculos, fazendo que se contraiam. No total, aproximadamente 100 milhões de neurônios são deflagrados, e seu pé – uma estrutura complexa formada por 26 ossos, 33 articulações, 111 ligamentos e mais de 20 músculos – começa a se erguer do chão.

Os movimentos coordenados são, em grande parte, resultado de padrões, que são mais fáceis para o cérebro reter e recuperar do que ações individuais. Depois que os bebês aprendem a andar – uma progressão que exige força, equilíbrio, prática e desenvolvimento cerebral suficientes –, o comportamento acaba se tornando automático porque seguimos o mesmo processo milhões de vezes. (Os canais de parto estreitos foram mais um subproduto da evolução, conferindo-nos cérebros ímpares que crescem drasticamente fora do útero, para minimizar o risco de entalarmos durante o trabalho de parto. Como resultado, precisamos de mais cuidados do que outros primatas recém-nascidos, e nossos cérebros imaturos precisam de mais tempo para dominar as complexidades do movimento autogerido.)

Tão logo ganhamos mobilidade e atravessamos com passo incerto a sala de estar algumas centenas de vezes, o córtex motor pode ser seletivo. "Vários movimentos básicos nunca passam pelo cérebro", explica o biólogo de Harvard e especialista em locomoção Daniel Lieberman. "Uma corredora não precisa dizer às pernas o que fazer toda vez que dá um passo, porque existem reflexos básicos que informam às pernas o que fazer." Quando entra de fato em ação, o cérebro precisa apenas de cinco a dez milissegundos para detectar um estímulo – como, por exemplo, uma escorregadela num trecho coberto de gelo – e outros trinta milissegundos, mais ou menos, para fazer os músculos reagirem.

Essa automação, argumentam os pesquisadores australianos Rick e Mac Shine (pai e filho; o primeiro um biólogo evolutivo, o segundo um neurocientista), libera o cérebro para se concentrar em questões mais complexas. O bipedalismo, eles propõem num artigo de 2014, tornou nossa espécie mais inteligente. Quando começamos a andar sobre duas pernas, "nossos cérebros se viram sobrecarregados com o desafio complicado de manter o equilíbrio", explica Mac, "e o melhor cérebro possível nesse caso seria aquele que não desperdiçasse suas funções mais poderosas controlando tarefas rotineiras [...]. Desse modo, os seres humanos são inteligentes porque automatizaram as tarefas rotineiras e, portanto, podem dedicar suas faculdades mentais mais potentes para lidar com desafios novos e imprevisíveis".

O cérebro humano pode ser nossa característica mais sofisticada, mas é apenas uma pequena parte da máquina mais complexa do planeta. Outros milhares de mecanismos internos nos mantêm andando. Meu predileto, em reconhecimento à minha lesão no joelho, é o líquido sinovial. Quando nos movemos, o líquido parecido com gema de ovo dentro de nossos joelhos e em outras articulações (quadris, tornozelos, ombros) se aquece e fica mais ralo, além de ser absorvido mais facilmente pela cartilagem. Esse "óleo automotivo humano" faz mais do que servir de lubrificante. Fornece oxigênio e nutrientes para as células que mantêm uma matriz cartilaginosa saudável. Impregnada com esse líquido, a cartilagem se dilata feito uma esponja, propiciando amortecimento contra a compressão. Quando ela é apertada, o fluido e resíduos metabólicos são expelidos. Sem esse ciclo, a cartilagem deteriora e a articulação não funciona tão bem quanto deveria.

Seu coração também precisa de exercício para continuar saudável. Com o esforço regular, ele cresce, fica mais forte e torna-se mais eficiente, bombeando um volume maior de sangue a cada batida. Esse sangue transporta o vital oxigênio para seus músculos. Seu corpo alimenta essa atividade consumindo gordura e carboidratos armazenados, impedindo a formação de placas em suas artérias e queimando calorias que, não fosse isso, fariam seu peso aumentar. Artérias livres e um físico esbelto permitem ao coração funcionar a uma pressão mais baixa, o que reduz o esforço do órgão. Todo esse trabalho eleva ligeiramente sua temperatura, liberando hormônios como a epinefrina e o glucagon, ajudando os músculos a absorver energia. As endorfinas inundam seu cérebro, bloqueando os sinais de dor e produzindo a sensação de prazer. Caem os níveis de insulina, que faz o corpo absorver a glicose do sangue. Muitas pessoas, quando se mantêm hidratadas e se alimentam bem, conseguem caminhar durante horas praticamente sem se cansar.

As concessões evolutivas nos deixaram desamparados em alguns aspectos. A coluna vertebral, originalmente um arco, desenvolveu duas curvas em forma de s nas porções superior e inferior das costas. Elas nos ajudam a manter o equilíbrio enquanto caminhamos, mas não suportam muito peso. Os delicados discos vertebrais podem sair do lugar ou sofrer compressão. Mais de 15 milhões de estadunidenses procuram um médico por causa de dores nas costas todos os anos. O bipedalismo também impõe forças equivalentes a várias vezes nosso peso ao pé e ao joelho, informa o antropólogo físico Bruce Latimer, o que provoca lesões. Meniscos rompidos e joelhos artríticos são comuns. O pé chato pode levar a fraturas de esforço; um arco do pé muito pronunciado pode inflamar os ligamentos ou causar fascite plantar. "Nossa vontade é encarar a história do bipedalismo como algo linear e progressivo, com o aperfeiçoamento de um modelo a partir de outro e todos evoluindo rumo à perfeição no *Homo sapiens*", afirma o paleontólogo Will Harcourt-Smith. "Mas a evolução não segue em direção a coisa alguma. É uma bagunça, cheia de diversidade e becos sem saída."

Apesar dos problemas nas costas e dos joelhos detonados, as propriedades terapêuticas da locomoção a pé são potentes. Usando nossos sistemas bioelétrico, bioquímico, respiratório, muscular, cardiovascular e esquelético dessa maneira controlada, nosso corpo obtém o exercício físico de que precisa para funcionar em condições ótimas. Esse esforço calculado protege as pessoas da obesidade, doença coronária, ataques cardíacos, acidentes vasculares cerebrais e diabetes tipo 2, que é uma das principais causas de cegueira, falência renal e amputações. Caminhar aumenta a massa óssea, fortalece os músculos dos braços e das pernas e confere às articulações uma variação maior de movimentos. Melhora o equilíbrio, previne quedas e alivia a dor (na maioria das vezes, pelo menos). Diminui o risco de glaucoma ao reduzir a pressão intraocular. Testes feitos com camundongos mostram que caminhadas vigorosas podem desacelerar a morte das células fotossensíveis da retina, pois estimulam a produção de uma proteína chamada BDNF [fator neurotrófico derivado do cérebro], uma descoberta que poderia ajudar a prevenir a degeneração macular, a principal causa de cegueira entre os idosos.

Moral da história: caminhar conserva a saúde e ajuda você a viver mais tempo. Ou, como dizia Hipócrates: "caminhar é o melhor remédio do homem".

A internet está cheia de artigos acadêmicos que respaldam esse antigo provérbio. Em vez de desconstruirmos as recompensas corpóreas do caminhar dos pés à cabeça, vamos nos concentrar em dois levantamentos. Em 2008, dois cientistas da University College London fizeram uma metanálise das pesquisas sobre o caminhar publicadas entre 1970 e 2007 em periódicos indexados de língua inglesa. Estudaram quase 4,3 mil artigos e concentraram-se em dezoito deles. Esses estudos, que investigavam o bem-estar e o hábito de caminhar de aproximadamente 460 mil pessoas, se estendiam, em média, por um período de 11,3 anos. Uma série abrangente de características e ocorrências de saúde foi considerada: idade, tabagismo, consumo de bebidas alcoólicas, ataques cardíacos, insuficiência cardíaca, pontes de safena, AVCs e mortes. A análise, resumida pela Escola de Medicina de Harvard, determinou que caminhar "reduzia o risco de intercorrências cardiovasculares em 31 por cento e o risco de morte durante o período estudado diminuía em 32 por cento". "Esses benefícios mostraram-se igualmente sólidos em homens e mulheres. A proteção era evidente até mesmo quando as distâncias percorridas não passavam de nove quilômetros por semana e o ritmo de caminhada era tão despreocupado quanto aproximadamente três quilômetros por hora."

A velocidade média de caminhada de um ser humano adulto é de aproximadamente cinco quilômetros por hora. Seu corpo será igualmente beneficiado se você andar dois quilômetros ou correr dois quilômetros: você só levará mais tempo. ("Qualquer lugar fica a uma caminhada de distância para quem tem tempo de sobra", brincava o comediante Steven Wright.) O importante é que você não está sentado e imóvel, algo que foi o foco de um segundo levantamento britânico, conduzido por Emma Wilmot do grupo de pesquisa da diabetes da Universidade de Leicester. Seu artigo, publicado em 2012, analisava dezoito pesquisas e as vidas de quase 800 mil participantes, e levou os redatores de manchetes a cunhar uma frase que provavelmente ouviremos muito nos anos ainda por vir, uma frase que remete ao trabalho de Richard Doll e Jerry Morris: fumar já foi o mal da vez, agora é ficar sentado.

A equipe de Wilmot comparou a incidência de doenças em adultos ativos e inativos e descobriu que as pessoas que passam boa parte do dia sentadas tinham uma chance 147 vezes maior de sofrer um ataque cardíaco ou AVC, uma chance 112 vezes maior de desenvolver diabetes, uma chance 90 por cento maior de morrer em decorrência de um ataque cardíaco e uma chance 49 por cento maior de morrer prematuramente. "Os números são preocupantes", escreveu o articulista de saúde do *Globe and Mail*, André Picard. "O canadense adulto passa, em média, cinquenta a setenta por cento de seu tempo sentado, trinta por cento dormindo. Faça as contas e você logo entenderá que, sentados em nossos carros, sentados às nossas mesas no trabalho, sentados em frente à TV ou diante de nossos *video games*, sentados para comer, sentados na escola, nós praticamente não nos movimentamos mais." As pessoas que passam a maior parte do dia sentadas, informa a cardiologista Martha Grogan da Mayo Clinic, correm o mesmo risco de sofrer um ataque cardíaco que um fumante.

O médico Michael Evans de Toronto fez as contas. Explorando novas maneiras de despertar o interesse dos pacientes, ele produziu um vídeo com ilustrações em quadro branco chamado 23 and 1/2 hours [23 horas e meia], que tem mais de 4 milhões de visualizações no YouTube. Evans queria atacar a epidemia de sedentarismo. Ele começou com uma pergunta: mesmo que você só se mantenha ativo durante meia hora por dia, qual é a coisa mais construtiva que você pode fazer pela própria saúde nesses trinta minutos? Ingerir mais fibras, fazer higiene bucal, exames médicos regulares: as opções são várias. Mas o investimento de maior retorno, ele decidiu, era fazer exercícios. E principalmente, para sermos práticos, caminhar.

Não é uma mensagem que ouvimos com frequência em nosso sistema de saúde fragmentário ou da parte de empreendimentos comerciais que se desenvolveram em torno da obesidade, diabetes e doenças cardíacas, em que a busca pela cura muitas vezes é movida por estudos financiados pela indústria farmacêutica. Além disso, os patrocinadores que doam milhões de dólares para hospitais querem comprar "máquinas novas e caras", conta Evans, e não apoiar iniciativas simples que botam as pessoas para se mexer. "Eu faria uma intervenção deambulatória antes de qualquer outra coisa. Os programas que estimulam as pessoas a fazer atividades dão mais retorno do que outros investimentos."

"Quero começar um movimento", ele acrescenta. "Como podemos deixar nossa rotina mais árdua? Precisamos criar um Ministério do Hábito."

O sistema de saúde "tragicamente desconhece a realidade", concorda o psicólogo de Halifax Michael Vallis, professor doutor da Universidade Dalhousie e diretor do orwelliano Instituto de Mudanças Comportamentais (BCI, de Behaviour Change Institute), que ensina aos profissionais da saúde como alterar a conduta de seus pacientes. "Volta-se para os problemas agudos, mas as doenças relacionadas ao estilo de vida estão sobrecarregando o sistema." Teremos tantas pessoas doentes que os hospitais e profissionais da saúde não darão conta, e os governos não terão mais como pagar o custo. Esqueça o pico de produção de petróleo: o pico de expansão do sistema de saúde pode nos estropiar primeiro.

No mundo todo, a quantidade de pessoas acima do peso e obesas subiu de 857 milhões para 2,7 bilhões entre 1980 e 2010, de acordo com um artigo publicado na *Lancet*. O estudo, que examinava dados de 188 países, registrou um aumento de 28 por cento entre adultos e de 47 por cento entre crianças. Os números aumentaram tanto nas nações desenvolvidas quanto em países em desenvolvimento. O declínio econômico global foi um dos fatores. Em tempos difíceis, as pessoas escolhem o que comer de acordo com o preço, e não com o valor nutritivo, informa a Organização para a Cooperação e Desenvolvimento Econômico. Com o aumento súbito do desemprego nos Estados Unidos em 2008 e 2009, o consumo de frutas, verduras e legumes caiu.

O BCI se concentra na alimentação saudável, atividade física e manejo do estresse e da tensão do dia a dia. Mudar nossos hábitos para que girem em torno dessas atividades centrais é extremamente difícil. Muitas vezes, somos prisioneiros dos padrões que estabelecemos ou dos padrões impostos pelas circunstâncias. Durante anos, afirma Vallis, os médicos mandaram as pessoas sedentárias "se mexerem mais". Alguns chegam ao ponto de prescrever excursões ao ar livre aos pacientes. Mas essa abordagem, à semelhança de dizer aos fumantes para largar o vício, tem eficácia limitada. "Trata-se de um problema complicado que exige uma solução complicada", diz Vallis.

Quando Stanley Vollant oferece consultas em Pessamit e outras aldeias indígenas, os pacientes costumam pedir remédios ou cirurgias para tratar suas aflições. Seja qual for o problema, eles não querem fazer esforço. Para muitos, o abismo entre quem somos e quem queremos nos tornar é vasto, e um futuro reimaginado pode parecer fora de alcance. E é por isso que Vollant comenta:

– Concentre-se sempre no próximo passo, no próximo morro que você vai subir.

É o que ele me diz ao puxarmos nossos trenós por uma estrada madeireira coberta de neve no terceiro dia da expedição. Tendo passado boa parte do dia anterior sozinho numa trilha de motoneve no meio do mato e com 22 quilômetros de extensão, várias vezes desejei estar em casa. Ao sol, parando brevemente para descansar e bebericando o chá da garrafa térmica, escutei o canto dos chapins, avistei rastros de raposas e fiquei contente. Mas aí as nuvens e o vento retornaram. Eu estava cansado, gelado e sozinho. E é por isso que hoje eu me esforço para acompanhar Vollant.

– Onde acamparemos hoje à noite? – pergunto, apreensivo em relação à nossa primeira parada sem cabanas por perto.

Entre a estrada e um laguinho, ele me diz, um local já explorado por Fortin.

– Vocês precisam de uma licença?

– Por que precisaríamos de licença? – ele pergunta, detendo-se para tomar um gole de água e abocanhar um pedaço de charque de alce. – É nossa terra.

Como condiz a um homem que tem cada pé em um mundo, Vollant veste camadas de lã merino e Gore-Tex sob um casaco costurado à mão e feito de lona, uma revolução tecnológica para os *innu* quando esta foi introduzida pelos europeus na década de 1850. Permitiu que viajassem sem carregar muito peso. Entre os itens do equipamento de Vollant, embrulhados numa lona azul sobre um tobogã de madeira parecido com aquele que seu avô usava em expedições de caça, está a bojuda mochila vermelha. Lá dentro encontram-se ataduras, tesouras esterilizadas, cortisona, bandagens elásticas, protetores para calos. Ele lanceta bolhas nas consultas que oferece pela manhã no meio do mato e administra ibuprofeno em plena estrada. O alongamento, a meditação e a sabedoria tradicional têm seus limites. Às vezes, as pessoas precisam de medicamentos modernos para continuar andando.

Vollant não queria ser médico. Estava destinado a ser caçador ou pescador como seu avô, Xavier. Nascido na cidade de Quebec em 1965, Vollant foi oferecido para adoção pela mãe jovem e solteira, Clarisse, que sofrera violência sexual no internato indígena e afogava as mágoas no álcool. Xavier arranjou um adiantamento da Hudson's Bay Company em troca das peles da temporada seguinte, pegou um avião até a capital da província e trouxe Stanley, então com quatro dias de idade, para Pessamit, na época uma aldeia com aproximadamente 1,5 mil habitantes.

Sua mãe ia visitá-los mais ou menos uma vez por mês, e o fez até morrer, ainda muito jovem, nas ruas de Montreal. Vollant passava o verão inteiro com o avô, pescando salmões ou caçando caribus, alces e outros animais no outono, dormindo em barracas grandes parecidas com as que eram usadas na Innu Meshkenu. Foi cursar o ensino médio em Wendake, uma reserva na cidade de Quebec, onde morava com parentes, mas voltava para casa na primavera. Ele queria ficar em Pessamit, mas Xavier, antes de ser morto por um motorista bêbado em 1982, insistiu com o neto para que cursasse uma faculdade. Avesso não só a sangue, mas também a cadáveres, Vollant estava decidido a fazer engenharia. Queria construir represas e estradas, "contribuir com alguma coisa para minha comunidade". Mas aí, aos dezessete anos, ele se viu numa situação bizarra ao tentar entrar de fininho num bar com uns amigos depois de tomarem cerveja na praia.

Phillip, um bêbado de Pessamit, agarrou a mão de Stanley junto à porta.

– Quero falar com você – ele disse indistintamente, atirando gotas de saliva na cara de Vollant e trançando as pernas.

– Agora não dá, Phillip.
– Tenho uma coisa muito importante para dizer a você.
– Tá bem, mas seja rápido.
– Ouvi dizer que você vai fazer medicina.
– Não.
– Sim, Stanley.
– Não.
– Sim.

Para encurtar a conversa e alcançar os amigos, Vollant acabou concordando.

– Você me enche de orgulho – disse Phillip.
– Tá bem.
– Meus pais têm orgulho de você.
– Claro, claro.
– Vai ser o primeiro médico da aldeia.
– Claro, tá legal. Deixe-me ir.

Phillip devia ter se enganado, deduziu Vollant na manhã seguinte. Mas não conseguia se livrar da ideia, mesmo semanas depois, e matriculou-se na faculdade de medicina da Universdade de Montreal. Apesar de ter desmaiado antes de sua primeira dissecção e voltado a desmaiar durante um programa de residência médica numa cidadezinha da província de Quebec, suas mãos eram firmes e precisas depois de tanto limpar a caça, e ele se formou aos 24 anos, determinado a se tornar cirurgião. Só mais tarde ele ficaria sabendo que sua avó, Marianna, tinha sido uma das últimas xamãs de Pessamit. Ela passava um bom tempo só com ele, e não com outros netos, um legado que ele combina perfeitamente com a ciência ocidental.

Para Vollant, é natural falar, em determinado momento, de serotonina e dopamina, os compostos químicos do prazer que seu corpo produz quando você faz alguma atividade. Juntamente com as endorfinas, elas diminuem a dor. Quanto menos dor você sentir, menos você reforçará as vias neurais que transmitem sinais de dor entre o cérebro e o corpo. Portanto, ele aconselha a tomar paracetamol quando necessário. Aí, logo em seguida, o médico se transforma em místico e comenta:

– Não resista à dor. Você precisa sentir um pouco de dor para entender o significado da jornada. Mas, se a dor for excessiva, se você se prender ao passado, as lembranças ruins continuarão voltando. Nada contra as lembranças, nada contra aprender com elas, mas, se você se concentrar demais na dor, ela vai piorar.

Para alguns dos andarilhos – adolescentes com tendências suicidas, vítimas de violência, diabéticos acima do peso ideal –, trata-se de um conselho decisivo. Sinta a dor, compreenda-a, desapegue-se. Para mim, é aceitar que meu corpo e minha determinação cederam em duas caminhadas longas anteriores. Antes da caminhada até a cabana de meus pais que tive de abortar, tentei completar a trilha Waskahegan de trezentos quilômetros em uma semana. Na segunda tarde, eu e meus joelhos estávamos acabados.

Seguindo o conselho de Vollant, revisito os erros que cometi naquelas duas incursões pelas imensidões selvagens: preparação insuficiente, botas ruins, cargas pesadas. Arrogância. Pressa. Examino mentalmente meus calcanhares de aquiles (joelho direito recém-operado: bom; joelho esquerdo: dolorido; pés: livres de bolhas; nervos: nada mal). Aí volto minha atenção para a estrada que se estende sobre elevações e depressões à minha frente.

Éric Hervieux, 38 anos, que deixou de acompanhar Vollant apenas na primeira caminhada, está lá na frente do bando, como sempre. Usando óculos escuros esportivos e equipamento de esqui da mais alta qualidade, ele vai desbravando o caminho até o próximo acampamento, para garantir que seu primo encontrará uma barraca aquecida e confortável ao chegar. *Policier* e protetor.

Não muito atrás vai Nathalie Dubé, uma mulher de 47 anos, de pequeno porte e em boa forma, proveniente de Manawan. Dubé começou a beber bastante quando vivia com o marido violento. Hoje separada e participando de sua segunda caminhada na Innu Meshkenu, ela está sóbria e pesa 45 quilos a menos. Trocou a carne vermelha por peixe, nozes e tofu, e vai e volta a pé do trabalho numa escola de ensino fundamental, onde é recepcionista, além de dar um passeio todo fim de tarde só por diversão. Em suas caminhadas diárias, ela percorre, em média, dez quilômetros, e parece pelo menos dez anos mais jovem do que realmente é.

– Percebi que a vida é simples – Dubé me diria, por meio de um intérprete, alguns dias depois. – Percebi que a vida é bela.

Alexandra Awashish, 38 anos, ex-conselheira da comunidade indígena de Wemotaci, está quase lá na retaguarda do grupo. Ela tem quatro filhos e vive de assistência social. Sua constituição física está bem longe de ser atlética. Sente dores nos pés e no corpo, cada colina é uma montanha, mas, em sua cabeça, Awashish vai dizendo: "vai dar tudo certo". Ela usa uma capa de Superman ao caminhar e planeja se candidatar a chefe da aldeia.

Sabemos que caminhar pode nos ajudar a viver mais, mas estamos apenas começando a entender que onde caminhamos também importa. Aproximadamente oitenta por cento dos estadunidenses vivem em áreas urbanas com pelo menos 2,5 mil habitantes, quase sessenta por cento em cidades com 200 mil habitantes ou mais. Cem anos atrás, a divisão entre ambientes urbanos e rurais era de cinquenta por cento para cada lado. As cifras são comparáveis às do Canadá. Globalmente falando, metade da população tornou-se urbana por volta de 2008, um salto em comparação com os dez por cento de um século antes. Cidades densamente povoadas – passíveis de se percorrer a pé – são uma maneira de reduzir nossa emissão de carbono e de nos ajudar a conhecer nossos vizinhos. (Retomarei esses assuntos em capítulos posteriores.) Mas, além do exercício, existem outros benefícios físicos associados à prática de sair da cidade para caminhar. E, apesar de a pesquisa do fisioantropólogo japonês Yoshifumi Miyazaki ser preliminar, ele está fazendo a mesma coisa que Jerry Morris: tentando comprovar uma associação que se esconde bem debaixo do nosso nariz.

Miyazaki, vice-diretor do Centro de Ciências Ambientais e da Saúde da Universidade de Chiba, leste de Tóquio, é o principal especialista do mundo em "banho de floresta". Dizem que *shinrin-yoku*, um termo introduzido pelo ministro de Agricultura, Silvicultura e Pesca do Japão em 1982, é capaz de tudo, desde reduzir o estresse e a pressão sanguínea até prevenir o câncer. Esses benefícios são atribuídos, em parte, à presença de fitocidas, as fragrâncias semelhantes a óleos essenciais que circulam entre as árvores, compostos orgânicos antimicrobianos emitidos para protegê-las da podridão e dos insetos. Os cientistas investigam suas possíveis propriedades medicinais desde a década de 1990. Um estudo japonês descobriu que camundongos mantidos num ambiente perfumado e enriquecido com um fitocida chamado pineno demonstraram uma redução no crescimento de melanomas.

Existem 48 rotas oficiais de terapia florestal no Japão e a pesquisa sobre o *shinrin-yoku* se disseminou na Coreia do Sul e na Finlândia, onde centros emergentes de terapia florestal gastam centenas de milhares de dólares em trilhas e experimentos. Miyazaki e seus colegas usam análise hormonal, exames de imagem aplicados ao cérebro e mensurações simples, como pulsação e pressão sanguínea, para estudar o que acontece no nível molecular enquanto as pessoas caminham nos bosques e quando param. Comparando as caminhadas pelas florestas com caminhadas urbanas de mais de seiscentos sujeitos experimentais em seu estudo seminal, Miyazaki concluiu que a natureza produz "uma redução de 12,4 por cento no hormônio do estresse cortisol, uma redução de sete por cento na atividade do sistema nervoso simpático, uma redução de 1,4 por cento na pressão sanguínea e de 5,8 por cento na pulsação". O sistema nervoso simpático ativa nossa resposta de "ataque ou fuga" (mais detalhes ainda neste capítulo). A queda nos níveis de cortisol é significativa, pois o cortisol é liberado em reação ao estresse e inibe o funcionamento de nosso sistema imune. *Shinrin-yoku*, afirma Miyazaki, é "um tratamento eficaz e benéfico para pessoas de todas as idades e histórias de vida".

Um de seus colaboradores, Qing Li, um imunologista da Escola de Medicina Nipônica de Tóquio, estuda o impacto do banho de floresta em nossas células exterminadoras naturais ou NK (do inglês, *natural killer*). Essas células atacam tumores e ajudam a conter infecções bacterianas e virais. Executivos japoneses de meia-idade que foram à floresta caminhar tiveram suas contagens de células NK aumentadas em quarenta por cento, descobriu Li em um dos experimentos. Um mês após o passeio, os níveis ainda estavam quinze por cento acima do normal. Não houve alteração nos indivíduos do grupo controle que caminharam pelas ruas da cidade, mas os parques suburbanos também estimulam as células NK. Num outro experimento, Li expôs as pessoas a óleo essencial vaporizado do cipreste-dourado em quartos de hotéis, estimulando um aumento de vinte por cento na contagem de células NK depois de três noites, em comparação ao grupo controle. "É como se fosse uma droga milagrosa", ele contou à articulista Florence Williams da revista *Outside*.

Mas talvez não devêssemos ficar surpresos. Afinal, vivemos num ambiente natural durante 99,99 por cento dos últimos 5 milhões de anos, escreveram Miyazaki e sua equipe no periódico científico *Journal of Physiological Anthropology*: "Todas as funções fisiológicas humanas evoluíram no ambiente natural e a ele se adaptaram [...], as funções fisiológicas do ser humano foram criadas para a floresta".

Li considera o banho de floresta um remédio profilático, uma terapia alternativa que estimula o relaxamento e a redução do estresse como maneira de diminuir o risco de certas doenças, entre elas o câncer. Seus preceitos são mais acolhidos no Japão que na América do Norte. Mas as coisas estão mudando do lado americano do Pacífico, e a pesquisa conduzida por Miyazaki, Li e seus colegas é essencial, "uma pedra de roseta", disse a Williams o médico naturopata Alan C. Logan, coautor de *Your Brain on Nature* [O efeito da natureza sobre o cérebro]. "Temos de validar cientificamente as ideias [...] ou continuaremos empacados no lago Walden."

De volta à floresta boreal de Quebec, a pressão atmosférica despenca, segundo o barômetro. É a quinta noite da caminhada e uma tempestade se aproxima.

Duas vezes por dia, após o desjejum e antes da ceia, formamos um círculo e nos damos as mãos. Preces, informes técnicos e, em seguida, por fim, Vollant toma a palavra:

– Estamos criando laços – ele repete todas as vezes –, a exemplo de uma grande família.

Tomo parte nesta caminhada, mas nunca cantei "Kumbaya". Nunca frequentei acampamentos de verão. Nunca dei graças. Nunca ofereci cacarecos ao Criador. A última vez que entrei numa sinagoga foi para o *bar mitzvah* de um colega de classe, quase trinta anos atrás. Não fui convidado. A espiritualidade nunca foi, para mim, uma prática ritualizada. Mas ali naquele templo natural, dedos enluvados e, certo dia, entrelaçados com os de duas mulheres de meia-idade, no dia seguinte com os de dois adolescentes, eu senti a afinidade de uma jornada que se compartilha. *Il n'y a pas de culture san culte*, me diz Sauvé, tão secularista quanto eu, citando o escritor franco-canadense Jean-Paul Desbiens. Não existe cultura sem culto.

Na década de 1960, o psicólogo estadunidense Bruce Tuckman levantou as quatro etapas do desenvolvimento de um grupo: formação, atrito, normatização e desempenho. Estamos chegando à segunda etapa e, na roda desta noite, Vollant nos repreende severamente. O pessoal da logística anda discutindo e muitos de nós, inclusive um certo carregador de gravetos, não estão ajudando com a mesma presteza de antes.

Montar e erguer acampamento está demorando demais, e a neve úmida caiu durante todo o dia, mais uma vez, encharcando a lenha e as barracas (e os caminhantes). A expedição da Innu Meshkenu do inverno passado até Manawan quase se desfez no quinto dia, conta Vollant, erguendo a voz.

– Vocês estão cansados de si mesmos, e nós estamos cansados uns dos outros – diz ele. – Mas lembrem-se: somos uma grande família.

Sim, cuide de suas próprias necessidades, mas não descanse antes que todos estejam aquecidos e confortáveis. É assim que os canadenses nativos – todos os canadenses – costumavam viver. E é por isso que o avô dele estaria se revirando no túmulo se visse a ganância e a apatia vencer o *éthos* da partilha e a resiliência de seu povo.

– Seu tobogã é um símbolo importante! – esbraveja Vollant, feito um pregador no púlpito. Ele quer que os andarilhos parem de pedir ao pessoal da logística para transportar os trenós. – Seus ancestrais puxavam uns cem quilos nos tobogãs, sem os quais teriam morrido. Mesmo que vocês carreguem apenas seu cantil no trenó, levem-no! Somos um povo orgulhoso. Não queremos que os pilotos das motonaves passem por nós e digam: "Vejam só aqueles índios. Estão deixando as máquinas fazerem todo o trabalho".

O problema, como destaca o psicólogo Michael Wallis, é que temos a predisposição natural de deixar que as máquinas cuidem do trabalho pesado. A sociedade ocidental "avançou" e chegou a tal ponto que o sistema operacional do cérebro não nos ajuda mais. Para nos adaptarmos bem a nosso ambiente em grande parte urbano, precisamos superar três regras fundamentais que regem nosso comportamento. Para poupar calorias, fomos programados para escolher o caminho de menor resistência. Isso fazia sentido quando lutávamos para sobreviver na savana. Hoje em dia, isso explica por que ficamos parados nas escadas rolantes, estacionamos perto da entrada do shopping e adquirimos o iRobot Roomba 880 para aspirar o pó do assoalho. Em segundo lugar, somos prisioneiros do princípio do prazer: evite a dor, busque o prazer. Nossas opções costumavam ser "correr ou ser devorado por um urso" e "comer frutinhas ou morrer de fome". Agora podemos nos sentar numa poltrona reclinável, nos empanturrar de sonhos recheados, sem o receio de sermos atacados nem sequer por um mosquito. Por fim, queremos gratificação imediata. Assistimos à TV e enchemos o bucho de batatinha frita em vez de nos perguntarmos: "como vou me sentir amanhã se sair para caminhar hoje?".

Vallis e seus colegas do Instituto de Mudanças Comportamentais guarnecem os profissionais de saúde com o conhecimento e as técnicas que poderão usar para estimular as pessoas a entrar em forma e se alimentar de maneira saudável – por exemplo, ajudando as pessoas a desenvolver "tolerância à angústia", para que consigam aguentar as pontas durante os primeiros e desmoralizantes estágios de um regime de exercícios. Medidas simples, como descer do ônibus alguns pontos antes ou subir pela escada fixa, e não pela rolante, podem ser eficazes. Os pacientes do programa de obesidade de Vallis ganham vales para usar um estacionamento que fica a um quilômetro de distância do instituto. Mas o objetivo é transformar essas atitudes em *compromissos*, para que optemos por caminhar, não importando as condições meteorológicas nem nosso estado de ânimo. A Associação Americana do Coração recomenda trinta minutos de caminhada vigorosa cinco vezes por semana e ressalta que a caminhada tem o menor índice de desistência dentre todas as atividades físicas. E, embora os ganhos sejam modestos, os benefícios para a saúde de passar do sedentarismo para a atividade leve são mais pronunciados do que o salto de atleta mediano para atleta radical. As pessoas gordas mas saudáveis vivem mais do que aquelas cujo peso está na média, mas são inativas, e a taxa de retorno do exercício diminui aproximadamente depois de meia hora por dia. Infelizmente, esse é o tipo de hábito que pode levar pelo menos dois anos para se firmar, uma eternidade no caso de legisladores regidos apenas pelo resultado financeiro e políticos que só se preocupam com a próxima eleição.

A exemplo do dr. Michael Evans, Vallis quer atacar mais do que os sintomas do sedentarismo. De acordo com seu ponto de vista, precisamos reimaginar o ambiente construído (em vez de ampliar as vias, melhorar as calçadas) e remover os subsídios agrícolas que encorajam a proliferação do xarope de milho rico em frutose, que faz o sistema límbico se acender tanto quanto a cocaína. Menos tempo na frente da TV não faria mal, principalmente porque a cultura midiática que transformou o "tudo ou nada" em mantra tem parte da culpa. Programas de televisão como *O grande perdedor*, dietas radicais e da moda e a mania de correr que prega as ultramaratonas como a nova modalidade de maratona preparam as pessoas para o fracasso.

– Precisamos fomentar atividades factíveis e sustentáveis – diz Vallis. – Caminhar não tem nada de atlético. É atraente para uma parcela enorme da população. É devagar e com regularidade que se chega longe.

Em meio a essa mudança no pensamento dos médicos, porém, a professora de cinesiologia e especialista em comunicação para a saúde Margaret MacNeill emite um alerta. Joelhos artríticos respondem bem a um plano rigoroso de exercício físico; os programas de exercício pós--ataque cardíaco são curativos...

– Mas a medicalização do exercício o transforma numa dose – ela explica –, repleta de formulazinhas e medidas talvez inalcançáveis.

A medicalização, um conceito desenvolvido pelo sociólogo Irving Zola na década de 1970, é o processo segundo o qual situações humanas passam a ser consideradas problemas de saúde que precisam de tratamento. A gravidez, por exemplo. Esse processo calcado no conhecimento científico tem seus benefícios. O Exame de Aptidão Física do Canadá – seis atividades padronizadas que todos os alunos canadenses do primeiro ao terceiro ciclo do fundamental eram obrigados a fazer nas décadas de 1970 e 1980, entre elas a dolorosa barra fixa de modalidade estática, em troca de prêmios de excelência, ouro, prata ou bronze, ou então as modestas insígnias de participação – é um exemplo de medicalização aplicada ao exercício. O programa estimulava a saúde física, mas sua aplicação estigmatizou dezenas de milhares de crianças (inclusive este que vos escreve, um menino rechonchudo aos oito anos de idade) e reforçou uma imagem única do corpo e de suas possibilidades.

– Com a medicalização, delimitamos o problema de maneira estreita e procuramos soluções com a mesma estreiteza – afirma MacNeill. – Esquecemos o que a atividade física deveria ser: diversão e socialização. Sabe aquela expressão, "exercício é medicina"? Pode até ser, mas não para todo mundo. Caminhar não resolverá todos os nossos problemas, mas creio que, hoje, seja a melhor alternativa que temos. É mais que exercício. É vida.

Depois do sermão de Vollant, o clima no acampamento é melancólico, e eu fujo e me escondo ao sequestrar Napech para entrevistá-lo na barraca dos cozinheiros. Sentado num balde de plástico de boca para baixo, ele faz silêncio logo depois de cada uma de minhas perguntas: de olhos fechados, acenando ocasionalmente com a cabeça, um ou outro suspiro.

– Vim aqui para passar algum tempo na natureza, com a garotada – ele finalmente responde, com o intermédio de um intérprete. – Me faz sentir mais jovem.

Novo silêncio. Aí, no momento em que começo a me perguntar se ele está prestes a pegar no sono, Napech diz:

– A vida é como uma flecha. Tem a ponta, a haste, as penas. A ponta representa a juventude, a haste representa os adultos, as penas são os anciões. A flecha chega ao equilíbrio perfeito quando todas as partes são reunidas. É por isso que voa tão bem.

Mesmo entranhados na floresta, meu cérebro cansado está a mil por hora, tentando digerir o símile.

Em seguida, Napech conta que ele é uma espécie de pajé, e eu me queixo das dores no meu pescoço por ter de dormir no chão.

– Tire a japona – ele me diz.

Ele massageia meu pescoço, em seguida segura meu queixo com as duas mãos, uma de cada lado, e levanta minha cabeça com firmeza, um ajuste quiroprático trepidante.

Aí ele me diz para não pensar na dor.

Girando os ombros, eu me recolho à barraca de minha pequena família, onde Vollant me informa que faremos turnos durante a noite para manter a lenha úmida acesa e não morrermos asfixiados.

– *If I die before I wake* – diz ele, entrando no saco de dormir –, *pray the Lord my soul to take*[2].

....
2 "Se eu morrer e não acordar, rogo ao Senhor minh'alma levar." (N. T.)

– É da Bíblia? – pergunto.
– Não, é do Metallica. "Enter Sandman". Adoro heavy metal.

Sauvé fica com o primeiro turno e me acorda lá pela meia-noite. Atiço o fogo e saio de mansinho para mijar. A noite está calma e clara. Uma fileira de dez chaminés fazendo fumaça. Roncos abafados pelas lonas. Meia dúzia de motonevs estacionadas na estrada madeireira. Parecem um bloqueio. Seguimos uma rota que os *innu* percorriam tradicionalmente para recrutar os *atikamekw* e outros aliados e combater os ingleses, mas Vollant diz que estamos em missão de paz.

Depois da preleção do médico, de uma noite fumarenta e uma reprimenda fraterna de meus colegas de barraca, o toque de alvorada às cinco horas desperta uma energia resiliente. Gigantescas panelas de aço cheias de água são colocadas para ferver em fogareiros de propano, para fazer café, chá e mingau de aveia. Uma mesa em frente à barraca da cozinha está forrada com sacos de pãezinhos e pacotes de pasta de amendoim. Grossas fatias de presunto e uma tigela cheia de ovos mexidos. (Em sua lista de compras, Fortin incluiu quarenta quilos de queijo, quinze quilos de charque e quinze quilos de nozes.) Depois de comer e embalar o almoço, ajudo a espetar os ramos que usamos como forragem para os leitos em varetas que serão colocadas em barcos de alumínio e rebocadas pelas motonevs até a próxima parada, juntamente com a lenha que restou e as estacas de bétula utilizadas para dar forma às barracas. Não demora muito e, do acampamento, restam apenas retângulos achatados de neve e uma pilha de fogões a fazer fumaça.

A roda da manhã de hoje é animada, e eu percorro 24 quilômetros feito uma flecha, puxando meu trenó durante todo o trajeto, exceto nos declives longos e íngremes, nos quais solto o cinturão, pulo em cima do trenó e desço a encosta a velocidades registradas pelo GPS como acima dos quarenta quilômetros horários, berrando desvairadamente de contentamento.

Comecei a jornada como um profissional citadino levemente neurótico, como um jornalista imerso em sua reportagem, mas, com o passar dos dias, as linhas divisórias perdem nitidez. Deixo o Fleischman

em sua embalagem, junto-me aos homens que caçam perdizes e saem para arranjar comida e faço piadas num francês vacilante, chegando, em determinado momento, a imitar Hervieux, como se ele fizesse uso de seu distintivo de policial para confiscar um balde de frango frito:
– *Venir avec moi, poulet frit!*
Agora sou eu que dou abraços de urso.

O destino de hoje é o centro comunitário na aldeia de Lac-Saint--Paul, onde haverá um telefone público para ligarmos para casa, uma loja de conveniência que vende chocolate e um piso seco onde poderemos dormir, amontoados todos, uma confusão de corpos, como num abrigo de emergência. Uma semana antes, essa perspectiva teria me botado para correr, mas, ao subir mais uma colina nevada, sem temer o que pode me aguardar logo ali na frente, entendo, enfim, que caminhar é uma maneira de avançar rumo à mudança num ritmo sustentável, é deixar sua zona de conforto e começar a criar outra.

Napech consegue descer colinas montado em seu trenó, mas ele é mais resistente do que muitos anciões. A neve e o gelo limitam a mobilidade em nossas cidades, principalmente no caso de idosos e pessoas com enfermidades ou lesões incapacitantes. Para alguns, andar até mesmo nas calçadas secas da cidade e em ambientes internos climatizados é difícil. Daí que, alguns meses após a Innu Meshkenu, me fechei num anoraque emprestado e entrei num simulador de inverno quatro andares abaixo das ruas do centro de Toronto para ver como a ciência de ponta está ajudando a manter as pessoas ativas.

Faz seis graus negativos no WinterLab, um compartimento de 6 por 5,6 m com um piso de gelo e ventiladores capazes de gerar ventos de trinta quilômetros por hora. Jennifer Hsu, uma doutoranda que estuda engenharia biomédica, aperta meu arnês de segurança e me prende com um mosquetão a uma linha suspensa. Estou calçando botas de solas lisas, sem "bandas de rodagem", feitas por uma empresa sul-coreana chamada JStep a partir de um composto de borracha patenteado que apresenta uma impressionante propriedade antiderrapante. (O J é de Jesus. O logo da empresa se inspira no basilisco-verde, também conhecido como lagarto-jesus-cristo, por ser capaz de correr sobre a água.)

Quando coloca à prova as propriedades friccionais de sapatos, a maioria dos pesquisadores utiliza uma máquina que arrasta a sola por uma superfície de aço inox borrifada com glicerol. Ali no CEAL, Hsu usa uma pessoa de verdade, um balde de água e uma caixa térmica cheia de neve, que ela pode espalhar sobre o gelo. O WinterLab também pode ser içado para uma plataforma hidráulica de movimento e inclinado até 23 graus, e os sujeitos experimentais podem ser sacudidos com uma súbita aceleração de até oito metros por segundo para que se avalie como eles (e suas botas) reagem a escorregadelas e deslizes.

– O que estamos tentando entender é como as pessoas de fato caminham em condições invernais – conta Hsu.

O WinterLab é um dos três compartimentos do Challenging Environment Assessment Laboratory (CEAL [ou Laboratório de Avaliação de Ambientes Difíceis]), que custou 36 milhões de dólares canadenses e é o carro-chefe do Centro iDAPT (Intelligence Design for Adaptation, Participation and Technology [Desenho Inteligente em prol da Adaptação, Participação e Tecnologia]) do Instituto de Reabilitação de Toronto. O CEAL foi inaugurado em 2011, reunindo a experiência e os interesses de quase cem cientistas e duas vezes esse número em pós-graduandos. Os outros dois compartimentos são o StreetLab, que usa uma tela curva de 270 graus, sistema de som ambiente e uma esteira para simular a paisagem urbana lá de cima, permitindo aos pesquisadores estudar como os pedestres respondem a coisas da cidade que se veem, ouvem e sentem, sem excluir pormenores diminutos, como o leve tremor no chão quando um bonde passa; e o StairLab, que os pesquisadores podem equipar com escadarias ou rampas de geometria variada, com ou sem corrimãos, para testar o equilíbrio e a capacidade de recuperação, além de ajudar a projetar configurações seguras. Refletores usados nas roupas e nos sapatos, sensores de captura de movimento nas paredes dos compartimentos e plataformas de força no chão medem cada gesto de agarrar, passo e tropeção, propiciando um registro extremamente abrangente de por que nos movemos da maneira como fazemos e quais alterações nos projetos podem nos ajudar a continuar de pé.

– Estamos pesquisando o equilíbrio humano e a prevenção de quedas nos meus laboratórios já faz uns trinta anos – diz o pesquisador-chefe do instituto, Geoff Fernie, um bioengenheiro e professor doutor de cirurgia na Universidade de Toronto –, e, para ser honesto, isso não teve um impacto muito grande em comparação com a adoção de cintos de segurança nos carros e a redução do uso do tabaco. A ênfase que hoje colocamos no ambiente provavelmente é o caminho a seguir. É o mais acessível. Talvez não sejamos capazes de mudar o comportamento das pessoas, mas temos certeza absoluta de que conseguiremos tornar as escadas e os cruzamentos mais seguros.

Visitar o CEAL é como dar um pulo na Divisão Q, o antro de cientistas loucos onde são criados os dispositivos de espionagem de James Bond (apesar de não haver canetas que disparam dardos explosivos). Enquanto eu descia de elevador até a instalação cavernosa no subsolo, um sujeito de jaleco branco me mostrou o protótipo de um aparelho de apneia do sono, uma unidade sem fio, leve, flexível e em forma de v que se usa em casa, sobre o nariz e a boca, para diagnosticar esse distúrbio respiratório. Oitenta e cinco por cento de todos os casos de apneia do sono deixam de ser detectados, segundo estimativas, o que leva a um custo médico de bilhões de dólares anuais nos Estados Unidos (isto é, pessoas sonolentas batendo o carro a caminho do trabalho logo de manhã).

O preço que pagamos por cair é igualmente inacreditável. No Canadá, estima-se que somente o custo social e de saúde pública de acidentes em escadas seja de 8,8 bilhões de dólares por ano. Da mesma maneira que o custo associado ao tratamento médico da crescente população aborígene do país só faz aumentar, as quedas estão se tornando um problema cada vez maior à medida que a população do continente envelhece. De 1997 a 2009, o índice de hospitalização por causa de lesões sofridas em escadas residenciais nos EUA aumentou, em média, seis por cento ao ano. Os idosos estão mais sujeitos a se machucar dessa maneira. Uma a cada três pessoas acima dos 65 anos sofre uma queda por ano no Canadá, metade delas mais de uma vez, e quarenta por cento das quedas graves provocam fraturas de quadril. Esses acidentes podem levar a uma espiral descendente. A inatividade leva à má saúde, que leva ao isolamento, ao medo e a mais inatividade. "Vinte por cento de todas as mortes relacionadas a lesões na terceira idade podem ser atribuídas a uma queda", informa a Agência de Saúde Pública do Canadá. Um a cada cinco adultos idosos que sofrem fraturas de quadril acaba morrendo num intervalo de doze meses após a lesão.

– Se nada fizermos, teremos de construir hospitais que nada farão a não ser tratar quadris – afirma Fernie.

As escadarias são uma frente de batalha importante para o CEAL, e a vitória pode estar próxima. Depois de beijar o chão algumas vezes no WinterLab – as bandas grossas convencionais parecem funcionar melhor do que as solas JStep quando há água ou neve em cima do gelo –, encontro-me com a pesquisadora-chefe do StairLab, a pós-doutoranda Alison Novak. As normas técnicas da construção civil do Canadá atualmente exigem que as residências particulares tenham degraus com pelo menos um espelho vertical de 20 centímetros e um piso horizontal de 21 centímetros. Os pesquisadores de medidas de segurança já propõem pisos mais longos para os degraus há duas décadas, mas o ramo da construção resiste à mudança.

– Seu principal argumento é o custo – diz Novak.

Degraus mais longos exigem mais material e um espaço maior para as escadarias das casas novas. Milhares de plantas teriam de voltar à prancheta de desenho.

Novak usou o StairLab para entender melhor a trajetória dos pés e o controle do equilíbrio entre adultos jovens (com idades entre 18 e 35 anos) e adultos idosos saudáveis (65 anos ou mais) em escadarias com pisos que variavam em comprimento de 20 a 36 centímetros a intervalos de 2,5 centímetros. Estudos futuros analisarão pessoas com deficiências; as normas técnicas da construção civil são criadas para atender à população comum. Seus resultados, obtidos com sacudidelas no compartimento sobre a plataforma de movimento para analisar quando e como as pessoas caíam, determinaram que o aumento do comprimento mínimo dos degraus residenciais para 25 centímetros reduzirá em quatro vezes a ocorrência de quedas. Os indícios coletados por Novak durante dois anos foram submetidos à Força-Tarefa das Dimensões dos Degraus das Normas Técnicas Nacionais para a Construção Civil, que recomendou a mudança durante uma de suas revisões regulares. Na semana em que visitei o CEAL, no outono [outubro a dezembro] de 2013, ela foi a Montreal participar de uma reunião da Comissão Permanente de Moradia e Pequenos Edifícios, na qual os membros foram unânimes ao votar para que o comprimento mínimo do piso aumentasse para 25 centímetros. Essa mudança provavelmente será lei em 2015[3]. Ou poderá ser anulada: a decisão está nas mãos do governo, que dificilmente faz alguma coisa sem consultar o mercado. Se a lei não for aprovada, Novak alerta que "ocorrerão quedas, lesões e mortes desnecessárias".

Ao mesmo tempo que Novak trabalha para ajudar a evitar esses traumatismos, ela e Vicki Komisar, uma doutoranda cuja tese investigará a altura otimizada de corrimãos em escadarias e rampas, estão desenvolvendo novas maneiras de *fazer* as pessoas caírem. Novak me entrega um par de tênis de corrida com refletores e um outro arnês de segurança, e feito astronautas prestes a decolar subimos um andar de elevador até o centro de controle da missão do CEAL. Passamos por uma ponte e por uma porta de metal e entramos no compartimento que geralmente abriga o StairLab. Hoje, sua superfície é plana e retangular, composta de oito plataformas de força de 1,2 metro quadrado. Novak me prende com o mosquetão à linha suspensa, em seguida prende-se a um assento dobrável com um cinto de três pontos. O compartimento começa a se inclinar sobre a plataforma de movimento, formando uma rampa de dez graus. Assistindo a tudo num monitor e comunicando-se conosco lá da sala de controle por meio de um radiocomunicador, Komisar me instrui a começar a contar regressivamente a partir de cem e de três em três e a caminhar pela plataforma, para lá e para cá. Passados alguns segundos, o compartimento oscila, mas eu só cambaleio de leve. Seguem-se mais algumas rodadas, andando para lá e para cá e contando em silêncio, até ser repentinamente sacudido. Passo a calçar sapatos de solas revestidas de algodão, que apresentam baixíssima resistência a derrapagens, e, quando o compartimento oscila, só não vou de encontro à parede por causa do arnês. Se houvesse ali

....
[3] Até a conclusão da presente edição, não foram encontrados indícios de aprovação desta lei. (N. E.)

um corrimão, eu o teria agarrado. Novak e Komisar comparam anotações. Parece ser uma maneira eficaz de simular quedas.

Pesquisas desse tipo são árduas, mas ainda mais rápidas do que a análise quadro a quadro de filmes de acetato, como faziam seus predecessores. E, para levar rapidamente as soluções do laboratório para o mundo real, comenta Fernie, "é preciso replicar o mundo real da melhor maneira possível".

Fernie estava em uma cadeira de rodas quando visitei o CEAL. Ele havia machucado as costas erguendo pneus de neve em sua garagem. Tendo retornado ao trabalho, depois de muitos encontrões em elevadores lotados e de conversar com os colegas olhando diretamente para suas barrigas, ele teve um vislumbre do que é a vida das pessoas que têm mobilidade reduzida.

– Você fica dependente de outras pessoas – diz Fernie. – Sua vida muda quando não é possível se locomover. Se não fizermos alguma coisa para ajudar as pessoas a se manter em movimento, a se exercitar como precisam fazer, para que mantenham a saúde cardiovascular, a felicidade e a interatividade, se não fizermos isso, suas vidas vão piorar. É fundamental.

Por volta do meio-dia de 27 de fevereiro de 1992, Amanda Boxtel, uma australiana que morava no Colorado, EUA, subiu de teleférico ao alto da montanha em Snowmass, no mesmo vale que abriga Aspen. A loira de 24 anos e em boa forma era uma excelente esquiadora. Ela escolheu uma pista de esqui intermediária e parou na parte plana no meio da descida para apreciar a vista. Um mar de picos cobertos de neve se estendia até o horizonte. Quando ela tomou impulso para continuar a descida, as pontas de seus esquis se cruzaram e ela deu uma cambalhota, caindo de costas no chão. Foi como se um choque percorresse suas pernas. Uma equipe de resgate a trouxe de volta ao pé da montanha, e ela seguiu por via aérea para um hospital em Denver. Havia fraturado quatro vértebras. Duas semanas depois, um médico pronunciou as palavras que ela tanto temia:

– Você nunca mais voltará a andar.

Paralisada da cintura para baixo e confinada a uma cadeira de rodas, Boxtel aprendeu a usar um monoesqui. Ela se tornou uma instrutora de esqui para deficientes físicos e cofundadora de uma entidade beneficente que proporciona aos deficientes físicos acesso a esportes e atividades recreativas, além de ter carregado a tocha olímpica em 2002. Ela também passou a praticar ciclismo, escalada em rocha, parapente, *kitesurf* e mergulho autônomo, além de participar da primeira expedição de *rafting* feita por deficientes físicos nas corredeiras do Grand Canyon. Mesmo assim, ela sentia uma necessidade ardente de andar.

– Eu queria sustentar meu peso com minhas próprias pernas – conta. – É uma vontade que nunca morreu.

Nos primeiros cinco anos após o acidente, Boxtel tentou de tudo para recuperar a sensação nas pernas e seu uso: dietas a base de alimentos crus, meditação, acupuntura, sessões de cura xamânicas no Novo México. Foi atrás de todo e qualquer método naturopático que chegou a seu conhecimento – com exceção das injeções de cartilagem de tubarão – e também de tratamentos convencionais, entre eles, a fisioterapia intensiva e órteses pesadas para as pernas. Nada funcionou. Em 2007, Boxtel decidiu tentar um último tratamento experimental. Pegou um avião para a Índia, onde um médico de um hospital particular injetou células-tronco embrionárias em sua coluna espinhal, uma prática controversa. Boxtel recebeu seis doses das células e, depois de mais de quinze anos, voltou a ter alguma sensação nas pernas. Com o passar do tempo, a sensação ganhou força. Ela conseguia mexer os dedos dos pés. Recuperou traços de força muscular nos quadríceps, tendões da perna e glúteos. Boxtel conseguia urinar sem precisar da ajuda de um implante eletrônico e era capaz de chegar ao orgasmo. Tudo isso só fez renovar sua vontade de andar.

Recorrendo à tecnologia, ela tentou uma esteira antigravitacional e vestiu uma espécie de saia em forma de caiaque, com a qual podia mexer as pernas dentro de uma cápsula de ar. Era como andar, mas seu corpo ficava desalinhado e não suportava o próprio peso. Seus calcanhares não tocavam o solo nem enviavam resposta ao cérebro.

– Eu conseguia sacudir muito mal as pernas, feito bêbada – ela conta. – Não era nada bonito.

Em seus sonhos, Boxtel se via como um avatar, uma "Amanda Perfeita", envolta em algum tipo de traje robótico. Ela escreveu para um pesquisador da Universidade de Stanford pedindo para participar de um experimento de realidade virtual. Nunca obteve resposta. Aí ela recebeu um telefonema de uma empresa da Califórnia chamada Berkeley Bionics (hoje, Ekso Bionics). Eles tinham um protótipo de exoesqueleto e estavam à procura de pilotos de provas. Depois de mais de dezoito anos de paralisia, diante das câmeras do canal National Geographic, as pernas robóticas foram acopladas a Boxtel. A máquina a colocou de pé. Dobrou-lhe o joelho. Ela deu um passo. Depois outro. E mais um. Naquela noite, ela voltou para seu quarto de hotel e chorou.

A revista *Weird* chamou o exoesqueleto de o segundo dispositivo mais importante de 2010. O primeiro foi o iPod.

Passados três anos desde o dia em que andou, Boxtel é embaixadora da Ekso e proprietária de uma das unidades EKSO 1.1 de 25 quilos da empresa. Vem equipada com um computador, um giroscópio, duas baterias, seis articulações, quatro motores e centenas de sensores. Ela veste o equipamento sentada em uma cadeira de rodas. O dispositivo envolve suas pernas, as hastes metálicas são semelhantes à sua estrutura esquelética. Os motores são como seus músculos; os sensores são como nervos. Quando ela tenta dar um passo, o robô permite que ela faça o que pode usando os próprios músculos, e aí possibilita que ela complete o movimento. Assim que ela faz corretamente a troca de peso, a unidade determina que chegou o momento de dar mais um passo.

– Desempenho um papel central ao andar, mas essa é a prótese neural mais complexa já criada. É a fusão de biologia e tecnologia.

A prótese também tem um nome: Tucker, uma homenagem a seu amado e já falecido golden retriever.

Boxtel e Tucker caminham uma hora por dia, com uma fisioterapeuta a postos para garantir que ela não sofra uma queda. O exoesqueleto não tem um mecanismo de prevenção de quedas. Foi criado para ser usado em superfícies planas de ambientes internos, mas Boxtel já saiu com ele, e ela mora em local montanhoso, onde até mesmo os estacionamentos são inclinados. Máquinas como o EKSO 1.1 custam entre

80 mil e 150 mil dólares. Ainda é um aparelho terapêutico: não há modelos disponíveis no mercado para uso pessoal. Mas Boxtel participou de um experimento em Budapeste em 2013: uma varredura corporal e uma impressora 3D foram usadas para fabricar peças personalizadas para Tucker. Ela antevê o dia em que a medicina regenerativa e a biotecnologia mudarão todo o cenário para as vítimas de lesões na coluna.

Nem todos os cadeirantes têm o mesmo entusiasmo. Quando um rapaz vestindo um exoesqueleto chutou uma bola de futebol durante a cerimônia de abertura da Copa do Mundo de 2014, Red Nicholson, um professor da Nova Zelândia que costumava manter um blog chamado "Walking is Overrated" [Andar Não É Tudo Isso], respondeu ao frenesi midiático: "Pergunte a qualquer cadeirante, particularmente àqueles que já têm alguma experiência, e ele ou ela dirá que está ocupado(a) demais cuidando da própria vida para se preocupar com a possibilidade ou não de voltar a andar. Tenho tanta vontade de me ver amarrado a um robô quanto de nadar com tubarões brancos [...], minha vida como cadeirante é muito boa".

No entanto, Boxtel é o tipo de pessoa que provavelmente gostaria de nadar com tubarões brancos. Gravaram em vídeo uma das primeiras vezes que ela andou dentro de um exoesqueleto. Ela está visitando Nova York. Lá está ela, abalroada por turistas, caminhando com Tucker pelo mirante do Empire State.

– Ah, minha nossa! – ela grita. – Vinte anos... Vinte anos de paralisia. E hoje consigo ficar de pé e apreciar a vista.

Os trenós não deslizam bem em acostamentos de cascalho. Depois de passarmos a noite no chão do centro comunitário em Lac-Saint--Paul, onde os caminhantes compraram todas as frutas da loja de conveniência, mas ignoraram o refrigerador cheio de cervejas, saímos da floresta e ziguezagueamos por uma série de estradinhas vicinais e autopistas secundárias, deixando a terra dos *atikamekw* e entrando no território *anishinabe*. Os especialistas em logística de Fortin carregaram um caminhão-baú com nossos trenós e cumprimos uma média de 27 quilômetros por dia durante cinco dias. A caminhada mais longa da expedição tem 35 quilômetros e vai até a cidadezinha de Maniwaki, adjacente à reserva Kitigan Zibi, onde descansaremos duas noites antes da última semana de marcha.

Abastecido com torta de coelho e espaguete ao molho de alce, decido passar à frente de Hervieux a caminho de nosso ponto de encontro em Maniwaki. Não é uma disputa, mas me sinto forte. Preparo estrategicamente minha mochila, deixando as barras energéticas e a água de prontidão, como e bebo sem me deter, olhando de quando em quando por cima do ombro até não enxergar mais Hervieux. Cinco horas depois, estou no estacionamento do hotel Château Logue.

Todos chegam, tomamos um ônibus para a reserva e caminhamos em massa para a escola, para mais uma festa. Retorno na manhã seguinte com Vollant, que palestra para estudantes de todas as idades, do jardim de infância ao último ano do ensino médio. À medida que turmas mais velhas chegam à biblioteca para ouvi-lo, ele refina suas palavras para que correspondam à maturidade da plateia. Mas ele sempre gira em torno de dois pontos. Vollant pergunta às crianças o que elas querem ser quando crescer. Jogador de hóquei? Professor? Caçador? Astronauta? Ele fala da dra. Raven Dumont, uma garota de Kitigan Zibi que o viu palestrar quando ela era ainda adolescente e hoje faz residência médica em Montreal.

– Torço para que pelo menos um de vocês vire médico, porque vou precisar de um cirurgião ortopedista, aborígene e dos bons para cuidar dos meus joelhos depois de tanto caminhar – diz ele, e então passa a adotar um tom de serviço de utilidade pública e recomenda aos estudantes que passem mais tempo ao ar livre. – Em minhas caminhadas, não há televisão nem Nintendo. O único joguinho é rachar lenha.

Alguns dos estudantes do ensino médio parecem entediados. Eles não param quietos. Vollant fica mais sério. Conta como os *innu* perderam suas terras tradicionais por causa da inundação causada pelas represas da Hydro Québec. Como seu avô o estimulou a ir para a universidade e ajudar sua gente. Ali na biblioteca da escola, quando Vollant fala sobre a importância de ter um sonho, ele não parece um xamã. Está mais para Martin Luther King Jr.

A última etapa da expedição é flexível. Seguimos integralmente o horário de índio. Todos os dias, caminhamos até chegarmos ao acampamento, daí trabalhamos, comemos e dormimos, e recomeçamos de manhã, um estado suspenso de bem-aventurança e cansaço. Passo uma tarde caminhando ao lado de Devin Petiquay, um garoto de dezesseis anos e cabelos compridos de Manawan que, numa cidade grande, eu talvez tivesse atravessado a rua para evitar. Fora a viagem e o sexo masculino, temos pouca coisa em comum, mas dividimos o lanche e conseguimos manter uma longa conversa sobre hóquei e caça, e ele me ensina algumas palavras em *atikamekw*: *nimitsoun* (comer), *misigwam* (privada), *nimoutan* (andar). A vida *é* simples.

O *trailer* de Fortin perde um eixo de roda, mas isso acontece pouco antes da cidadezinha de Mont-Laurier, a meca turística das motoneves que, segundo ele, deve ter mais soldadores *per capita* do que qualquer outro lugar do Canadá. O veículo é consertado em algumas horas. Meu saco de dormir pega fogo uma noite dessas, mas um colega de barraca sente o cheiro da fumaça e me acorda; ele tem um kit de remendos e fita adesiva, e meu susto dá uma boa história durante o café da manhã. Perto da minúscula aldeia de Montcerf-Lytton, o proprietário da Fromagerie la Cabriole corre atrás de dois andarilhos... e entrega-lhes um saco de *chèvre* artesanal feito com vinho do porto. Ele leu sobre a caminhada num jornal da vila. Um cão vadio, praticamente idêntico ao cachorro da série de TV *Littlest Hobo*, junta-se à expedição naquele dia e permanece conosco durante toda a última semana. São ocorrências aleatórias, naturalmente, mas ao enfileirá-las e uni-las, feito as pedras que nos levam a atravessar um rio, é difícil não lhes dar um significado.

Temos permissão para percorrer uma das principais rotas de motoneves de Quebec durante os últimos quatro dias, atravessando uma reserva ecológica da província, até a aldeia *anishinabe* de Rapid Lake. Estamos em número muito menor a essa altura: nem mesmo as operações de remoção de unhas de Vollant conseguiram manter alguns andarilhos de pé. Dentre nós, aqueles que continuam reduzem o ritmo após a folga. Temos de subir longas ladeiras e, apesar de a rara e intensa luz do sol permitir que fiquemos só de camiseta, ela também deixa a neve empapada e os trenós mais difíceis de puxar.

Num acampamento sobre um brejo congelado, em certa noite úmida e lúgubre, quando a tentação de me entocar no saco de dormir e ler um livro é forte, vejo-me diante da pilha de lenha, em meio a um círculo de lanternas de cabeça acesas, no qual Alexandra Awashish me mostra como virar a acha até encontrar as veias e baixar a pesada lâmina do machado com força num ângulo levemente inclinado. E também como pronunciar *tabernac* corretamente, com a tônica na última sílaba. Desfiro algumas machadadas em falso – *Taber*NAC! –, mas aí encontro o ponto certo e começo a rachar lenha com um golpe só.

– Você daria um bom índio – diz Super-Alex.

Há uma enorme fogueira no meio da roda em nossa última noite juntos. As jamantas passam rugindo pela autopista logo depois do perímetro do acampamento, Napech e os outros anciões fazem suas preces. Aí Leo Dubé, um especialista em logística de Manawan, toca o tambor e canta uma canção entusiástica, e as batidas metronômicas e seu falsete ululante – "iá rei-iá-rei rei-iá, iá rei-iá-rei rei-iá" – se elevam acima do estalar de galhos mortos. Vollant meneia a cabeça no ritmo do tambor, de braços cruzados e cabeça baixa. Finda a canção, ele pede a todos que tomem alternadamente a palavra. Eu agradeço aos *marcheurs* por dividir comigo sua terra e cultura, por derrubar preconceitos que eu antes nutria, por me ajudar a aprender algumas coisas a respeito de mim mesmo.

Terminamos, e Vollant passa os olhos por toda a roda, e seu anoraque amarelo reflete a luz do fogo.

– Escutem – ele diz baixinho. – Falo como médico. Neste exato momento, nós nos sentimos muito bem, por causa das endorfinas que geramos. Essa sensação de bem-estar pode durar três ou quatro semanas. Mas aí pode ser que vocês caiam em profunda depressão. Acontece com os atletas olímpicos, com as pessoas que escalam o Everest. É normal, e não um sinal de fraqueza.

Cabisbaixos, chutamos a neve com nossas botas. Horas antes de entrarmos triunfalmente em Rapid Lake, não é bem isso que queríamos ouvir. Mas a maioria de nós está começando a entender, por conta própria, que não há como o ato de colocar um pé diante do outro resolver alguma coisa. Que um círculo não tem linha de chegada. Nossos corpos podem estar mais fortes, mas as sombras persistem.

"Quando chegarem em casa, descansem um ou dois dias", recomenda Vollant. "Bebam água. Livrem-se do hábito de fazer refeições com alto teor de carboidratos. Conversem com as pessoas caso sintam inquietude. Aí, quando as bolhas tiverem cicatrizado, continuem caminhando."

2
Mente

> "Neste exato momento, estamos decidindo, meio sem querer, quais caminhos evolutivos continuarão abertos e quais serão fechados para sempre. Nenhuma outra criatura conseguiu fazer algo parecido, e esse será, infelizmente, nosso legado mais duradouro."
>
> Elizabeth Kolbert, *The Sixth Extinction* [*A sexta extinção*[1]]

> "Desconheço pensamento do qual, por mais penoso que seja, não possamos escapar caminhando."
>
> Søren Kierkegaard

Um céu cinza chumbo cospe uma chuva morna sobre a rua Eglinton. O rosnado dos motores das caminhonetes. O silvo e o arroto dos freios. Na margem do rio Clyde oposta ao centro de Glasgow, a via asfixiada pela fumaça dos escapamentos segue paralela ao corredor ferroviário que parte da Estação Central e vai para o sul, passando sob as monolíticas vigas verdes da via expressa M74. Ladeada por duvidosas casas de churrasco grego, antros de jogatina de janelas quebradas, oficinas mecânicas populares e muros de concreto cobertos de pichações, esta não é uma rua agradável para um passeio durante o horário de pico vespertino. Em vários cruzamentos, a calçada é cercada por barreiras de metal que chegam à altura da cintura, obrigando-me a fazer desvios pelas ruas transversais para poder continuar seguindo rumo ao sul.

---
[1] Rio de Janeiro, Intrínseca, 2015. (N. T.)

Uma caminhada solitária por uma faixa desconhecida da urbe geralmente me revigora, por mais desagradáveis que sejam os arredores ou as condições atmosféricas. Durante a década que vivi em Edmonton, que apresenta um dos invernos mais gélidos dentre todas as cidades grandes do planeta e uma malha regular de ruas numeradas, mudar meu itinerário um quarteirão que fosse revelava pequenas maravilhas. A canção aguda da neve sob as botas a −35 °C. Uma gralha pintada com estêncil numa caixa de correio, persuadindo os transeuntes a escutá-la por meio de um balãozinho de HQ. Velas bruxuleando no interior de cilindros feitos de gelo.

Tenho lembranças vívidas de seguir andando da casa da minha cunhada na extremidade nordeste de Calgary, que ocupa um espaço vasto do tamanho de Chicago, até o bistrô de uma rua comercial nos subúrbios de classe média mais próximos do centro, cortando caminho por loteamentos sinistramente desocupados e parques industriais ainda em construção, escavadeiras adormecidas e pilhas de barras de reforço do concreto armado que lançavam, à luz dos postes, sombras esqueléticas na escuridão. O preço do petróleo chegava às alturas. Alberta tinha uma das mais altas taxas do planeta de crescimento do produto interno bruto. As pessoas estavam se mudando para a província, vindas de todo o mundo. Caminhando pela fronteira, eu enxergava de perto as suturas desse crescimento súbito.

Naquele mesmo ano, passei uma semana em Fort McMurray, a capital das areias asfálticas do Canadá, acampando na periferia da cidade e seguindo a pé para meus compromissos no centro por vias principais nas quais os veículos passavam por mim em velocidades dignas de uma autopista. "Cuidado", tinham me alertado os jovens pedreiros especializados em paredes de gesso cartonado que viviam o ano todo num ou noutro canteiro de obras. "Ninguém passeia a pé por aqui." Eu inventariava o lixo nas valas (copos descartáveis da cafeteria Tim Hortons, latas da cerveja Black Horse de Newfoundland, bilhetes de loteria) e contava as caminhonetes. Era fascinante. Uma nova fronteira.

Hoje, porém, depois de passar a tarde a pé em Glasgow, sinto-me cansado e... *triste*, ora. Trata-se de um bom ponto de partida, porque estou na cidade mais insalubre do Reino Unido para descobrir se caminhar pode de fato ajudar a fazer as pessoas mais felizes.

A Escócia apresenta a mais baixa expectativa de vida da Europa Ocidental, e os habitantes de Glasgow vão ao encontro de seus criadores muito antes da média britânica: os homens, aos 71,6 anos, em comparação com 78,2; e as mulheres, aos 78, em comparação com 82,3. Os pesquisadores atribuem essa diferença a um fenômeno misterioso conhecido como "o efeito Glasgow". Em outras palavras, eles não têm uma boa explicação. Pobreza, má alimentação, violência, tabagismo e uso abusivo de substâncias químicas: todos têm seu papel, como no caso dos aborígenes do Canadá. Mas mesmo em comparação com cidades pós-industriais semelhantes, como Liverpool e Manchester, Glasgow fica no prejuízo: seus habitantes têm uma probabilidade trinta por cento maior de morrer na juventude. Drogas, álcool, suicídio e criminalidade são responsáveis por sessenta por cento dessas mortes. E todo esse sofrimento também desencadeou um problema de saúde mental.

A análise do efeito Glasgow empreendida em 2010 pela Coleta de Dados sobre a Saúde na Escócia, uma pesquisa abrangente que levou em consideração fatores socioeconômicos, comportamentais, biológicos e outros elementos atenuantes, descobriu que os moradores se submetiam a um risco 92 por cento maior de sofrer de ansiedade em comparação às pessoas que viviam em outros pontos do país. Eles também atingiam pontuações mais elevadas no Questionário de Saúde Geral: um indício de "possível transtorno psiquiátrico".

Existem muitas razões plausíveis e inter-relacionadas para as diferenças entre os moradores de Glasgow e os de Liverpool e Manchester, concluíram quatro pesquisadores num artigo científico que escreveram para o Centro para a Saúde da População de Glasgow. Para ser exato, eles sugeriram dezessete hipóteses, desde possibilidades genéticas e culturais até o clima melancólico e o impacto duradouro de um ataque de motivação política instigado por Margaret Thatcher. Foram lançados pelo menos 34 programas públicos para ajudar a recuperar a cidade. Além da proibição ao fumo e de uma campanha para estabelecer um preço mínimo por unidade alcoólica, policiais fazem ronda permanente em algumas escolas, e dentistas e veterinários são treinados para identificar sinais de violência doméstica. "Partimos do princípio de que [o problema é] tão grande e tão complexo que não importa por onde você começa", contou um policial veterano ao jornal *The Guardian*. "Comece e pronto, droga."

Caminho lenta e penosamente pela dura paisagem urbana da Eglinton, passo por mercados fechados e cercas encimadas por concertinas, para encontrar pessoas que levaram essa mensagem a sério: integrantes de um programa de caminhadas pela saúde que foi criado para dar aos moradores um ânimo muitíssimo necessário. Meu dia começou de uma maneira bem mais bucólica. Acordei 130 quilômetros ao sul de Glasgow, numa hospedaria rural do século XVIII. A Kenbridge, que tem esse nome em homenagem à adjacente ponte de granito e cinco arcos que cruza o rio Water of Ken, fica na estrada velha entre a Irlanda e Edimburgo. Erigida para fornecer comida, bebida e abrigo às pessoas que viajavam de diligência, fez o mesmo por mim e de maneira admirável durante dois dias. Eu estava na região para entrevistar um homem que vive no vilarejo próximo de New Galloway, um geógrafo que havia percorrido a pé toda a extensão da Irlanda e da Escócia. Quando não estávamos caminhando e conversando juntos, eu bebericava a cerveja de uma grande caneca no aconchegante *pub* revestido com painéis de madeira da Kenbridge e vagava pela trilha que ia da hospedaria à vila, entranhando-me no brejo e na alta capoeira de salgueiros de uma reserva natural, deixando-me envolver pelo canto dos pássaros.

Voltando ao *pub* depois de um desses passeios, perguntei se era seguro nadar no rio.

– *Aye*, é possível – assentiu Willie, o zelador do hotel –, mas cuidado com os tubarões.

– Nestas bandas – acrescentou um homem barbado e grande como um urso, que por acaso era um célebre historiador escocês chamado Ted Cowan, sentando em seu banquinho costumeiro no fim da fileira –, a maioria dos tubarões se encontra no bar.

– Não, sério, não tem problema – intrometeu-se o proprietário da Kenbridge, Dave Paterson. – A última pessoa que nadou lá era da Holanda e monge budista.

– E ele voltou?

– Ela voltou. Você estará seguindo um bom exemplo.

A pé, fui até a ponte e dali subi o rio, me despi numa prainha pedregosa, entrei na água cálida e verde e me entreguei ao ócio na parte mais funda até um caminhão passar ruidosamente e buzinar.

Na manhã seguinte, postei-me ao lado da autoestrada que passava pela hospedaria e estendi o polegar. "Ninguém pede carona por estas bandas", haviam me alertado no bar. Dez minutos depois, um furgão parou devagarinho no acostamento e um homem calvo e de meia-idade jogou a tralha para um lado, liberando o assento do passageiro. Por causa das obras na estrada, Neil Stout, o especialista em consertar máquinas que fabricam molduras de quadros a caminho de um serviço em Glasgow, tomou uma bronca de seu GPS quando foi obrigado a se desviar da rota mais direta e pré-programada.

– É um aparelho útil – ele disse, pressionando botões com toda a força de seu indicador, sem saber ao certo em que cidadezinha ou rua estávamos –, mas a gente perde a noção do lugar onde está. É impressionante a rapidez com que a humanidade está perdendo todas essas habilidades.

Ao passarmos por campos pontilhados de fardos de feno e torres residenciais setecentistas, nossa conversa foi pulando de um assunto a outro, sem perder o pique, como costuma ser o caso no pacto que se estabelece entre o carona e o motorista. Quando disse que estava ali para aprender um pouco mais sobre a cultura pedestre britânica, Stout me contou que, certa vez, uma antiga lesão no pescoço, da época em que praticava rúgbi, voltou a incomodá-lo, e ele pensou que fosse morrer. Os médicos tiveram de realizar uma laminectomia cervical de emergência. Stout tinha três objetivos antes da operação: queria sair andando do hospital; recuperar as forças o suficiente para escalar o Scafell Pike, a montanha mais alta da Inglaterra; e gravar um disco. As duas primeiras metas foram cumpridas, disse. Aí ele conectou seu iPod ao sistema de som do furgão. Começou a tocar uma faixa acústica e com um toque de blues e palavras roucas cantadas por um sujeito que tinha uma voz parecida com a de Eric Clapton. O disco de Stout se chama *Humble* [Humilde]. A canção: "Heaven" [Paraíso]. Nós a escutamos calados.

Ele me deixou no centro de Glasgow, a umas doze quadras do meu hotel, uma rede de pousadas de luxo "eurodescoladas" voltada para a "nova e elegante estirpe de viajantes internacionais [...], o tipo que atravessa continentes da mesma maneira que outras pessoas atravessam a rua", mas o "embaixador" que cuidou do meu *check-in* admitiu que era de Glasgow.

– *Aye*, cometi o pecado de ter nascido e crescido aqui.

Não me sentia modernoso o bastante para ficar no *lounge*, em meio à vistosa mobília dinamarquesa contemporânea (e os hóspedes vistosos, contemporâneos e talvez dinamarqueses). Em vez disso, calcei as botas e atravessei a rua.

O nome Glasgow vem de uma palavra gaélica que significa "lugar verde e querido". Apesar de seus parâmetros de saúde e da chuva fina, a cidade estava longe de parecer desolada numa tarde amena de verão. Havia uma animada galeria comercial perto do meu hotel, e caminhei devagar em meio a grupos de famílias portando guarda-chuvas por um encantador calçadão à beira do Clyde. Até mesmo a estátua ribeirinha feita de sucata e fibra de vidro da heroína da Guerra Civil Espanhola Dolores Ibárruri, desafiando o céu com os punhos erguidos, parecia se dirigir ao ato de caminhar. "Melhor morrer de pé do que viver eternamente de joelhos", dizia a inscrição.

Quando a chuva apertou, fui me esconder no suntuoso Museu e Galeria de Arte Kelvingrove e lá encontrei exposições sobre a industrialização e a saúde mental em salas adjacentes. Numa bela manhã de domingo no começo de 1765, um fabricante de instrumentos matemáticos de 29 anos chamado James Watt foi passear no parque Glasgow Green, a menos de um quilômetro da Eglinton Street. Havia meses ele se digladiava com um enigma da engenharia: como projetar uma máquina de bom tamanho com cilindros que não precisavam ser resfriados a cada ciclo? Perto da lavanderia onde as mulheres lavavam a roupa branca antes de estendê-la na relva para secar, veio-lhe a inspiração: um condensador separado para o vapor. "Eu nem sequer tinha passado a sede do clube de golfe", ele diria mais tarde, "quando a coisa toda fez sentido na minha cabeça." No dia seguinte – porque era proibido trabalhar em seu laboratório durante o Sabá –, ele conseguiu construir e testar o primeiro modelo da "moderna" máquina a vapor.

A invenção de Watt acelerou a Revolução Industrial. Foi identificada pelo ecólogo estadunidense Eugene Stoermer e pelo químico atmosférico ganhador do Nobel Paul Crutzen como o início do Antropoceno, nosso atual período geológico, que se distingue de tempos passados porque as atividades humanas hoje exercem um impacto significativo sobre os ecossistemas da Terra.

As ondas de choque da epifania científica de Watt percorreram o globo, e Glasgow logo se tornou a maior cidade da Escócia. Talvez não por acaso, também se tornou palco do primeiro manicômio construído com esse propósito específico na Grã-Bretanha, inaugurado em 1814: "uma casa", de acordo com a legenda museográfica, "com guardiões adequados e adaptados à condição dos portadores de doenças mentais". Por volta de 1900, outros três sanatórios foram construídos em propriedades rurais nos arredores da cidade. Essa abordagem evoluiu. Os manicômios longínquos que não passavam de depósitos foram substituídos por hospitais dedicados a curar as pessoas e, desde a década de 1990, a ênfase tem sido em dispensar os devidos cuidados no seio da comunidade.

Saio do museu, atravesso o Clyde, começo a andar pela Eglinton e não posso deixar de pensar nos vínculos entre as duas exposições. A manufatura industrial vicejou, mas agora está nos estertores da morte na Escócia, deixando um campo de dispersão de fábricas em ruínas, desemprego e sofrimento, os vapores transbordantes que abastecem o efeito Glasgow.

Apesar da tentação de bater em retirada para o refúgio de filmes gratuitos e sob demanda no meu vistoso quarto de hotel, continuo seguindo para o sul e entro no saguão do hospital New Victoria, onde integrantes do grupo de caminhada vão se reunir às seis horas. Sete mulheres e dois homens, todos com calçados práticos, estão sentados em cadeiras de plástico do lado de fora da lanchonete. A coordenadora do Walk Glasgow [Caminhe, Glasgow] Heather Macleod, trinta e poucos anos, cabelos louros e encaracolados e prancheta na mão, apresenta os participantes e explica a rotina enquanto esperamos por retardatários. Financiadas por uma organização sem fins lucrativos chamada Paths for All [Caminhos para Todos] e pelo Serviço Nacional de Saúde da Escócia, as caminhadas conduzidas por voluntários, que são oferecidas em todos os cantos da cidade, o ano todo, duram aproximadamente uma hora. Essas excursões gratuitas estimulam as pessoas a se manterem ativas e a socializar. Foram criadas para promover uma sensação geral de bem-estar, particularmente nas áreas de Glasgow onde as desigualdades de saúde são mais pronunciadas.

– Saindo em grupo – diz Macleod –, você passa a fazer parte de uma nova comunidade. Não são os benefícios físicos que fazem os caminhantes saírem. São as pessoas que eles conhecem.

– Lembrem-se da regra de ouro – anuncia Val Kennedy, a líder do evento deste fim de tarde, uma mulher robusta de cabelos grisalhos e óculos de fundo de garrafa, assim que deixamos o hospital. – Caminhem e conversem. Até parece que dá para impedir as pessoas de Glasgow de bater papo.

Atravessamos uma rua movimentada e entramos no Queen's Park, 61 hectares de gramados, mato e campos esportivos urbanizados no fim do século XIX, uma resposta vitoriana à proliferação de cortiços superlotados. Atento à instrução de Kennedy, passo a acompanhar Ian McVicar, de 38 anos. Um homem grande de ombros largos e cabelo raspado, McVicar passou dezoito anos trabalhando numa madeireira, alimentando as serras e verificando a qualidade da madeira.

– Eu era *saw-yer* [serrador] – ele me informa com seu carregado sotaque de Glasgow, movendo o braço forte e a mão espalmada para frente e para trás na horizontal, como se partisse uma tábua. – Como Tom Sawyer.

No fim do expediente, ele voltava para casa e assistia a uma partida de futebol na televisão. McVicar fora diagnosticado como esquizofrênico na adolescência e a rotina estruturava sua vida. Quando foi aposentado por motivo de saúde dois anos atrás, ele caiu em profunda depressão. Aí começou a caminhar.

– Nunca fiz nada parecido antes. Saí do meu casulo.

Animado com esse *tête-à-tête*, começo a conhecer as pessoas. A ruiva Betty Ferry, 59 anos, conta que tinha dores nas costas e joelhos artríticos. Por causa do peso e da idade, ela não é uma boa candidata para uma cirurgia de joelho. Ela fica cansada depois dessas marchas, mas, como no caso de McVicar, é o tipo de cansaço que desanuvia a mente e leva a uma boa noite de sono. Ferry tem filhas gêmeas, como eu, e trocamos histórias ao sairmos do parque e entrarmos num bairro de casas comerciais feitas de arenito e divididas em apartamentos tempos atrás.

Juntando-nos em pequenos agrupamentos na calçada estreita, Ferry e eu nos vemos ao lado de Kennedy, irmã dela. Kennedy sofre de transtorno afetivo sazonal, que a faz querer hibernar de outubro até a Páscoa. Tudo parece exigir esforço durante os meses úmidos e escuros.

– As coisas que geralmente gosto de fazer não me dão prazer – diz ela.

Ela se matriculou em aulas de aeróbica no passado, mas seu entusiasmo fraquejou depois de algumas sessões. Poderia caminhar sozinha, mas, sem um compromisso que a estimulasse a continuar, ela provavelmente abriria a porta e diria: "Não vou sair com esse tempo". A caminhada em grupo garante que Kennedy tenha companhia e faça exercício.

– Fico com a sensação de que aproveitei o dia – conta – e isso me dá a energia de que preciso para fazer outras coisas.

Chegamos a uma senda que acompanha os meandros do White Cart Water, um afluente do Clyde. Budleias de flores roxas pendem da cerca de ferro batido e do muro de tijolos vermelhos que margeia a trilha. A chuva se dissipou, dando lugar a um leve nevoeiro. Meu ânimo também se elevou... Certamente por causa da caminhada, mas principalmente por causa da companhia.

Não é bom ignorar a relação entre isolamento e bem-estar. A típica família do Reino Unido é formada por 2,4 pessoas, praticamente os mesmos números dos Estados Unidos e do Canadá. Cinquenta anos atrás, era 3,1 (e mais elevado ainda na América do Norte). Cada vez mais dependemos da tecnologia digital para manter contato social e fazer comércio, e passamos longos períodos de tempo sozinhos. Em certas regiões do Reino Unido, esse é o principal problema de saúde enfrentado pelos idosos. "A solidão persistente deixa marcas por meio de hormônios do estresse e das funções imune e cardiovascular", destacou a Fundação Britânica para a Saúde Mental numa pesquisa de 2010, "e seu efeito é cumulativo, ou seja, estar ou não sozinho tem impacto equivalente ao de ser ou não fumante." Portanto, não apenas ficar sentado, mas ficar *isolado* é o mal da vez no lugar do fumo? Relaxe. Caminhar é um antídoto também nesse caso.

Pouco antes de minha viagem à Escócia, Paths for All divulgou uma análise do retorno social do investimento (SROI, do inglês *social return on investment*) do programa de Caminhadas pela Saúde de Glasgow. Investigava 33 caminhadas abertas (das quais toda e qualquer pessoa pode participar) e 26 caminhadas fechadas dirigidas para pacientes internados em hospitais, pessoas com deficiências de aprendizado, membros de minorias étnicas e indivíduos encaminhados por médicos. Em um ano, quase 50 mil libras foram investidas em folha de pagamento, treinamento de voluntários e outras despesas. O relatório determinou que para cada libra investida houve o retorno de 8 libras em benefícios para a sociedade. Ao melhorar a forma das pessoas e também sua saúde mental, as caminhadas ajudaram o Serviço Nacional de Saúde e a administração municipal de Glasgow a reduzir os custos com assistência domiciliar e outras intervenções médicas, entre elas as prescrições. Na pesquisa de SROI, mais de noventa por cento dos caminhantes disseram que agora estavam mais confiantes, não se sentiam tão isolados e estavam dispostos a acolher novas experiências. Outros relataram laços mais fortes com seus bairros e uma compreensão melhor do que é etnia e deficiência. "Existem inúmeras justificativas para apoiar as Caminhadas pela Saúde conduzidas por um guia em virtude das melhorias que trazem somente à saúde e ao bem-estar", informava o relatório. "No entanto, quando outros benefícios acarretados pelas caminhadas são levados em consideração, como as melhorias na inclusão e consciência cultural, o caso se torna realmente atraente."

Caminhe durante meia hora, cinco vezes por semana, diz uma aliança educacional estadunidense chamada Every Body Walk! [Todo

Corpo Anda!²], e o pico de endorfina aliviará o estresse, a raiva e a confusão. Sair e passear "em boa companhia e num ambiente agradável" pode evitar a depressão e a ansiedade, aconselha o Centro Canadense de Saúde e Segurança Ocupacionais.

Investigando mais fundo, os cientistas acreditam que caminhar pode ajudar a prevenir o encolhimento do cérebro e, por sua vez, a demência e o mal de Alzheimer. A melhoria da circulação sanguínea manda mais oxigênio, glicose e outras substâncias vitais para o cérebro. Num grande estudo de homens e mulheres na casa dos setenta anos, Alan Gow, um professor de psicologia da Universidade Heriot-Watt de Edimburgo, usou imagens geradas por ressonância magnética para mostrar que os septuagenários que caminhavam regularmente não sofriam tanta atrofia da matéria branca. A matéria branca é um tecido que contém fibras nervosas e um tipo de gordura chamada mielina, que influencia a velocidade da sinalização nervosa. Outros comportamentos estimulantes, como jogar partidas de jogos complexos ou visitar os amigos, não preservavam o tecido tão bem quanto caminhar.

Um cérebro saudável pode desacelerar a progressão do déficit cognitivo moderado e do mal de Alzheimer, de acordo com um artigo publicado por Cyrus Raji, patologista celular e molecular da Universidade de Pittsburgh. Bem no meio de uma pesquisa de vinte anos, 299 homens e mulheres saudáveis no fim da casa dos setenta e começo da casa dos oitenta anos e 127 idosos com algum grau de disfunção cognitiva fizeram exames de ressonância magnética e responderam a um questionário escrito conhecido como miniexame de estado mental (MEEM). Neste último grupo, homens e mulheres que caminhavam pelo menos oito quilômetros por semana conservavam o volume cerebral (o encolhimento indica morte celular) e não sofriam tanta degeneração cognitiva, determinada pelo MEEM. Entre os sujeitos experimentais saudáveis, 9,5 quilômetros por semana faziam diferença.

Estima-se que 52 milhões de estadunidenses tinham Alzheimer em 2013, custando ao país mais de 200 bilhões de dólares. À medida

....
2 Trocadilho em inglês que também pode significar "Todo *mundo* anda!". (N. E.)

que a população envelhece e mais pessoas são diagnosticadas com esse mal, espera-se que a cifra aumente para 1,2 trilhão por volta de 2050. É a sexta maior *causa mortis* nos Estados Unidos e a única causa entre as dez grandes para a qual não há tratamento médico que desacelere seu avanço. A mesma avalanche demográfica ameaça boa parte do mundo ocidental. "Alzheimer é um mal devastador e, infelizmente, caminhar não é a cura", afirma Raji. Mas pode melhorar a resistência do cérebro à doença e reduzir a perda de memória com o passar do tempo. A prática regular de exercícios, como caminhar, poderia reduzir em até cinquenta por cento o risco de se desenvolver Alzheimer.

Não deveríamos precisar de mais um artigo publicado em revista científica indexada para nos convencermos de que caminhar faz bem para o cérebro e de que fazê-lo num ambiente natural – e, em condições ideais, com os amigos – é ainda melhor. O trabalho acadêmico nesse campo, como me disse um cientista escocês, poderia ser ignorado como se não passasse de pesquisas feitas pela Escola do Óbvio Ululante. Primeiro, sabemos que o exercício moderado é quase universalmente bom para nossos corpos. Segundo, temos uma predisposição genética para procurar a natureza e, quando caminhamos em locais verdes, os indícios laboratoriais mostram que os níveis de estresse diminuem. A resposta ao estresse do corpo – uma reação fisiológica ao que se percebe como ameaça e que inclui aceleração dos batimentos cardíacos e da respiração, além de um pico de glicose do fígado para fornecer mais energia – é tipicamente menos pronunciada num ambiente natural. Permanecer em estado intenso de alerta, como talvez aconteça a alguém que se encontra em uma rua movimentada ou passa o dia todo em uma repartição agitada, tem seu preço. A natureza pode nos ajudar a relaxar e recarregar as energias. Mesmo assim, existem dezenas de investigações em andamento que poderiam elucidar mais ainda a relação entre caminhar e saúde mental, além de melhorar nossa compreensão. Portanto, um dia depois de passear com o grupo de Macleod, me pego de galochas e capa de chuva, correndo no meio de um pé d'água até o principal campus da Universidade de Glasgow para encontrar um homem que prometeu explicar por que isso é importante.

Rich Mitchell, alto e magro, cabelos raspados e um leve sotaque inglês, é um epidemiologista do Instituto pela Saúde e Bem-Estar da universidade e codiretor do Centro de Pesquisa sobre Meio Ambiente, Sociedade e Saúde, que explora como os ambientes físicos e sociais podem afetar a saúde da população, melhorando-a ou piorando-a. Ele também faz parte da diretoria da Paths for All. Entrei em contato com Mitchell depois de ler um artigo dele a respeito do impacto da atividade física em ambientes naturais. O estudo usava informações da mesma Coleta de Dados sobre a Saúde na Escócia que descrevera o efeito Glasgow. Concluía que a prática regular de exercícios num parque ou numa floresta poderia diminuir pela metade o risco de deterioração da saúde mental. Quando fazem dessas atividades um hábito, as pessoas que sofrem de depressão moderada são capazes de lidar com o que Mitchell chama de "conflitos da vida comum". Exercitar-se em academias ou nas ruas da cidade não tem o mesmo impacto. "Não fiquei surpreso com os resultados", disse ele quando o estudo foi publicado, "mas fiquei surpreso ao ver quanto a saúde mental melhora quando a pessoa se exercita num lugar verde."

Mitchell queria me levar para caminhar nas alturas açoitadas pelo vento que ficam a oeste de Glasgow e sobranceiam o Clyde no instante em que o rio se alarga e corre para o mar. Vi as tais colinas ontem, lá do morrinho no meio do Queen's Park, mas hoje estão cobertas por nuvens densas e, a julgar pelas torrentes de chuva que descem pela sarjeta, as trilhas devem estar escorregadias por causa da lama. Daí ele abre um guarda-chuva tamanho família, verde e branco, e me leva a atravessar os portões do Jardim Botânico.

Nascido e criado no sudoeste da Inglaterra, perto do Parque Nacional de Dartmoor, Mitchell passava o máximo possível de tempo caminhando pelas colinas quando era garoto. Ele começou sua carreira estudando desigualdades regionais na saúde. Como diretor adjunto da Unidade de Pesquisa em Saúde e Mudança Comportamental na escola de medicina da Universidade de Edimburgo, ele passou um bom tempo monitorando e medindo indicadores de saúde e, daí, fazendo barulho (nas palavras dele) para que a mudança ocorresse.

– Entendemos que as principais causas por trás dessas diferenças de saúde são as diferenças socioeconômicas nas vidas das pessoas – diz ele.

Como declara o relatório de 2003 da Organização Mundial de Saúde a respeito dos determinantes sociais de saúde (também conhecido como "Solid Facts" [Fatos Concretos]): "Os cuidados médicos podem prolongar a sobrevivência e melhorar o prognóstico depois de algumas doenças graves, porém, mais importantes para a saúde da população como um todo são as condições socioeconômicas que deixam as pessoas doentes e criam a necessidade de cuidados médicos em primeiro lugar".

Mitchell fez barulho durante vários anos, aí começou a ficar deprimido. Ele e seus colegas estavam desconstruindo os problemas e sugerindo soluções. Mas essas recomendações, diz ele, "tratavam na verdade de uma reorganização bem radical da sociedade e da economia".

– Ainda acho que essas coisas precisam ser feitas se a vontade é reduzir as desigualdades de saúde, mas a realidade é que é muito improvável que isso aconteça, pelo menos de uma maneira planejada. É improvável que as pessoas votem por uma revolução socioeconômica em larga escala.

Mitchell acredita que, se alienígenas pousassem na Terra, logo perceberiam que a humanidade precisa de uma transição suave para um mundo "mais bonzinho". Ele sabe, porém, que essa ideia subestima a capacidade dos poderosos de manter as estruturas que alimentam seus egos e suas fortunas, e a capacidade de inovação e das novas tecnologias (como o fraturamento hidráulico para a exploração do gás natural) de nutrir estilos de vida fundamentalmente insustentáveis.

– Chegará um dia em que não conseguiremos mais manter a bola em movimento – diz ele.

Por outro lado, ele acrescenta com um sorriso:

– Pode ser que na semana que vem ocorra uma pandemia global!

A geomorfologia, o estudo do relevo e dos processos que lhe dão forma, o alicerce de seu treinamento como geógrafo, nos ensina que a maioria das coisas – por exemplo, uma bacia hidrográfica – muda muito devagar, apesar de ocorrências como grandes inundações poderem alterar nosso planeta muito rapidamente.

Mais ou menos na mesma época em que ele chegava a essas conclusões, Mitchell foi convidado pela Comissão Florestal do Reino Unido para participar de uma reunião de pesquisadores sob os auspícios de uma organização intergovernamental pan-europeia chamada Cooperação em Ciência e Tecnologia, que tem como meta reduzir a fragmentação de projetos de pesquisa financiados nacionalmente ao apoiar uma perspectiva mais ampla e continental. O objetivo do projeto do qual ele passou a fazer parte era aprender mais a respeito do que florestas, árvores e lugares naturais poderiam fazer pelo bem-estar dos europeus. Ele sentiu um clique. Com a intenção de colocar suas ideias à prova num lugar que tivesse passado por um declínio econômico significativo durante um bom tempo, ele se mudou para Glasgow.

A pesquisa sobre as propriedades curativas da natureza vem ganhando força nas últimas três décadas. Seguimos espirrando água pelas calçadas ladeadas por árvores do Jardim Botânico, passamos por um freixo de duzentos anos, sebes densas e verdes e rosas do mundo todo, e Mitchell me oferece um curso intensivo de psicologia ambiental, a começar por um artigo que marcou época publicado na *Science* em 1984. "View Through a Window May Influence Recovery from Surgery" [Uma janela para ambientes externos pode afetar a recuperação pós-cirúrgica], do pesquisador estadunidense de arquitetura hospitalar Roger Ulrich, demonstrou que os pacientes que convalesciam depois da remoção cirúrgica da vesícula biliar tinham menos complicações, sua internação hospitalar pós-operatória era mais breve, eram alvo de menos comentários negativos por parte dos enfermeiros e tomavam doses menores de analgésicos quando seus quartos tinham vista para uma área natural, e não para uma parede de tijolos.

Cinco anos depois, em seu livro *The Experience of Nature: A Psychological Perspective* [A experiência da natureza: uma perspectiva psicológica], os professores doutores da Universidade de Michigan, Rachel e Stephen Kaplan, delinearam sua influente Teoria da Restauração da Atenção, que sustenta que as pessoas são capazes de se concentrar melhor depois de passarem algum tempo num ambiente natural ou de simplesmente olharem para imagens de cenários naturais. Os Kaplan foram pioneiros no estudo da fascinação suave, um estado em que o ambiente natural – nuvens, rios, folhas ao vento – prende sua atenção de uma maneira nada dramática. Já que você está prestando atenção involuntária ou que não demanda esforço, sem se concentrar conscientemente em alguma coisa, é possível, simultaneamente, refletir sobre o ambiente circundante e explorar outros pensamentos. Além disso, a serenidade que se extrai da natureza pode abrandar seja qual for o "resíduo cognitivo" confuso ou preocupante que sua mente esteja remoendo, um "ruído interno" que pode embaralhar a acuidade. "Nem todas as fascinações são igualmente eficazes", escrevem os Kaplan. "Os cenários naturais e as atividades que envolvem o ambiente natural se prestam à restauração. As experiências podem diferir em escala, mas apresentam algumas propriedades em comum [...], dizem respeito aos mundos físico e mental ao mesmo tempo." Basicamente, *estar* em algum lugar e *fazer* alguma coisa produz um efeito multiplicador, argumentam os Kaplan, pois os seres humanos pensam conceitualmente e são "muito bons para se imaginar em lugares fazendo coisas". É por isso que sair para caminhar no parque na hora do almoço pode ajudar você a remediar um conflito no local de trabalho.

Em 2003, outro psicólogo estadunidense, Terry Hartig, aplicou essa teoria diretamente ao caminhar. Mais de cem adultos jovens caminharam por uma estrada de terra de boa qualidade em um bosque de carvalhos e sicômoros ao pé de um cânion numa reserva natural a sudeste de Los Angeles. Outro grupo caminhou por um bairro comercial de densidade média na cidade vizinha de Orange, uma paisagem de restaurantes e shopping centers, e ruas que comportam uma média de 24 mil veículos por dia. Além de monitorar a pressão sanguínea deambulatória antes, durante e após as caminhadas – um método que registra os níveis a intervalos regulares para evitar o "efeito do jaleco branco", que deixa as pessoas ansiosas e inflaciona os resultados quando aquela braçadeira é ajustada ao braço e bombeada num ambiente hospitalar –, os pesquisadores pediram aos sujeitos experimentais para realizar tarefas que exigiam atenção. Numa delas, pediram-lhes que procurassem rapidamente cinco letras específicas numa linha cheia de letras, sendo que a medida de seu desempenho seria a precisão e a velocidade. Hartig ressalta que se tratou de uma avaliação conservadora da Teoria da Restauração da Atenção. Exemplos extremos de beleza natural e desolação urbana não foram escolhidos como locais de testes. Mas os resultados foram inequívocos. Caminhar na reserva natural baixava a pressão sanguínea (ou seja, o estresse) mais do que caminhar na cidade, e as pontuações nos testes de atenção aumentavam nas caminhadas naturais e diminuíam no cenário urbano. "No caso particular das populações urbanas, o acesso visual e pedestre facilitado a cenários naturais pode produzir benefícios preventivos", ele conclui. "Estratégias de saúde pública com um componente ambiental natural podem ter valor específico nesta época de crescimento das populações urbanas, com a subsequente explosão dos gastos com assistência médica e a deterioração da qualidade ambiental."

Essa afirmação casa bem com a revisão da literatura britânica publicada em 2012. Já está demonstrado que a atividade física alivia os sintomas de pessoas com depressão moderada, conforme destacou o artigo, mas seus autores queriam descobrir se "a atividade menos vigorosa de caminhar – uma intervenção com o potencial de ser largamente aceita e segura – traz esse benefício". Depois de triar quase 15 mil estudos em onze bancos de dados de pesquisas, eles determinaram que "caminhar tem um grande efeito estatisticamente significativo nos sintomas de depressão em algumas populações, mas as atuais evidências [...] são limitadas. Portanto, apesar de caminhar ser um tratamento promissor para a depressão [...], com poucas contraindicações, no pior dos casos, novas investigações para estabelecer frequência, intensidade, duração e tipo(s) de intervenções deambulatórias eficazes, particularmente em populações que recebem atenção básica de saúde, seriam benéficas para o fornecimento de novas recomendações para os médicos".

Mitchell está desenvolvendo essa frente de pesquisa. O espaço verde pode reduzir o estresse em comunidades destituídas, conforme documentou num experimento de 2011 que se fiou em mensurações do cortisol na saliva, facilmente obtidas com um simples pedido para que os sujeitos experimentais cuspissem dentro de um tubo de ensaio. A resposta ao estresse do corpo é acionada pelas glândulas adrenais. Examinando os níveis de cortisol, o principal hormônio produzido pelas glândulas, os cientistas puderam ter um quadro químico preciso de como as pessoas se sentiam. Foi um estudo exploratório, com um tamanho amostral limitado, e os resultados foram modestos. Mas, como Mitchell destaca, exercer um pequeno impacto num grande número de pessoas pode ser muito importante.

Retomando o trabalho a partir desse artigo, ele deu início a um grande projeto em busca de evidências empíricas de como caminhar pode ajudar as pessoas a lidar com o atrito da vida cotidiana. Conduzido também por colegas de todo o Reino Unido, o estudo de 950 mil libras esterlinas vai avaliar os impactos psicológicos do programa de melhorias Woods In and Around Towns (WIAT) [Bosques Dentro e em Volta de Cidades] da Comissão Florestal da Escócia. É uma tentativa de determinar se o contato com a natureza tem um impacto mais forte sobre as pessoas que passam por dificuldades financeiras, domésticas e outros problemas. As pessoas saudáveis e em boa forma de classe média poderiam de fato desfrutar algum tempo na natureza, diz Mitchell, mas não necessariamente vão receber benefícios em larga escala e palpáveis de uma caminhada no bosque, da mesma maneira que os atletas não melhoram sua forma com um passeio diário de meia hora. Por outro lado, uma atividade como essa poderia ter um efeito profundo sobre alguém que é pobre e infeliz.

– Isso realmente me interessa – ele conta. – É tão difícil atacar os problemas que essa gente enfrenta. Tentamos várias coisas diferentes, e nada funcionou direito.

O projeto WIAT se aproveita de um programa da Comissão Florestal para melhorar os bosques urbanos em comunidades que estão no terço inferior das classificações socioeconômicas da Escócia. As áreas escolhidas, diz Mitchell, são "de mato cerrado, horríveis, de acesso difícil, ameaçadoras, talvez até um pouco perigosas". Trilhas, sinalização e outras intervenções paisagísticas deixarão esses locais mais convidativos. Existem três locais de intervenção e três locais de comparação, pareados de acordo com características florestais e demográficas: são todos bairros em cidades com um longo histórico de declínio econômico, e todas se localizam na faixa central da Escócia, que fica entre Glasgow e Edimburgo. (Os locais permanecem secretos, por ora.) Feitas as melhorias, serão lançados programas promocionais nos bairros que circundam os locais de intervenção. Caminhadas conduzidas por guias e outras atividades para famílias e crianças serão organizadas, e folhetos e outros materiais serão distribuídos, estimulando as pessoas a se aventurar pelas trilhas. Os locais de controle ficarão como estão, embora possam receber verbas para melhorias em momento posterior. Os níveis de estresse de mais de 2 mil pessoas que vivem num raio de 1,5 quilômetro dos seis bosques serão mensurados. Os sujeitos experimentais foram examinados em 2013, antes que as melhorias começassem; um ano depois, já feito todo o trabalho; e em 2015, logo após a fase de intervenção[3].

– O que estamos procurando é uma alteração nos níveis de estresse nessas comunidades – diz Mitchell. E também se as pessoas de fato usam os bosques e se sua inclinação geral em relação à natureza mudou. – Será realmente interessante ver os resultados. Porque, por um lado, temos indícios razoavelmente fortes a partir de estudos em ambientes controlados a respeito dos tipos de mudanças que ocorrerão. Mas são comunidades que estão passando por muitas dificuldades. O que deveríamos esperar?

E ele acrescenta:

– Estamos pedindo demais da natureza. Precisamos tomar cuidado para não superestimar o que ela é capaz de fazer. A natureza não é uma solução milagrosa. Para algumas pessoas, pode ser uma experiência para lá de transformadora.

Sharon Smith, oficial médica da Força Aérea dos Estados Unidos, chegou ao Iraque num C-130 Hércules com a Primeira Divisão de Fuzileiros Navais durante a Operação Tempestade no Deserto. Na época com

....
[3] Dados atualizados referentes ao projeto em <http://www.scotland.forestry.gov.uk>. (N. E.)

23 anos de idade, ela tratou soldados estadunidenses e prisioneiros iraquianos feridos nas linhas de frente. Passados mais de vinte anos, seus olhos ficam marejados quando ela fala do que viu.

– Às vezes é realmente difícil – ela diz, e sua voz falha. – A gente volta... estragada.

E por isso ela decidiu empreender uma longa caminhada.

Na primavera [março a maio] de 2013, Smith e outros treze veteranos de guerra estadunidenses se dispuseram a seguir a pé por toda a Trilha dos Apalaches, uma senda de 3,5 mil quilômetros que se estende de Springer Mountain, na Geórgia, até Katahdin, no Maine. Tiveram o apoio de um programa iniciado por Sean Gobin, um ex-fuzileiro que completara a trilha no ano anterior. Depois de duas passagens pelo Iraque e um ano no Afeganistão, Gobin tinha quatro meses e meio para descansar entre a aposentadoria militar e o começo da pós-graduação. Oficial da equipagem de um tanque na troca de hostilidades que se estendeu por 560 quilômetros desde a fronteira do Kuwait até Bagdá em março de 2003 – "cheguei à capital", ele recorda sem emoção alguma, "derrubei o regime" –, ele também jogou roleta russa com os rebeldes que plantavam bombas caseiras em Faluja durante sete meses. Apesar de não ter consultado nenhum psiquiatra ou psicólogo, Gobin se preocupava com a "espiral da morte" na qual vira outros veteranos cair ao voltar para casa.

Os soldados se alternam entre a normalidade doméstica e o horror da guerra, aí se tornam civis de uma vez por todas e perdem a capacidade de acionar o interruptor mental que os ajudou a se concentrar no serviço a cada mobilização. As lembranças traumáticas se repetem continuamente. A falta de fé na humanidade envenena o espírito. Os veteranos se afastam de amigos e familiares. Verificam e reverificam obsessivamente portas e janelas toda vez que escutam um ruído estranho em casa e, nos restaurantes, sentam-se de costas para a parede. Ocorrem *flashbacks* e explosões de raiva. Torpor emocional. Culpa. A angústia, seja ou não diagnosticada como transtorno de estresse pós-traumático (TEPT), é internalizada. Alguns deles se automedicam com bebidas alcoólicas ou drogas. Os problemas pioram.

Desde 2001, mais de 2,5 milhões de homens e mulheres dos Estados Unidos voltaram de guerras no Iraque e Afeganistão, e aproximadamente vinte por cento deles sofrem de TEPT. Embora numa escala menor, as estatísticas são semelhantes no Reino Unido e no Canadá, onde quatro veteranos do conflito no Afeganistão cometeram suicídio numa mesma semana no fim de 2013. O TEPT, que foi acrescentado ao *Diagnostic and Statistical Manual of Mental Disorders* [Manual de diagnóstico e estatística de transtornos mentais] da Associação Psiquiátrica dos Estados Unidos em 1980, pode afetar todos que sofrem traumas: vítimas de estupro, violência contra a criança, acidentes de trânsito, desastres naturais. O risco de exposição ao trauma faz parte da condição humana desde que evoluímos como espécie, informa o Departamento de Assuntos dos Veteranos de Guerra dos EUA. "Os ataques de tigres-dentes-de-sabre ou os dos terroristas do século XXI provavelmente deixaram sequelas psicológicas semelhantes nos sobreviventes desses atos de violência."

Mas os soldados são particularmente suscetíveis.

– A guerra esgota toda a sua fé na humanidade – conta Gobin. – Você volta para casa, desliga-se e isola-se, vive num mundo cinzento.

Quando garoto, ele percorrera toda a costa leste dos Estados Unidos num *trailer* com os pais, acampando em parques nacionais à beira da Trilha dos Apalaches. Ele leu *A Walk in the Woods* [Um passeio no bosque] de Bill Bryson, o relato definitivo sobre a monotonia, o desafio e o êxtase de caminhar com um grande peso nas costas dias a fio. "A distância é outra quando você encara o mundo a pé [...]. Você percebe que o mundo é de uma enormidade que só você e uma pequena comunidade de excursionistas pedestres conhecem", escreve Bryson. "A vida também assume uma simplicidade maravilhosa. O tempo não tem mais significado. Se está escuro, você se deita, e se está claro, você se levanta, e tudo que se encontra no meio é só o que se encontra no meio. É maravilhoso, de verdade. Não há horas marcadas, compromissos, obrigações nem deveres; nenhuma ambição especial e somente as menores e mais descomplicadas necessidades; você passa a existir num tédio tranquilo, serenamente fora do alcance da exasperação, 'muito distante das sedes da discórdia', como disse o botânico e explorador pioneiro William Bartram. A única exigência é a disposição de marchar longa e penosamente."

Gobin estava disposto a marchar longa e penosamente. Seu colega e ex-fuzileiro Mark Silvers, companheiro de trilha, queria percorrer a Trilha dos Apalaches a pé para levantar fundos, daí os dois planejaram reuniões informais nos postos dos Veterans of Foreign Wars (VFW [Veteranos de Guerras no Exterior]) em cidadezinhas pelo caminho para coletar doações para soldados incapacitados. Em algumas paradas, apareceram duzentas pessoas. Em outras, eles passaram a noite tomando uísque barato e trocando histórias de guerra com um ou dois soldados das antigas. Quando desceram o monte Katahdin, tinham doações no total de 50 mil dólares, que foram destinados à aquisição de três veículos adaptados a deficientes físicos, para veteranos que sofreram ferimentos graves.

Gobin e Silvers ficaram completamente desarmados diante da recepção que tiveram nas cidadezinhas da trilha. Os moradores ofereciam refeições e caronas para ajudá-los a fazer o que precisavam. Os veteranos do Vietnã apertavam as mãos deles e diziam: "Sei pelo que estão passando. Há uma luz no fim do túnel". Na trilha, eles interagiam com outros excursionistas, e a maioria era muito diferente do tipo de gente que se encontra nas forças armadas, uma parte importante do processo de socialização dos soldados com TEPT, que normalmente evitam contato com desconhecidos. Fisicamente, eles ficaram em ótima forma. "As caminhadas diárias de 25 quilômetros são mais exaustivas do que qualquer coisa que se faça nas forças armadas", conta Gobin, "e muita gente deixa de se cuidar depois da dispensa, ganhando peso e perdendo a autoestima."

– Uma caminhada de longa distância revela o caráter – ele diz. – As pessoas têm dias ruins. Você está lidando com seus próprios conflitos, com as condições atmosféricas, com o terreno. A maneira como você lida com isso e interage com outras pessoas facilita o desenvolvimento pessoal. Estando em grupo, você tenta ajudar as pessoas quando elas estão deprimidas. Isso ajuda você a recuperar a noção de camaradagem, aquela sensação de que está em missão, o que devolve a você a noção de propósito.

Em grande parte, porém, caminhando o dia todo e todos os dias, semanas a fio, chega-se a uma fascinação suave. Revivem-se as experiências de combate cem vezes por dia num estado tranquilizante e há tempo para processar as lembranças.

– Lá fora, na natureza, por tanto tempo – conta Gobin –, você tem a oportunidade de pensar no que é importante, naquilo que você quer fazer em seguida. Mais para o fim da trilha, percebi como o país é belo. A cor voltou à minha vida.

A Appalachian Trail Conservancy [Conservação da Trilha dos Apalaches], a organização sem fins lucrativos que administra e mantém a trilha, estava seguindo a campanha dele para levantar fundos. A organização estava à procura de uma maneira de homenagear a memória de Earl Shaffer, um veterano da Segunda Guerra Mundial que, em 1948, se tornou a primeira pessoa a percorrer a pé o trajeto que viria a se tornar oficialmente a Trilha dos Apalaches quando o presidente Lyndon B. Johnson assinou e sancionou a Lei do Sistema Nacional de Trilhas em 1968. Shaffer servira no Corpo de Sinalizadores do Exército dos Estados Unidos do Pacífico Sul. Ele contou a um amigo que queria "andar para esquecer" o que vira e escutara na batalha, e fez a trilha em cinco meses, sem um manual que lhe servisse de guia nem o equipamento leve de que os excursionistas hoje dependem. A A. T. Conservancy contatou Gobin e assim nasceu seu programa Warrior Hike [Excursão dos Guerreiros]. O objetivo é simples: ajudar os veteranos que se digladiam com o TEPT a deixar o trauma para trás.

Gobin criou um site e um cronograma para a excursão de 2013, organizando paradas nos postos dos VFW como ele e Silvers haviam feito. Num prazo de duas semanas, treze veteranos se inscreveram, homens e mulheres que variavam de 26 a 50 anos de idade. Como Sharon Smith, todos atendiam aos critérios do programa: precisavam de ajuda. Gobin telefonou para todas as fábricas e revendedoras de equipamentos para atividades ao ar livre que lhe ocorreu, pedindo que doassem barracas, mochilas e outras coisas úteis. Os suprimentos foram enviados diretamente para Springer Mountain, e ele foi até lá de carro, saindo da Universidade da Virgínia, em Charlottesville, para caminhar com o grupo nas primeiras duas semanas e voltar ao campus para os exames de fim de ano de seu curso de MBA.

As condições meteorológicas naquela primavera foram terríveis. Tempestades cobriram a trilha de neve nas cordilheiras da Carolina do Norte. Aí choveu durante semanas. Houve um surto de norovírus no grupo. Um excursionista teve uma crise de cálculo renal. Outro precisou passar por uma apendicectomia de emergência. Quando chegaram a Nova York, houve uma onda de calor. A umidade era acachapante. Alguns veteranos tomaram decisões ruins e não demoraram a aprender a lição. Estavam bebendo, farreando e ficando para trás. E aí se perguntaram: o que estou ganhando com isso? Talvez beber não seja importante. Talvez fazer algo maior do que eu mesmo seja mais importante.

– Foi uma confusão – conta Gobin, que coordenou a caminhada sem sair de casa, preso ao sofá com o notebook no colo. No fim, somente Smith e outros cinco completaram a caminhada. As razões para a evasão foram várias, desde lesões até cônjuges que precisaram que os participantes voltassem para casa. Mesmo assim, quando lhes perguntaram num questionário de acompanhamento quanto a experiência havia melhorado sua sanidade mental, numa escala de um a dez, sendo dez equivalente a "imensamente", os Warrior Hikers responderam com uma nota média de 9,5. Smith apreciou a oportunidade de passar algum tempo sozinha com seus próprios pensamentos e o apoio que recebeu das pessoas que conheceu pelo caminho.

O programa se expandiu em 2014. Além da Trilha dos Apalaches, Gobin enviou grupos para a Trilha da Crista do Pacífico e para a Trilha do Divisor Continental, que juntas formam a Tríplice Coroa das caminhadas de longa distância dos Estados Unidos. Ele também fez uma parceria com Shauna Joye, psicóloga da Universidade de Georgia Southern, e o candidato a doutorando Zachary Dietrich. Ambos ex-militares, Joye e Dietrich passaram uns dois dias na Trilha dos Apalaches com os excursionistas e, depois disso, ofereceram aconselhamento terapêutico a distância. Seu objetivo era ajudar os veteranos a reconhecer os gatilhos do TEPT e a aprender técnicas para enfrentá-los.

Todo aquele tempo caminhando devagar, sem distrações, conta Dietrich, permite às pessoas se entranhar em seus próprios espaços mentais, diagnosticar problemas e, com a orientação adequada, pensar em soluções. Excursionista pedestre ávido, acostumado à solidão da trilha próxima de sua casa, a Knobstone, no sul de Indiana, Dietrich conhece o poder da "mancha verde" que se estabelece depois de algumas horas a sós na floresta. As pesquisas descobriram que pensar a respeito de um acontecimento traumático pode ser terapêutico, acrescenta Joye, embora possa ser um pouco como andar na corda bamba: ruminar demais pode ser pernicioso para a recuperação. Daí a decisão dos dois de oferecer aconselhamento aos Warriors Hikers, de se apoiar na natureza formulista da terapia cognitivo-comportamental (ou seja, não se fala muito de sonhos) para ajudar homens e mulheres a se esquecer do estigma de procurar um "médico de louco" e da doutrina militar do estoicismo machão. Eles ainda vão publicar um artigo que examinará os benefícios das caminhadas de longa distância para os veteranos com TEPT. E, embora não seja prático pensar que milhares de veteranos passarão seis meses caminhando, existem centenas de trilhas de sessenta, oitenta e cem quilômetros em todos os Estados Unidos. As possibilidades no caso de excursões mais breves são infinitas.

Os soldados que sofreram lesões graves não podem caminhar, e, por isso, Gobin está considerando a possibilidade de acrescentar uma viagem de bicicleta pelos campos e talvez uma expedição de caiaque pelo rio Mississipi. Também vem conversando com um agente da DEA [Drug Enforcement Administration, ou Agência de Combate aos Entorpecentes] – os servidores das equipes de emergência, entre eles os bombeiros, sofrem um bocado com o TEPT – e com uma pessoa que dirige um abrigo para mulheres vítimas de violência.

– Há todo um outro segmento da sociedade que poderia se beneficiar com isso – diz ele. – Não se restringe apenas aos veteranos.

A depressão e a ansiedade muitas vezes são menosprezadas como se fossem transtornos de luxo, problemas do Primeiro Mundo. Se sua preocupação é quando voltará a comer, onde dormirá ou quem poderia atacar no meio da noite, seu cérebro provavelmente está ocupado demais para lidar com o pavor existencial. Isso não é totalmente verdadeiro. Embora os índices das doenças mentais nos Estados Unidos estejam entre os mais elevados do planeta, em 2012 a Organização Mundial de Saúde (OMS) relatou que mais de 350 milhões de pessoas no mundo todo sofrem de depressão, a principal causa de incapacitação em todo o globo. A desigualdade relativa é uma das causas, de acordo com Ron Kessler, o professor doutor da Escola de Medicina de Harvard que conduziu a pesquisa da OMS. Se sua casa vale 400 mil dólares, mas todos os seus vizinhos vivem em mansões de 1 milhão de dólares, pode ser que você se sinta deslocado. Se você tem uma cabra e seus vizinhos, um rebanho, acontece a mesma coisa. Mas existem outros fatores... como nossas vidas sedentárias. "Prevenir a depressão parece ser cada vez mais uma questão de movimento", escreve Sarah Goodyear no site CityLab da revista The Atlantic, "o tipo de movimento que os seres humanos evoluíram para executar e que é eliminado da vida cotidiana pelas máquinas, pela contratação de serviços e pelos automóveis."

Camundongos inativos são mais ansiosos do que camundongos que têm rodas de atividade em suas gaiolas, de acordo com uma pesquisa da Universidade de Princeton. Os animais que corriam demonstraram uma disposição maior em explorar – um sinal de autoconfiança – e seus cérebros produziram quantidades maiores de um neurotransmissor chamado GABA, que ajuda os animais a permanecer calmos. Quando são mergulhados em água gelada durante cinco minutos, um banho que os camundongos não apreciam, os animais ativos recuperaram-se mais rápido do estresse do que o grupo controle sedentário. Esses resultados corroboram as pesquisas que mostram como o exercício reduz a ansiedade nos seres humanos, afirma a psicóloga de Princeton Elizabeth Gould. Por exemplo, um experimento sueco que determinou que as pessoas que praticam duas horas de atividade física leve por semana (caminhada, jardinagem) reduziam em 63 por cento o risco de desenvolver depressão. E elas respaldam as declarações de especialistas como John Arden, o diretor de educação para a saúde mental da operadora de planos de saúde estadunidense Kaiser Permanente: "Caminhar é a maneira mais fácil e barata de aliviar a depressão".

Mark Norwine, de 54 anos, conhece esse território melhor do que muita gente. Em abril de 2013, depois de uma série de suicídios nas escolas de ensino médio do Missouri, ele, coordenador de prevenção ao bullying de uma coalizão de organizações sem fins lucrativos ligadas à saúde mental, embarcou numa caminhada de 320 quilômetros de um lado a outro do estado na Trilha Katy, um dos mais longos projetos de conversão de ferrovias em trilhas nos Estados Unidos. Norwine, que fora diagnosticado com transtorno bipolar dois anos antes, detinha-se para palestrar nas escolas em vilarejos pelo caminho, comunidades que não tinham recursos necessários para tratar os problemas de saúde mental dos adolescentes. Mesmo se tivessem essa capacidade, ainda existe um tabu a superar.

Quando ainda era menino, ninguém falava de câncer, conta Norwine no ginásio lotado de uma escola, uma cena capturada no filme que documentou sua viagem, *Walking Man* [Homem que anda]. Aí foi a AIDS que se tornou assunto proibido. Hoje em dia, muito embora a doença mental, quando não tratada, aumente o risco de uso abusivo de drogas e bebidas alcoólicas, bem como divórcios, pobreza, prisão e situação de rua, nossa tendência é não falar disso abertamente.

– "Deixa de frescura" – diz Joseph Parks, o diretor clínico executivo do Departamento de Saúde Mental do Missouri, resumindo a atitude que predomina nas áreas rurais. – "Somos individualistas por estas bandas. É cada um por si." – Essa ideologia é boa para os negócios, mas não para alguém que está deprimido e cogita se matar.

Durante toda a sua vida, Norwine surfou os altos e baixos da depressão. Perdia o emprego com frequência e tinha dificuldade para terminar qualquer coisa. Após uma sequência de noites insones, entregando jornais numa estrada escura, ele quase morreu num acidente de trânsito. Trabalhar com adolescentes perturbados tornou-se parte de sua terapia. A cada parada no trajeto a pé, ele quebrava um tabu. Dizia aos estudantes em quais sintomas ficar de olho e onde poderiam procurar ajuda. A exemplo da plateia de Stanley Vollant, a garotada o escutava com atenção.

O filho de Norwine, Eric, que também foi diagnosticado com transtorno bipolar, juntou-se a Mark nessa jornada. A condição é hereditária;

dois primos haviam se suicidado com armas de fogo. Provavelmente será sempre uma constante nas vidas dos Norwine. Mas a atividade física a mantém em xeque. Os tênis de Mark são tão importantes quanto as pílulas que toma. Sair para caminhar na rua todos os dias pela manhã no subúrbio de classe média onde ele mora em Saint Louis lhe dá forças para enfrentar o resto do dia, para sobreviver ao inverno tenebroso. E, na primavera, na faixa verde da Trilha Katy, viajando com seu filho e com um propósito, Mark percebeu os sinais do acorde de três notas de Rebecca Solnit. Passados dezessete dias, pela primeira vez em sua vida, ele terminou o que havia começado.

– Eu não sei o que meu futuro me reserva – conta Eric, hoje com vinte e poucos anos, no fim do documentário. – Mas caminhar com meu pai me ensinou que, se eu me tornar alguém como ele quando crescer, acho que ficará tudo bem.

O neurocientista da Universidade Duke, James Blumenthal, foi um dos primeiros a estudar o impacto do exercício sobre a depressão. Sua pesquisa inovadora no fim da década de 1990 demonstrou que atividades como uma caminhada vigorosa aliviavam os sintomas de depressão aguda com a mesma eficácia da terapia medicamentosa e que o exercício constante evitava que o sofrimento retornasse.

Num dos experimentos, 156 pacientes foram divididos em três grupos. Homens e mulheres no primeiro grupo foram tratados com o antidepressivo sertralina, mais conhecido por seu nome comercial Zoloft (foram mais de 37 milhões de prescrições médicas receitando Zoloft nos Estados Unidos em 2011, 13 milhões a mais do que o Prozac, mas 10 milhões a menos do que o ansiolítico Frontal). Os pacientes do segundo grupo tomaram a mesma dose de sertralina e se exercitaram três vezes por semana durante 45 minutos: dez minutos de aquecimento, meia hora de caminhada ou corrida leve, um resfriamento de cinco minutos. O terceiro grupo só fez exercícios. Após dezesseis semanas de tratamento supervisionado, os pacientes de todos os três grupos demonstraram melhora semelhante. Oitenta e três, distribuídos uniformemente pelos grupos, foram declarados livres da depressão. Mas quando

Blumenthal voltou a contatar esses pacientes seis meses depois, sem que tivesse havido novos tratamentos nesse meio-tempo, 38 por cento daqueles que estiveram no grupo que só recebeu o medicamento haviam sofrido uma recaída, assim como 31 por cento daqueles que estiveram no grupo que tomava o remédio e fazia exercícios, ao passo que apenas oito por cento das pessoas no grupo que só praticara exercícios haviam caído de novo em depressão. "Um dos benefícios psicológicos positivos do exercício sistemático", escreveram Blumenthal e seus coautores num artigo a respeito do experimento, "é o desenvolvimento de uma sensação de autodomínio e autoestima positiva."

Caminhar pode fazer mais do que reforçar a autoconfiança. Ficou demonstrado que promove novas ligações entre várias partes do cérebro e estimula o crescimento dos neurônios e sua capacidade de transmitir mensagens. Pode melhorar nossa memória e capacidade de nos concentrarmos em ideias complexas, e ajuda nosso cérebro a circular entre os enigmas intelectuais da vida cotidiana.

Mil e cem quilômetros a noroeste de Duke, na Universidade de Illinois em Urbana-Champaign, o Laboratório de Cinesiologia Neurocognitiva de Chuck Hilman usa a eletroencefalografia e a ressonância magnética funcional (RMF) para observar a atividade cerebral durante o exercício. As células do cérebro se comunicam por meio de impulsos elétricos; eletrodos presos ao couro cabeludo podem registrar as ondas eletroencefalográficas. O sangue aflui para as partes do cérebro que estão sendo usadas, e a RMF mede a atividade neural ao detectar alterações no fluxo sanguíneo. Hillman, que fez doutorado em psicologia clínica, se interessa mais pela saúde infantil. Uma de suas pesquisas, publicada em 2005, foi a primeira a usar o diagnóstico por neuroimagens para investigar as relações entre a boa forma e o comportamento cognitivo das crianças. Os resultados obtidos em testes de raciocínio verbal e matemático, bem como em outros indicadores de desempenho, mostram que todos melhoraram com o exercício. Já se demonstrou que esteiras e bicicletas ergométricas nas salas de aula ajudam as crianças a se concentrar e a aprender. Ele queria saber por quê.

A pesquisa de 2005 descobriu que a boa forma aeróbica estava ligada ao desempenho comportamental nos pré-adolescentes. Na década que se passou desde então, o trabalho de Hillman confirmou que existe uma relação causal entre a ativação do cérebro e o caminhar. Num dos experimentos, as crianças andavam moderadamente durante vinte minutos sem transpirar. Os eletroencefalogramas mostravam um pico de atividade no córtex pré-frontal enquanto elas caminhavam, e os neurônios continuaram ativos durante pelo menos uma hora depois que elas deixaram de se mover. O córtex pré-frontal é responsável por uma função chamada controle executivo. Basicamente, rege nossa capacidade de permanecermos concentrados, nossa memória de curto prazo e flexibilidade cognitiva. O controle executivo ajuda os alunos a prestar atenção, a reter e manipular informações e a desempenhar várias tarefas ao mesmo tempo. O córtex pré-frontal se acende quando caminhamos, e melhoramos nossa capacidade de cumprir tarefas complexas. Hillman, que assina quase cem artigos, demonstrou que até mesmo uma única rodada de exercícios de vinte minutos pode melhorar o desempenho acadêmico dos estudantes com transtorno de déficit de atenção e hiperatividade (TDAH).

Nos Estados Unidos, a política No Child Left Behind [Nenhuma Criança sem Educação], uma lei especial do Congresso que atrela as verbas para a educação escolar à aquisição de competências acadêmicas básicas, levou 44 por cento dos administradores a cortar as aulas de educação física e o recreio em prol de mais leitura e matemática. Como resultado, em 2011, quase sessenta por cento dos estudantes deixaram de fazer educação física toda semana.

– A mensagem está totalmente errada – afirma Hillman. – Precisamos acrescentar *mais* atividades físicas. Não só porque temos uma epidemia de obesidade, mas também porque está muito claro que existem benefícios à função cognitiva, à memória e ao aprendizado.

Participando de comitês com organizações como a Academia Nacional de Ciências, ele luta para fazer seus dados e descobertas semelhantes chegarem às mãos dos legisladores, "para melhorar sua compreensão de que a atividade física é importante não só para a saúde física, mas também para a saúde mental".

– A pessoas vivem me dizendo: "Isso é óbvio. O exercício faz bem ao cérebro". Mas é óbvio quanto? E, se é tão óbvio assim, por que ninguém se preocupa com a saúde mental das pessoas, a não ser que estejamos falando de concussões? Não se ouve por aí: "Estou preocupado com seu cérebro, então vamos lá fazer um pouco de exercício".

Nos Estados Unidos, onze por cento das crianças entre quatro e dezessete anos foram diagnosticadas com TDAH em 2011, um aumento em relação aos 9,5 por cento de 2007 e aos 7,8 por cento de 2003, de acordo com os Centros de Controle e Prevenção de Doenças. O TDAH é o segundo diagnóstico de longo prazo mais comum entre crianças, ficando atrás apenas da asma. Mais da metade dessas crianças – aproximadamente 3,5 milhões – toma medicamentos. A indústria farmacêutica faturou aproximadamente 9 bilhões de dólares vendendo estimulantes para os estadunidenses em 2012. Ela patrocina revistas em quadrinhos que anunciam os remédios diretamente para as crianças. "Os remédios podem facilitar as coisas para você prestar mais atenção e controlar seu comportamento!", afirma um super-herói subsidiado pela multinacional Shire. Um de seus principais produtos é o Adderall, anunciado não só como uma maneira de controlar o TDAH, mas também de melhorar o desempenho acadêmico, uma alegação respaldada por pesquisas custeadas pela Shire. E hoje o TDAH em adultos é um mercado em ascensão para a indústria farmacêutica: quase 16 milhões de prescrições foram emitidas para os estadunidenses na casa dos vinte ou trinta anos em 2012, um aumento drástico em relação aos 5,6 milhões de 2007. O psicólogo Keith Connors, um pesquisador pioneiro do TDAH e um dos primeiros a defender que o problema fosse reconhecido e tratado com fármacos, voltou atrás. "Os números fazem parecer que se trata de uma epidemia. Bem, não é. É absurdo", disse o professor emérito da Duke ao New York Times. "Trata-se de uma trama para justificar a distribuição de medicamentos em patamares nunca vistos e injustificáveis."

Em 2013, uma empresa britânica chamada Intelligent Health [Saúde Inteligente], que trabalha com parceiros públicos e particulares para combater a inatividade, conduziu um experimento no qual 2,5 mil crianças de sete e oito anos começaram a andar até a escola. Oito por cento das crianças relataram que se sentiam mais calmas e conseguiram se concentrar mais nas aulas. O clínico geral William Bird, diretor da empresa, acredita que algo tão simples poderia ajudar a nos livrar da Ritalina e de outras drogas usadas para tratar o TDAH, que custam ao Serviço Nacional de Saúde da Inglaterra mais de 30 milhões de libras em prescrições por ano. "O estresse crônico leva à inatividade e produz mais estresse crônico", ele escreve na *Economist*. "O estresse crônico leva ao desejo de consumir alimentos extremamente calóricos, pois o corpo acha que está se preparando para tempos ruins ainda por vir. O estresse crônico aumenta a necessidade de gratificação imediata com o tabaco, o álcool e as drogas como maneira de lidar com a ansiedade sem fim e o medo de baixa intensidade."

Em seu livro *Mad Travelers: Reflections on the Reality of Transient Mental Illnesses* [Viajantes insanos: reflexões sobre a realidade de doenças mentais passageiras], o filósofo canadense Ian Hacking explora uma breve epidemia de fuga dissociativa, ou perambulação compulsiva, que irrompeu na Europa no fim do século XIX. Albert Dadas, funcionário em meio período de uma companhia de gás em Bordeaux, França, "abandonou a família, o trabalho e a vida cotidiana para caminhar o mais rápido que pudesse, sempre em frente, perfazendo, às vezes, setenta quilômetros a pé em um dia", de acordo com as anotações de seu médico. "No fim das contas, ele acabava preso por vadiagem e era jogado na prisão." (A condição também é conhecida como dromomania – das palavras gregas para *correr* e *insanidade* – ou, em francês, *automatisme ambulatoire*.)

Dadas andava obsessivamente, sem qualquer motivação ou destino aparente. Relatos de suas viagens deram origem a uma pequena onda que se espalhou até a Itália, Alemanha e Rússia. Hacking identifica a fuga dissociativa como uma "doença mental passageira", e sua incidência se restringe a um lugar e momento específicos, no caso em questão, menos de 25 anos. *Mad Travelers* argumenta que algumas aflições, como o TDAH e a fadiga crônica, poderiam ser resultado de um "nicho ecológico" e que talvez estejamos lançando as bases para outras "doenças mentais do momento".

Minha obsessão, à luz dessa ideia, pode ser entendida como mais do que a tentativa de uma pessoa avessa à tecnologia de escapar ao tédio da meia-idade. Pode ter sido estimulada pela confluência de consumismo enfurecido e do utopismo tecnológico. Pela aceleração do Antropoceno. A desarmonia no trabalho e um menisco rompido foram apenas a gota d'água. E eu não sou o único.

As prestativas aranhas do Google Alert, que vasculham os sites de notícias em língua inglesa do mundo todo e me mandam um e-mail diário com dezenas de links para matérias relacionadas ao caminhar, invariavelmente descobrem pessoas em longas caminhadas em todos os continentes, a não ser na Antártica. (A maioria das manchetes, vejam vocês, está relacionada à série *The Walking Dead* e a pedestres atropelados e mortos por veículos enquanto caminhavam pelos acostamentos das estradas estadunidenses.) Muitos dromomaníacos caminham para chamar atenção para uma determinada doença ou levantar fundos para uma causa digna. Outros caminham para perder peso. Para relembrar uma criança morta. Esquecer um casamento ruim. Para se aventurar. Para alguns, é uma peregrinação espiritual, tema para outro capítulo. Mas desconfio que possa haver um pouco da sede patológica de viajar por trás de cada jornada.

Estima-se que quase trinta por cento da população adulta da Europa sofra com pelo menos um problema de saúde mental todos os anos, e o custo anual das condições ruins de saúde mental na Escócia chega a 10,7 bilhões de libras. O epidemiologista Ritch Mitchell afirma que esse é *o* maior desafio da saúde pública no continente.

– É por isso que a possibilidade de manter contato com a natureza é tão importante – ele diz. – É muito difícil imaginar como se pode lidar com esse nível de problema de saúde da população exclusivamente com base em serviços, como médicos receitando coisas ou pessoas tratadas de alguma maneira formal e clínica. Eu não creio que esse tipo de abordagem seja sustentável.

Embora Mitchell acredite que o atendimento custeado com dinheiro público e oferecido pelo Serviço de Saúde Nacional da Grã-Bretanha seja "excelente" no caso de problemas agudos, como ataques cardíacos e acidentes de trânsito, ele tem a impressão de que o sistema vacila ao lidar com questões de saúde crônicas, particularmente aquelas associadas a uma população em processo de envelhecimento, em especial no caso de pessoas que apresentam vários problemas. A exemplo do dr. Michael Evans de Toronto, ele não confia muito na capacidade da indústria farmacêutica de nos livrar desses problemas de longo prazo:

– Eu sempre digo, e com certo cinismo, que eles querem basicamente que a população fique doente apenas o suficiente para precisarem do remédio que eles produzem, mas não para morrer. Porque, mortos, deixam de ser uma fonte de dinheiro. Alguns desses problemas crônicos de saúde são o sonho das farmacêuticas. Claramente, a motivação é o lucro. É o que faz o capitalismo.

O objetivo fundamental da pesquisa dele, por outro lado, é introduzir a ideia de que o contato com a natureza e a atividade na natureza poderiam melhorar a saúde pública e, potencialmente, "diminuir a desigualdade de saúde entre os ricos e os pobres". Ele quer alimentar constantemente com essa possibilidade as mentes de médicos, supervisores de programas de assistência e qualquer um remotamente preocupado com a saúde da população. O projeto Woods In and Around Towns foi criado para ser o teste crucial dessas ideias – para descobrir quem se beneficia da atividade num ambiente natural, quem não se beneficia e como os benefícios podem ser equalizados. No fim das contas, ele torce para que seu trabalho possa influenciar o planejamento urbano, a política e os projetos paisagísticos, tudo em nome de estimular o contato com a natureza e projetar locais urbanos que possibilitem uma vida saudável.

Mitchell cuida para que não nos percamos durante a caminhada. Meu controle executivo já está no limite, tentando acompanhar sua linha de pesquisa e evitar as poças, sem deixar de andar no mesmo ritmo de suas passadas largas. Hoje não tem mancha verde para mim. Depois de contornar o Jardim Botânico, seguimos uma senda que margeia o impetuoso rio Kelvin, que desce das colinas ao norte da cidade. O caminho nos leva de volta ao campus da Universidade de Glasgow, onde ele sugere que nos recolhamos a um café para nos secarmos. Uma das melhores coisas a respeito de entrevistar pessoas durante uma caminhada é que a gente invariavelmente termina num pub ou numa cafeteria.

Lá dentro, removemos nossas capas de chuva e galochas e nos sentamos para tomar um capuccino. Comento com Mitchell que meu humor melhorou depois de conversar com os outros participantes durante a caminhada pela saúde na noite anterior, e ele concorda que sair para papear com os amigos é um dos benefícios pouco valorizados de caminhar. Mesmo assim, o programa Health Walks é um pequeno passo no sentido de tratar os problemas numa cidade que ele diz ser "o doente da Europa". Parques e trilhas podem ajudar a tratar as aflições de Glasgow, mas um dos outros objetivos de Mitchell é contestar as pessoas "que acreditam que a natureza salvará tudo e todos, que basta fazer as pessoas irem aos parques, bosques ou montanhas e tudo ficará bem. Porque isso simplesmente não é verdade".

Ele se despede com mais um alerta:

– Caminhar pode ser entendido como igualitário, como uma atividade que promove a igualdade. Mas eu acho que é preciso tomar cuidado. As desigualdades ainda persistem em relação a quem decide caminhar, em quais ambientes estão caminhando, qual é o propósito da caminhada. Acho que precisamos prestar atenção a essas coisas. Apesar de eu ainda não ter visto uma pesquisa que diga que caminhar faz mal.

3
Sociedade

"Entende-se que a cidade cumpre uma função democrática e que nela as pessoas encontram a diversidade social e compreendem melhor umas às outras pelo simples fato de dividirem o mesmo espaço urbano."

Jah Gehl, *Cities for People*

"Se existir uma maneira de conhecer menos um país do que vê-lo passar pela janela de um automóvel, eu ainda não a encontrei."

Eric Newby, *A Short Walk in the Hindu Kush*

Na madrugada escura do dia 18 de agosto de 2012, o policial Moses Walker Jr. da cidade da Filadélfia saiu pela porta da frente da delegacia do Distrito 22. Ele acabara de cumprir o turno da noite, vigiando os prisioneiros na detenção. Antes de Walker seguir para o ponto de ônibus, um colega lhe ofereceu uma carona.

– O dia está lindo – ele respondeu. – Vou andando.

Vestindo shorts, um boné e um abrigo azul, com a mochila nas costas, mãos nos bolsos, o homem de quarenta anos seguiu rumo oeste pela Cecil B. Moore Avenue, um dos principais escoadouros do tráfego na desolada zona norte da cidade. Às 5h46, a quatro quadras da delegacia, dois homens surgiram das sombras do outro lado da rua.

Walker olhou por cima do ombro uma ou duas vezes. A dupla o alcançou e exigiu dinheiro. Em vez de entregar a carteira, o veterano – dezenove anos na força e, se quisesse, prestes a se aposentar daí alguns meses, além de ser diácono na Igreja Evangelista da Libertação, não muito longe dali – tentou sacar o revólver de serviço.

Foi encontrado com a cara na calçada, o peito, o ventre e o braço varado de balas, a arma ainda no coldre sob o corpo. Uma das três vítimas fatais de tiroteios naquela noite na Filadélfia.

Quase um ano depois, as manchas de sangue desapareceram, seus agressores enfrentavam a acusação de homicídio no tribunal, e eu me encontrava no ponto exato onde Walker fora atacado. Era uma tarde úmida de princípios de verão. O policial Brian Nolan passou por baixo dos galhos de um carvalho jovem, tirou o quepe azul e limpou o suor da testa com o antebraço descoberto.

– É um trabalho como qualquer outro – ele disse, logo após descrever o funeral de Walker –, com a exceção de que eu posso acabar morto.

Um metro e oitenta de altura, 83 quilos, cabelo raspado e queixo quadrado, Nolan sempre quis ser policial, desde menino. Seus dois avôs e um ou dois tios também foram policiais. Ele começou sua carreira na polícia em Wildwood, Nova Jersey, uma cidadezinha turística no litoral do Atlântico, antes de se mudar para o interior, atravessando o rio Delaware, para a quinta maior cidade dos Estados Unidos. O jogador dos times de base foi convocado para a seleção nacional. Aí seu progresso profissional sofreu um pequeno desvio. Durante um ano inteiro, Nolan fez a ronda num dos lugares mais perigosos do país.

Até recentemente, como acontece na maioria das jurisdições norte-americanas, os policiais novatos da Filadélfia passavam a maior parte do tempo de patrulha circulando por aí em viaturas.

– Quando comecei há dezesseis anos – contou-me um policial –, era sair da academia e "ei, novato: taí a chave do carro e o mapa".

Hoje, na esteira de um projeto de pesquisa revolucionário conduzido pelo departamento de polícia da cidade e por criminologistas da Universidade Temple, que tem seu principal campus no Distrito 22, todos os recém-formados começam a trabalhar na ronda pedestre. Em todos os turnos, seja dia ou noite, com chuva ou neve, eles seguem a pé.

O programa – o primeiro do tipo nos Estados Unidos – parece ter tido êxito. Os levantamentos estatísticos preliminares mostram que os índices de criminalidade estão caindo. E me disseram que o mais importante, talvez, seja que policiais e cidadãos estão começando a confiar muito mais uns nos outros. Uma confiança que poderia ajudar a remendar alguns rasgos na tapeçaria urbana.

"A condição humana é difícil, por si só, e, portanto, todo povoado (exceto as cidades oníricas) tem problemas", escreveu Jane Jacobs em seu livro mais influente, *The Death and Life of Great American Cities* [*Morte e vida de grandes cidades*], de 1961. "As cidades grandes têm uma abundância de problemas porque têm uma abundância de pessoas." Para manter a ordem – um turbilhão maravilhoso e complexo de segurança e liberdade –, uma cidade precisa estimular "uma complicação de calçadas em uso [...], uma sucessão constante de olhares". Jacobs comentou a maneira como consumidores, estudantes, idosos e policiais se entrecham nas vidas uns dos outros, completando suas rotas e tarefas diárias numa mesma faixa de concreto, um "balé no qual todos, sejam os bailarinos solistas ou o coro, têm papéis distintos que, milagrosamente, reforçam uns aos outros e compõem um todo ordenado".

O fluxo de pedestres, argumentam Jacobs e muitas outras pessoas, pode ajudar a unificar uma cidade de pequeno ou grande porte. Dentro de um carro ou on-line, o anonimato pode produzir o comportamento antissocial ou amoral. Os desentendimentos no trânsito, os comentários maldosos na internet e os crimes impulsivos têm todos a mesma fonte. A pé, a pessoa mergulha num ambiente interativo e multissensorial, não se vê isolada atrás de um vidro de mão única. A pessoa vê e é vista, ouve e é ouvida. Claro que é possível tapar os olhos – fones de ouvido e smartphones abafam as frequências locais –, mas os pedestres têm mais oportunidades de travar diálogo e criar empatia com as pessoas por quem passam e com quem convivem. Pode ser algo tão fugaz como um cumprimento de cabeça ou um sorriso. Talvez uma breve conversa com um desconhecido ou um diálogo longo com um velho amigo. Afagar um cão. Namorar uma vitrine. Ler um cartaz escrito à mão colado num poste ou sentir o cheiro das flores no jardim de alguém. Mesmo que não haja ninguém por perto, sente-se uma presença implícita.

Em minha cidade, meus vizinhos aposentados, um ex-policial e um ex-coletor de impostos, me provocam quando saio para fazer alguma coisa no meio da tarde.

– E aí? Como vai o trabalho, escritor? Quer dizer que vocês chamam isto de "pesquisa", né?

Na zona norte da Filadélfia, policiais e ladrões trocam provocações semelhantes.

– Que foi? – disse um jovem corpulento a Nolan e seu parceiro, Mike Farrell, ao vê-los passar. – Roubaram seu carro?

– Estamos só nos exercitando – Nolan devolveu. – Bem que você podia tentar um dia desses.

A maneira como nos deslocamos pela cidade afeta nossas impressões em relação a outras pessoas, demonstraram os psicólogos da Universidade do Surrey, Inglaterra, num experimento de 2012. Mostraram aos participantes um vídeo ambíguo de dois adolescentes se comportando de maneira agressiva e uma garota da mesma idade digitando uma mensagem de texto num banco de praça nas imediações. O vídeo foi gravado de quatro maneiras diferentes: do ponto de vista de um motorista, de um passageiro do transporte coletivo, de um ciclista e de um pedestre. Os sujeitos experimentais que assistiram ao vídeo do motorista atribuíram mais características negativas aos atores (ameaçadores, desagradáveis) do que aqueles que assistiram aos vídeos do ciclista e do pedestre. Ao observar os adolescentes mais de perto, a uma velocidade menor, características positivas como "atencioso" e "bem-educado" vinham à cabeça com muito mais frequência. As pessoas julgam apressadamente os arredores quando percorrem um novo ambiente. Os motoristas formam uma impressão mais superficial do que a dos pedestres porque ficam expostos a uma quantidade menor de informações e porque essas informações são recolhidas em "fatias finas". Nossos sistemas de interpretação de observações sensoriais evoluíram para funcionar com eficiência máxima quando caminhamos. Enxergamos as outras pessoas com clareza a partir de uns cem metros de distância, mas levamos cerca de um minuto para alcançá-las, o que nos dá tempo suficiente para avaliar a situação e reagir adequadamente.

A pesquisa conclui que alguém que passa de carro por uma rua, por um grupo de adolescentes num parque, talvez veja "uns moleques aprontando, e não deve ser boa coisa". O passageiro olha pela janela do ônibus e se pergunta o que os pivetes estão fazendo. O ciclista escuta os garotos tirando sarro um do outro. O pedestre reconhece o filho do vizinho e o cumprimenta.

Esses encontros casuais e de grande proximidade não acontecem com a mesma frequência que ocorriam uma geração atrás, porque, no nicho ecológico urbano de hoje, passamos tanto tempo sentados em nossos carros ou de olhos fixos numa tela, ou de olhos fixos numa tela e sentados em nossos carros. Porque geralmente temos pressa. Porque consideramos estar ocupados uma espécie de "seguro existencial", escreve Tim Kreider no *New York Times*, "uma cerca viva que nos protege da inanidade". Porque o medo é bom para as vendas e, por isso, os noticiários nos alertam para desconfiar do desconhecido. Mas, da mesma maneira que caminhar pode ajudar a aliviar muitas de nossas doenças mentais de momento, talvez seja também um passo na direção de mais coesão social. O programa de patrulhamento pedestre da Filadélfia não trará Moses Walker Jr. de volta, mas pode ser que ajude o Distrito 22 a encontrar uma nova cadência.

Os degraus das casas geminadas de tijolinhos vermelhos, com quatro metros de frente e dois andares, despejam famílias na rua. Caixas de som do lado de fora tocam hip-hop e o bom e velho soul. Meninas de vestidinhos floridos e chinelos de dedo, cabelos trançados, pulam corda e brincam com bonecas; os meninos, com bolas de basquete e carros de brinquedo. Mulheres e homens reviram hambúrgueres e peitos de frango nas churrasqueiras. Muitas casas são pequenas, lotadas e quentes, por isso as pessoas socializam na rua. As barricadas de madeira e pintura descascada interrompem o tráfego em alguns cruzamentos. Passa um pouco do meio-dia, é sábado e começaram as festas de quarteirão, um ritual dos fins de semana de verão na zona norte da Filadélfia.

– Ó só, temos a polícia da Filadélfia aqui hoje – uma mulher comenta em voz alta por uma porta de tela aberta ao ver Nolan e Farrell passar. – Feliz Dia dos Pais, senhores.

Ainda faltam umas doze horas para o feriado, mas "Feliz Dia dos Pais" é a saudação habitual. É o que se diz para todos os homens na rua. Nolan, 24 anos, e Farrell, 27, bombeiro durante sete anos até se juntar à força policial, são brancos. Praticamente todas as outras pessoas na região são negras. Com armas de fogo e cassetetes nos cintos, os rádios presos aos ombros emitindo rajadas de conversas, os policiais passam andando por barbearias, vendinhas de esquina, igrejas instaladas em antigos prédios comerciais, parques decorados com esculturas artesanais, torneios de dominó acontecendo sob belvederes de lona e tabelas de basquete improvisadas pregadas aos postes telefônicos. Eles trocam passes de futebol com a molecada e comentam as condições atmosféricas com as velhinhas que embalam os netos nas varandas precárias, ignorando os olhares severos dos rapazes de barbichas pontudas e pescoços tatuados.

– Está se sentindo bem, senhora? – Farrell pergunta a uma mulher de meia-idade que dormia nos degraus de uma loja fechada. Ela veste uma camisa polo vermelha e, preso a um cordão no pescoço, traz um distintivo de segurança do US Open. Uma lei municipal proíbe as pessoas de permanecerem sem propósito algum dentro da propriedade de estabelecimentos comerciais fechados. – Andou bebendo? É diabética? Usa drogas?

– Quem me dera – a mulher resmunga antes de calçar os sapatos e se afastar com passos incertos.

As calçadas ressecadas pelo sol do Distrito 22 estão atulhadas de cacos de vidro, sacolas plásticas, bitucas de cigarro e chumaços de tabaco que foram removidos de charutos para abrir espaço para a maconha. Copos de isopor e embalagens de batatas fritas deslizam pelo calçamento, carregados pela brisa. À semelhança da boca de alguém que precisa urgentemente de um dentista, as ruas estão marcadas por prédios queimados e entabuados e terrenos baldios cheios de sofás estragados. Moses Walker Jr. foi uma das 35 pessoas mortas no distrito de dez quilômetros quadrados em 2012, o que levou a cidade a ser considerada a capital dos homicídios pelo terceiro ano consecutivo. Meu bairro tem mais ou menos o mesmo tamanho. Faz quase uma década que não ocorre um homicídio por lá.

É difícil saber por onde começar quando se quer listar a ladainha de dificuldades enfrentadas pelas famílias da ronda de Nolan e Farrell. Pobreza, desemprego, drogas, crime, racismo: uma mistura letal cujas origens remontam à epidemia de crack da década de 1980, à epidemia de heroína dos anos 1970, à proliferação correspondente de rifles e pistolas semiautomáticas, e a um sistema de segregação imobiliária que começou em princípios do século XX, quando levas de negros sulistas passaram a migrar para as cidades setentrionais para escapar da opressão e procurar trabalho. Em busca de um futuro melhor, centenas de milhares acabaram encalhadas no gueto.

O capitão Roland Lee, comandante de polícia do Distrito 22, acredita que pelo menos três quartos dos tiroteios em seu território estejam relacionados às drogas. Traficantes de pequena monta perdendo as estribeiras por causa de alguns dólares. "A gente fica na esquina, briga e mata uns aos outros", disse um ex-traficante ao *Philadelphia City Paper*. "A gente trabalha pra ter um tênis e fumar uns baseados.¹" Dos 331 homicídios cometidos na Filadélfia em 2012 – um índice *per capita* quase quatro vezes maior do que o de Nova York –, 86 por cento das vítimas foram mortas com armas de fogo. Assim como Walker e seus assassinos, 83 por cento dos perpetradores e 80 por cento das vítimas são negros. A Cidade do Amor Fraterno é o apelido mais famoso da Filadélfia (*philos*, do grego, significa amor; *adelphos* é irmão), mas Killadelphia, a cidade que mata irmãos ou é irmã do assassínio, seria um nome mais adequado aos novos tempos.

A polícia da cidade tem dificuldades para impedir os tiroteios e outros crimes violentos, mesmo com a queda pronunciada nos índices de criminalidade na maioria das cidades grandes estadunidenses nas duas últimas décadas. O costume histórico dessa polícia de partir para o confronto pode ser uma parte do problema. A sede do departamento no centro da cidade, um edifício de concreto curvilíneo da década de 1960 chamando Roundhouse, lembra um par de algemas quando visto de cima. Está intimamente associado ao falecido comissário de polícia

---
1 No original, "*blunts*", charutos escavados e preenchidos com maconha. (N.T.)

que virou prefeito, Frank Rizzo, um defensor da ordem pública que, em 1979, foi acusado de cometer e tolerar atos graves e disseminados de brutalidade policial. Seis anos depois, os policiais usaram um helicóptero para jogar uma bomba numa casa geminada e fortificada onde membros de uma organização de ativistas negros radicais haviam se entocado durante um impasse. O incêndio que se seguiu matou seis adultos e cinco crianças, além de queimar completamente sessenta casas vizinhas.

Nolan e Farrell têm uma missão mais humana e benigna. Estão ali para compreender, e não apreender. Quando topam com um crime em andamento ou localizam alguém que é procurado pela justiça, fazem o que é preciso. Mas, em grande parte, seu papel é simplesmente marcar presença e desestimular o crime. Continuar acessíveis. Servir e proteger.

– O trabalho do policial é basicamente conversar com as pessoas – declara o sargento Bisarat Worede, que supervisiona as rondas a pé do Distrito 22. Nove meses de academia formam uma base sólida. – Mas, em bairros como este, a verdadeira formação vem do contato com as pessoas.

Worede, cuja família emigrou da Eritreia para os Estados Unidos quando ele era menino, compara o policiamento efetivo a seguir uma receita. É preciso usar a quantidade certa de cada ingrediente; do contrário, o prato não ficará bom. Ele sabe que as rondas a pé não são uma panaceia. Os policiais em viaturas podem atender mais rápido às chamadas. E as causas primordiais do conflito social persistem. Mas, quando os policiais caminham, em vez de fazer a patrulha dentro de quase duas toneladas de metal, são vistos como seres humanos, mesmo que a cor de sua pele seja outra. E já que têm a oportunidade de conhecer as pessoas a cinco quilômetros por hora, e não cair de paraquedas no meio de um local de crime, os policiais novatos acabam percebendo que a maioria das pessoas é decente, mesmo nas partes mais perigosas da cidade.

Até o momento, parece que a receita está funcionando. Em 2013, houve 28 homicídios no Distrito 22, sete a menos que no ano anterior. O número de tiroteios também caiu (de 165 para 136), assim como o de crimes de lesão corporal de natureza grave (de 825 para 739) e arrombamentos (de 868 para 713). Naturalmente, como destaca o *City Paper*, esse avanço pode não durar: "Os índices de homicídio variam e os da Filadélfia podem voltar a subir".

Nolan e Farrell me levam a um antro de crack. As paredes estão esburacadas e os assoalhos estão cobertos de esponjas de aço queimadas e frascos de vidro. Eles ouvem alguma coisa no andar de cima e sacam os revólveres, mas só vemos excremento de rato e mais frascos vazios no segundo piso. Passamos por uma festa no pátio do conjunto habitacional Norman Blumberg, torres gêmeas que se elevam acima do labirinto de prédios baixos. Uma quadrilha que vende drogas a partir dali ameaçou matar um policial naquele verão. Crianças brincam; seus pais comem churrasco e bebem coquetéis em copos de plástico vermelhos. Na escadaria esquálida de uma das torres, que galgamos devagar para depois descer de elevador, o cheiro do carvão em brasa é abafado pelo de urina. Alertas e vigilantes, Nolan e Farrell ainda tentam não perder o ânimo. Cumprimentam de cabeça e desejam "Feliz Dia dos Pais" aos homens que os olham nos olhos, e a maioria devolve a saudação prematura. Alguns deles não parecem felizes com a presença dos rapazes de azul.

– Eles se acham. Pegam no pé de gente que não tá fazendo nada de mais – afirma Nassir Brown, sentado na sarjeta um pouco depois do pátio do Blumberg. – É, a gente tem problemas aqui. Olha só os prédios abandonados. Olha os carros abandonados. A gente não tem emprego. Por que não pagam as pessoas da comunidade para consertar as coisas? Não estão cuidando dos verdadeiros problemas. Ninguém aqui no gueto fabrica drogas.

Mas essa não é a resposta mais comum, pelo menos entre as pessoas que falam comigo. A algumas quadras dali, sacudindo uma jarra de refresco em pó para os filhos e ouvindo música gospel em alto e bom som, que sai pela porta aberta, Keenan Jones vê minha câmera e pergunta se estou procurando locações para um filme. Explico por que estou ali e pergunto como as patrulhas a pé mudaram o bairro.

– Bem – ele responde –, você e eu podemos conversar aqui e agora sem que os caras comecem a atirar.

Sir Robert Peel, o pai do policiamento moderno, deu-nos o policial da ronda. Na condição de Ministro do Interior da Inglaterra, ele foi a ponta de lança do movimento que criou a Polícia Metropolitana de Londres em 1829. Os vigias particulares foram substituídos pelos *bobbies*[2] profissionais, uma espécie de homenagem ao nome de batismo de Peel. Os esquadrões de estilo militar já existiam em outros lugares da Europa e de outros continentes, mas a força policial de Londres foi a primeira criada especificamente para "lidar com o conflito social resultante do rápido processo de urbanização e industrialização", de acordo com o criminologista estadunidense George L. Kelling.

O policiamento nos Estados Unidos seguiu o modelo inglês. Os primeiros departamentos de polícia financiados com dinheiro público se formaram em meados do século XIX nas cidades do nordeste do país, como Nova York e Boston. Emergindo de um sistema de duzentos anos de patrulheiros voluntários e condestáveis remunerados, o Departamento de Polícia da Filadélfia foi fundado em 1854 e sua evolução reflete as mudanças que ocorreram em todo o país.

A princípio, todos os policiais faziam a ronda a pé na Filadélfia. Noventa e três cavalos foram adquiridos em 1889; motocicletas e automóveis foram acrescentados à frota em 1906 e 1936, respectivamente. Com o passar das décadas, a função dos policiais nos Estados Unidos passou de manter a ordem pública para combater o crime. E, à medida que a cultura automobilística começava a dominar todos os aspectos da vida estadunidense – fomentando uma rejeição muito mais ampla do caminhar, principalmente no caso de atividades rotineiras, como ir às compras ou de casa para a escola e o trabalho –, os policiais passaram, cada vez mais, a perseguir os bandidos atrás do volante. "Eu sempre defendi a teoria de que uma das grandes invenções da humanidade foi as viaturas, porque davam mobilidade aos policiais", declarou Frank Hooper, chefe de polícia de Gainsville, Geórgia, ao *New York Times*. "Uma das piores invenções foi o ar-condicionado, porque fechamos as janelas dos carros."

....
2 Gíria para "policial". (N. E.)

Já na década de 1960, com a tensão racial efervescendo por todos os Estados Unidos, os reformadores da polícia fizeram lobby para que se retornasse a um sistema parecido com o de Peel. Queriam ver mais policiais nas ruas e enfatizar o diálogo entre a força e os cidadãos. Mas prevaleceu o senso comum de que, apesar de melhorar a percepção que as pessoas tinham da polícia e de aumentar a sensação de segurança, as patrulhas pedestres não coibiam de fato a criminalidade. Um policial numa viatura cobria uma área equivalente àquela que dez ou mais homens fariam a pé, algo a se considerar muito seriamente em se tratando de forças policiais sem recursos.

A dependência em relação aos automóveis foi reforçada por uma pesquisa de 1978 em Nova Jersey, conduzida por uma equipe que incluía Kelling, a quem também se atribui o desenvolvimento da "teoria da janela quebrada" – a ideia de que problemas urbanos secundários, como o vandalismo, abrem caminho para crimes de monta –, e que ainda trabalha como assistente de pesquisa em Harvard. O Experimento do Patrulhamento a Pé de Newark recorreu a verbas estaduais especiais para convencer os chefes de polícia céticos a tirar temporariamente os policiais das viaturas e colocá-los para cumprir rondas a pé. "O patrulhamento a pé, aos olhos deles, estava totalmente desacreditado", Kelling escreveu para a revista *The Atlantic*. "Reduzia a mobilidade da polícia que, por conseguinte, tinha dificuldade para atender às chamadas dos cidadãos, e minava o controle da delegacia central sobre as patrulhas." A pesquisa de Newark de fato descobriu que os moradores dos bairros patrulhados a pé se sentiam mais seguros e tinham uma impressão mais positiva da polícia, e que "os policiais da ronda a pé tinham moral mais elevado, estavam mais satisfeitos com seus empregos e demonstravam uma atitude mais favorável em relação aos cidadãos das vizinhanças que patrulhavam, em comparação aos policiais designados para as patrulhas motorizadas". Mas não houve impacto algum sobre os índices de criminalidade. Experimentos semelhantes em Boston e Ashville, na Carolina do Norte, corroboraram essa conclusão. Agora em 2004, O Conselho Nacional de Pesquisa dos Estados Unidos fez pouco do patrulhamento a pé por considerá-lo "uma estratégia dispersa de policiamento da comunidade". E, sem o fator impactante, as verbas secaram.

Trinta anos após a pesquisa de Newark, o criminologista da Universidade Temple, Jerry Ratcliffe, que começou sua carreira como *bobby* rondando os conjuntos habitacionais labirínticos da zona leste de Londres, o distrito mais pobre de toda a Inglaterra, recebeu um telefonema do comissário de polícia da Filadélfia, Charles Ramsey. Não muito depois de ser designado para assumir o cargo mais alto no quarto maior departamento de polícia dos Estados Unidos, Ramsey mandou duplas de policiais formadas por um veterano e um novato fazer a ronda em alguns dos pontos mais violentos da cidade. Aí o comissário pediu a Ratcliffe, diretor do Centro de Criminologia e Segurança Pública da Temple e consultor científico do departamento de polícia, para avaliar a iniciativa. Ratcliffe descobriu que os policiais da ronda foram eficazes, mas não conseguiu sugerir uma maneira definitiva de fazer a avaliação.

– Se um dia você repetir a experiência – disse Ramsey –, seria bom se nos ligasse com antecedência para que pudéssemos ajudar vocês a planejar algo que fosse robusto do ponto de vista científico.

Esse telefonema aconteceu no começo de 2009. Duzentos e quarenta novos policiais estavam prestes a se formar na academia dali a algumas semanas e o comissário queria que todos eles fizessem a ronda a pé.

Em tempo recorde, Ratcliffe concebeu a Experiência do Patrulhamento a Pé da Filadélfia nos moldes de um teste clínico randomizado no qual metade dos sujeitos experimentais receberia o mesmo tratamento e todos os demais receberiam um placebo. Só que, nesse caso, os sujeitos experimentais eram os locais onde os crimes mais violentos da Filadélfia eram cometidos. Era o sonho de todo cientista social, o mesmo tipo de laboratório no mundo real que Ritch Mitchell está usando para avaliar o impacto das melhorias paisagísticas em bosques sobre o estresse urbano na Escócia. Ratcliffe e seus colegas usaram dados de sistemas de informação geográficos para identificar as 120 esquinas mais perigosas da cidade – de 2006 a 2008, as esquinas que compunham o percentil 5 eram responsáveis por 39 por cento de todos os assaltos, 42 por cento dos crimes de lesão corporal de natureza grave e 33 por cento dos homicídios – e, em seguida, escolheu sessenta como alvo. Cada ronda cobria aproximadamente quinze cruzamentos e dois quilômetros de ruas. Ratcliffe explica que zonas de patrulhamento pequenas em locais com altas densidades populacionais, além de policiais que voltam à mesma rua várias vezes a cada turno, são cruciais para uma ronda a pé eficaz, assim como o apoio administrativo. O comissário Ramsey e o prefeito Michael Nutter estavam dispostos a aguentar a pressão política por deixarem os outros cento e tantos locais menos seguros.

A experiência de três meses se deu no verão de 2009. Quando fatores como a migração da criminalidade foram ponderados com o uso de polígonos de Thiessen, diagramas de Voronoi e modelos de regressão linear (que, para mim, já se qualificam como cientificamente robustos), as esquinas visadas tiveram um desempenho 23 por cento melhor do que o grupo controle. Mais de cinquenta crimes violentos (homicídios, lesões corporais, assaltos) foram evitados pelos policiais da ronda, e as detenções aumentaram treze por cento. Ratcliffe demonstrou que um método de patrulhamento a pé fundamentado em informações sólidas poderia de fato reduzir a criminalidade, contrariando uma mentalidade tradicional entre criminologistas e outros especialistas em policiamento. E, o mais importante, convenceu Ramsey a designar todos os policiais novatos para fazer o patrulhamento a pé em seus primeiros doze meses na força.

Outro experimento de criminologia, numa parte complicada de Roterdã, comprovou tanto a teoria da janela quebrada quanto as ideias de Jane Jacobs. Perguntaram aos moradores como seria possível melhorar sua comunidade. Em vez da repressão à criminalidade e às drogas, eles pediram ruas mais limpas, redução na velocidade do tráfego e maior acessibilidade para pedestres. Depois que a polícia os ajudou a instituir algumas dessas mudanças, os crimes relacionados aos entorpecentes caíram trinta por cento e os arrombamentos, 22 por cento. As pessoas passaram a estar mais presentes em seus bairros e a se preocupar mais com eles.

Embora a redução da criminalidade fosse a principal unidade de medida do projeto na Filadélfia, este também evidenciou o que Ratcliffe chama de benefícios auxiliares do patrulhamento a pé: uma melhoria nas relações entre os policiais e as pessoas atendidas. Eis uma preocupação muito importante em locais como a zona norte da Filadélfia, onde a hostilidade envenena o espírito há gerações. Durante a experiência, os policiais da ronda paravam os pedestres 64 por cento mais do que seus colegas de trabalho no grupo controle a algumas quadras de distância. Revistavam alguns deles, mas simplesmente conversavam com o resto.

– É crucial passar algum tempo simplesmente parado numa esquina, batendo papo com as pessoas, sentindo a cadência e o ritmo do lugar. Em poucas semanas, um bom policial do patrulhamento a pé conhecerá todo mundo.

Saberão que o bêbado ali na esquina não é uma ameaça, pois está sempre lá, mas o desconhecido que ronda o ponto de ônibus pode ser um problema.

– Os policiais dentro das viaturas acabam percebendo o bairro de uma maneira diferente dos policiais a pé – diz Ratcliffe. – Dentro de um carro, eles se expõem apenas às pessoas em situações tensas. Ou são as vítimas de um crime, ao qual estão atendendo, ou são suspeitas de terem cometido algum crime. Ao passo que, quando os policiais estão a pé, existem muito mais oportunidades de interagir com todas as pessoas normais do bairro. Pessoas que só por acaso ou em função das circunstâncias vivem numa área pobre ou violenta.

E ele continua:

– A criminalidade na Filadélfia muda de um quarteirão para outro e só se entende isso quando se vai a pé de um quarteirão a outro. Metade das vítimas de armas de fogo na Filadélfia foi baleada a duas quadras de casa. As pessoas vivem e morrem em áreas muito pequenas. O patrulhamento a pé é uma maneira ideal de entender esse microcosmo no qual as vítimas e os perpetradores vivem boa parte de suas vidas.

– Deixa eu ver o que você tem no bolso!

Quando o policial o parou, Matt Green estava a pé e passava por uma torre de observação móvel do Departamento de Polícia de Nova York, que parece o filhote raquítico de um daqueles desajeitados andadores AT-AT do comecinho de *O Império contra-ataca*. Branco, miúdo, barbado e de trinta e poucos anos, Green usava o celular para fotografar um conjunto habitacional predominantemente negro no Bronx. Ele já havia passado algumas vezes pela torre SkyWatch e o policial branco ficou preocupado com o volume no bolso de trás do intruso.

– Isto aqui? – perguntou Green, levando a mão ao dorso do quadril direito e percebendo, nesse exato momento, como que em câmera lenta, ao ver o susto estampado na cara do policial, que ele aparentava estar sacando uma arma de fogo.

Já não dava mais para parar. Ele puxou a garrafinha de água. Os dois homens suspiraram de alívio.

O olhar do policial, conta Green três semanas depois, não era o de *esse cara vai atirar em mim*. Era mais um *não me diga que vou ter de prender esse panaca*. E também *maldita burocracia*.

– Mas o que é que você está fazendo aqui? – o policial perguntou.

Green explicou sua demanda da melhor maneira possível: uma missão de vários anos com o objetivo de percorrer a pé todas as ruas de todos os distritos da cidade de Nova York. Sim, ele quer ver e documentar tudo. E, mais ainda, visitar lugares que ele não tem motivo para visitar. Demolir todas as generalizações da cidade e de seus habitantes que ele porventura tenha internalizado. Submeter-se a um "fluxo constante, abrangente e não regulado de estímulos e informações que sobrepuja nossa tendência inata de tentar encaixar tudo num conjunto ordenado e meticuloso de preconcepções". Green não tem endereço fixo. Ele é caseiro de apartamentos e dorme nos sofás dos amigos, além de solicitar passivamente doações on-line para pagar sua alimentação e os bilhetes de metrô. Caminhar tornou-se um emprego em tempo integral, algo que não é fácil explicar resumidamente nos dez segundos que os nova-iorquinos costumam dar aos desconhecidos que puxam conversa com eles. É comum ele ser recebido com olhares sem expressão pouco antes de as pessoas se irritarem, já esperando que ele esteja tentando vender alguma coisa.

– Olha, você está me contando tudo isso aí, e eu até entendo – disse o policial naquele dia no Bronx, depois de Green ter-lhe dado a explicação resumida. – Mas essa gente aí – o policial abriu os braços e olhou de um lado para outro, mesmo não havendo ninguém à vista –, você bate uma foto e eles te enchem de porrada.

Green já tirou milhares de fotografias desde que começou a andar por Nova York no Ano-Novo de 2012 e nunca levou porrada por isso. Em meio a inumeráveis momentos microcósmicos, aquele confronto com o policial foi uma anomalia. A vida urbana cotidiana, seja no Bronx ou na zona norte da Filadélfia, raramente é dramática. Percorrer uma cidade a pé permite apreciar os detalhes minúsculos, as texturas discretas, os encontros espontâneos. Esquecer a apreensão automática em relação aos desconhecidos.

Falta pouco para as cinco horas de uma quarta-feira luminosa e cálida no East Harlem. Cheguei a Nova York de trem, vindo da Filadélfia, e, desde o meio-dia, Green e eu estamos ziguezagueando a pé pelas ruas transversais e seus prédios revestidos de arenito e pelos bulevares comerciais do bairro, apinhados de gente. Ele veste shorts cargo, uma camisa de mangas curtas de um verde desbotado e botas de caminhada de couro marrom: um figurino que já fez os transeuntes tomarem-no por um fiscal municipal, um policial à paisana e, certa vez, em Staten Island, por Crocodilo Dundee. Na cabeça, usa um boné marrom com a palavra *Heddatron* estampada em relevo. Trata-se de uma peça surrealista protagonizada por robôs renegados e um atormentado Henrik Ibsen, dirigida tempos atrás por seu irmão caçula, que trabalha no ramo teatral em Chicago e hoje é considerado por seus pais – funcionários públicos aposentados do estado da Virgínia – o filho que leva uma vida normal.

Andando por toda Nova York o dia inteiro, algo que ele faz três ou quatro vezes por semana, Green mantém dois registros: a quantidade de monumentos em memória do 11 de Setembro que ele vê, tanto oficiais quanto caseiros, e o número de barbearias que utilizam um z em lugar de um s, ou um k em vez de c, em seus letreiros. Ele também fica atento a vendedores ambulantes de bananas, banheiros químicos destrancados, arte pública incomum, igrejas e cemitérios históricos, portas encantadoras, caixas de correio criativas, erros tipográficos na sinalização e hidrantes de prédios residenciais decorados com dispositivos inovadores para não permitir que as pessoas se sentem neles, e Green geralmente consegue adivinhar, com uma margem de erro de alguns centavos, o preço de um sanduíche de pasta de ovo em qualquer uma das 13 mil bodegas da cidade. Green vive com aproximadamente 15 dólares por dia. O custo de seu almoço preferido, que ele come enquanto anda, com alface e tomate – e mostarda picante, quando possível – geralmente varia de 2 a 3,50 dólares, dependendo das condições do bairro, mas 4 dólares não é um preço incomum em Manhattan. Ele se lembra de já ter pagado a pechincha de 1,50 dólar. Ficou de queixo caído quando uma delicatéssen no Queens cobrou 5 dólares.

– Esse aí atravessou uma espécie de limiar do sanduíche – ele declara.

Green tinha uma namorada e uma carreira respeitável como engenheiro de transportes. Aí o relacionamento acabou, e ele achou difícil justificar a manutenção de um emprego que não lhe dava prazer em troca de dinheiro do qual não precisava. Ansioso e morrendo de vontade de se aventurar – um exemplo didático de fuga dissociativa –, ele deu as costas a cinco anos de planejamento de estradas e rodovias e foi andar pelos Estados Unidos.

Ele fizera um bocado de caminhadas de longa distância em Nova York, entre elas a circum-navegação de 240 quilômetros do perímetro urbano, mas aquilo já era exagero. Green partiu de Rockaway Beach, Queens, em março de 2010, usando um colete reflentor e empurrando um carrinho de bebê com todo o seu equipamento para acampar, e, cinco meses depois, chegou a Rockaway Beach, Oregon. Preparando-se para a viagem, foi bombardeado por sugestões que mais pareciam ordens: você *tem* de ir a tal lugar, *precisa* ver isso. Mas ele traçou uma linha reta até Chicago, onde visitou o irmão, e seguiu rumo oeste até o Pacífico.

Livre da expectativa de chegar a destinos específicos, Green podia apreciar tudo que via, fosse lá onde estivesse, em vez de contar os quilômetros até chegar, por exemplo, ao monte Rushmore na Dakota do Sul.

– Não é preciso saber o que a gente vai ver para ver coisas interessantes – conta. – Seria deixar as preferências de outras pessoas contaminarem nossas reações com seus preconceitos. Podemos simplesmente atravessar a Dakota do Norte a pé. Já passei de carro por lugares assim, e são incrivelmente maçantes. Mas aquele mesmo campo genérico a 110 quilômetros por hora torna-se plantas individualizadas a cinco quilômetros por hora.

Em sua caminhada pelo país, Green descobriu que um fulgurante oceano amarelo de canolas, iluminado pelo sol das pradarias, é uma vista e tanto.

E, melhor ainda, os desconhecidos perigosos e tacanhos de que tanto lhe falaram revelaram-se acolhedores e generosos. Em dezenas de ocasiões, em cidades pequenas e nas estradas rurais, ofereceram a Green uma cerveja, uma refeição, uma cama onde passar a noite. Sua maior dificuldade era se despedir dos anfitriões gentis quando tinha uma meta em quilômetros a cumprir. Várias vezes, ofereceram-lhe almoço logo depois de ele terminar de almoçar.

– As experiências que tive na caminhada não poderiam ter sido mais diferentes do que a mídia afirma a respeito dos Estados Unidos.

Quando ele voltou para Nova York, seu plano de procurar um emprego e se estabelecer já não era mais apetecível. Trabalhou uns tempos como coletor de dados autônomo para o departamento de saúde e passou alguns meses nos campos de uma fazenda orgânica no vale do Hudson. Aos poucos, sua jornada foi ganhando forma.

– Na época, eu não sabia que acabaria saindo tanto da sociedade normal.

E, no entanto, como sociólogo das ruas, está mergulhando nela de cabeça. Ele acabará percorrendo 4 mil quilômetros mais do que William B. Helmreich, um professor universitário de sociologia que, recentemente, percorreu a pé a maioria dos quarteirões de todos os cinco distritos e escreveu um ensaio etnográfico chamado *The New York Nobody Knows* [A Nova York que ninguém conhece]. Ondas de imigração e gentrificação, argumenta Helmreich, fomentaram um espírito de transformação e otimismo. Green não faz pronunciamentos como esse. Está simplesmente testemunhando e compartilhando histórias.

Quando pensamos nas cidades, declara Green numa TED Talk gravada no Brooklyn, geralmente queremos que elas nos atendam melhor.

Que sejam mais produtivas, habitáveis ou simpáticas. Todas são qualidades importantes. Mas quem tenta estabelecer um relacionamento mais enriquecedor e gratificante não pode se concentrar apenas no *outro*, diz ele. É preciso se tornar um ouvinte melhor, mais curioso, e procurar ativamente momentos de intimidade. Nova York, como todas as cidades, é complexa e desconcertante. É natural inventar rótulos e categorias para conhecê-la. Mas, para aprofundar o relacionamento, é possível deixar passar a viagem até o outro lado da cidade para ir ao tal restaurante novo da moda e simplesmente ver o que está pegando ali no fim do seu quarteirão. Ou de qualquer outro quarteirão.

– Não tente procurar algo específico nem se dê o trabalho de tirar conclusões. Simplesmente escute o que a cidade tem a dizer [...] e deixe-se levar por seus próprios e singulares instintos.

À primeira vista, o empreendimento de Green é o do *flâneur*, o flanador, personagem literário que surgiu em Paris no século XIX, um viandante apaixonado que estuda a cidade. O poeta francês Charles Baudelaire via o flanador como um "cavalheiro que passeia pelas ruas", imerso na multidão, mas ainda e ao mesmo tempo um observador imparcial, ao passo que o filósofo alemão Walter Benjamin o considerava uma resposta à alienação das cidades e do capitalismo. O projeto de Green também é interessante para o conceito situacionista de *dérive* de Guy Debord, uma espécie de deriva não planejada pela paisagem urbana. Os dois termos se encaixam no mundo mais amplo da psicogeografia, uma investigação despreocupada da cidade, popularizada por autores como Will Self e Shawn Micallef, que incorpora críticas à cultura, arquitetura e planejamento urbano, entre outras manifestações divertidas. Por exemplo, um passeio em que você vira à esquerda na segunda esquina e aí pega a próxima rua à direita, repetindo o padrão para deixar a aleatoriedade da viagem libertar você das restrições de tempo e lugar que normalmente ditam nossa relação com a cidade. Contudo, nada disso de fato resume o que Green está fazendo. Embora ele desempenhe o papel do observador imparcial de Baudelaire e a alienação seja uma tendência subjacente a suas caminhadas, Green, muitas vezes, procura aqueles momentos humanos que nos conectam à teia urbana.

E há algo da formalidade do cientista em seu método. Ele traça meticulosamente o itinerário de cada dia num caderninho preto, esboçando os caminhos por cruzamentos confusos e usando uma taquigrafia enigmática ("E ACP, D 110") para não esquecer onde virar.

A meticulosidade e a determinação de Green chamam a atenção da mídia, o que produz um pequeno influxo de doações. Depois de o *New York Times* publicar uma matéria, apoiadores deram-lhe 8 mil dólares, mas ele não tem a intenção de lucrar com isso. Simplesmente quer continuar sua "jornada exaustiva por uma cidade inexaurível" – e, após cada excursão, pesquisar as imagens mais interessantes do dia para poder redigir as descrições que acompanham as fotos em seu blog. A documentação, um trabalho em tempo integral por si só, é uma tentativa de reunir um arquivo minucioso de suas observações. Mas o caminhar, como escreveu Henry David Thoreau, é "a empresa e a aventura do dia".

Neste dia, o de número 537, estamos chegando a um beco sem saída na East 117th Street, quando Green estaca no meio da rua.

– Olha só! – ele exclama, boquiaberto, batendo-me no ombro e apontando uma barbearia no térreo de um prédio residencial de tijolinhos vermelhos e todo reformado. – Krispy Kutz!

Ele bate uma foto do vistoso letreiro em vermelho e preto, com o z exagerado e os magníficos KK (em seu site, <imjustwalkin.com>, a entrada tem "Barberz #77" [Barbeariaz n. 77] como título), aí continua rumo ao leste. O quarteirão inteiro, e não só o edifício com o Krispy Kutz, foi revitalizado. Até mesmo o Harlem hispânico está passando por uma gentrificação.

Tínhamos acabado de sair da Pleasant Avenue, lendário baluarte do crime organizado de onde Anthony Salerno, vulgo Fat Tony, dirigia a família mafiosa Genovese. Algumas cenas de *O poderoso chefão* foram filmadas ali. Mas grande parte dos indícios daquela época já desapareceu. Assim como qualquer vestígio, no fim da East 117th, da Washburn Wire Factory, onde, durante mais de sete décadas, os trabalhadores produziram molas, cordas de piano e alambrados. A fábrica, que chegou a ser o maior empregador de Manhattan, foi fechada em 1976 e demolida quase trinta anos depois. Os invasores, viciados e grafiteiros que se esbaldavam nas seis construções em ruínas foram suplantados pelo East River Plaza, um shopping center vertical repleto de lojas de departamento de 45 mil metros quadrados que tem como lojas âncoras a Costco e a Target.

Seguindo Green, atravesso um átrio de teto transparente e passo pelo estacionamento de carrinhos de compras para chegar a um terraço que dá vista para a Franklin D. Roosevelt Drive e as águas verdes do East River. Uma placa anuncia que estamos no Mirante Jim Runsdorf. Foi batizado assim em homenagem a um executivo do ramo imobiliário que, numa manhã gelada de outubro, partiu daquele ponto exato e subia o rio a remo quando um barco a motor abalroou seu caiaque. O corpo de Runsdorf foi encontrado por mergulhadores três dias depois. Naturalmente, Green nada sabia a respeito de Runsdorf ou da Washburn Wire quando encontrou por acaso o shopping center. Ele raramente sabe o que verá. E, não custa repetir, essa é a razão de ser do projeto.

Subimos oito lances de degraus de concreto e chegamos ao terraço no telhado quadrado do estacionamento do East River Plaza, que tem espaço suficiente para abrigar 1.248 veículos. Encontramos um ou dois carros, nenhuma pessoa. Green sobe correndo num mourão de concreto e dá uma olhada por cima do muro de segurança de alumínio. Seis pistas de tráfego seguem nos dois sentidos pela FDR Drive. Ali de cima, o som é tranquilizador, sereno. Discutimos a possibilidade de comprar uma mesa na Bob's Discount Furniture e um monte de carne para sanduíche na Costco para fazer um piquenique monstro.

Green aponta o sul, o antigo hospício em Roosevelt Island, onde a jornalista Nellie Bly fingiu sofrer de insanidade e foi internada em 1887 para escrever um relato pormenorizado e influente do tratamento e das condições horríveis que os pacientes do sanatório enfrentavam. Volta-se para o norte e para a alça de acesso da avenida arborizada, onde um artista de rua e ex-presidiário gosta de ficar, equilibrando melancias e outras frutas na cabeça, praticando calistenia ou montando instalações nada convencionais, como o gorila de pelúcia na cadeira de praia, para demonstrar aos motoristas a importância da saúde física e de uma nutrição adequada ou simplesmente para entretê-los enquanto avançam um milímetro por vez durante o horário de pico. Green nunca chegou a ver o artista se apresentar, apenas as reveladoras cascas de melancia e recados presos com tachinhas nas árvores próximas. "Otis Houston Jr.", dizia o primeiro cartaz que ele viu. "Me procure no Google."

Um barco da polícia sobe ruidosamente o East River, criando ondas que vão arrebentar na prainha.

– Acho que a sensação de tranquilidade é mais completa lá fora na natureza – conta Green –, mas é possível ter isso na cidade grande. Este é o equivalente urbano do litoral. O ruído branco é o tráfego. A buzina é como uma gaivota irritante. Não é uma manifestação desalentadora de humanidade.

"As pessoas em Manhattan reclamam da invasão das imensas lojas de rede, mas temos isto bem aqui. Deviam vir aqui e ver por si mesmas."

Usando uma máscara preta de *lucha libre* e com uma lustrosa capa preta nas costas, Peatónito se posiciona diante de um Jeep Patriot prata que invadiu a faixa de pedestres. Ele coloca as mãos na grade do radiador, escora as pernas, inclina-se e tenta empurrar o veículo para trás só com a força dos braços. Às vezes, ele picha linhas brancas no asfalto nos cruzamentos onde as marcações não existem. Outras vezes, ele anda por cima dos capôs dos carros estacionados nas calçadas. Outras, ainda, ele toma idosos pela mão e os ajuda a atravessar a rua. Pode ser difícil trafegar a pé por uma megalópole. Os *chilangos* da Cidade do México têm a ajuda de um super-herói.

Os acidentes de trânsito são um flagelo na capital do México. Em 2006, quase novecentos pedestres foram mortos e aproximadamente 9,4 a cada 100 mil moradores morrem em acidentes automobilísticos por ano, muito acima do índice de Londres (1,9 a cada 100 mil), Nova York (2,2), Hong Kong (3,8) e Bogotá (4,1). Somente na Cidade do Cabo, na África do Sul, as ruas são mais cruéis. É aí que entra Peatónito, cujo nome significa *pedestrezinho*. Sob a máscara, há um estudante de ciências políticas e consultor em planejamento chamado Jorge Cáñez; o *luchador* faz um bom teatro de rua. Mas seu grito de guerra é autêntico.

– O pedestre não é ninguém nesta cidade, esquecido pelas autoridades e por nossos próprios cidadãos – afirma. – O que é curioso e paradoxal é que somos todos pedestres em algum momento. Portanto, nós nos esquecemos de nós mesmos.

Matt Green e a polícia da Filadélfia recorreram ao caminhar para conhecer melhor suas comunidades, mas são forasteiros. As apresentações de Peatónito são mais impactantes. O carro domina a maioria de nossas cidades. Aproximadamente 270 mil pedestres são mortos por veículos motorizados no mundo todo a cada ano, de acordo com a Organização Mundial de Saúde, o que corresponde a 22 por cento do 1,24 milhão de mortes anuais no trânsito. (Os acidentes viários com vítimas ocupam atualmente a nona posição entre as causas de morte no mundo, mas a OMS prevê que subirão para o terceiro lugar, logo atrás de doenças cardíacas e acidentes vasculares cerebrais, por volta de 2020.)

Mais de 47 mil pedestres foram mortos nas ruas dos Estados Unidos entre 2003 e 2012, aproximadamente um terço do número de vítimas de homicídio. O total anual variou em torno de 5 mil, mas a cota de fatalidades no trânsito composta de pedestres vem aumentando lentamente, de doze para quinze por cento. O número de motoristas e passageiros mortos em acidentes sofreu redução de um terço no mesmo período de dez anos. Melhorias no design dos veículos, obrigatoriedade legal do uso de cintos de segurança e a fiscalização para coibir as pessoas de dirigir embriagadas são as causas dessa queda, revela uma coalizão nacional chamada Smart Growth America [Crescimento Inteligente]. Entretanto, "não investimos nem de longe os mesmos patamares de dinheiro e energia para garantir a segurança e a seguridade das pessoas quando estão caminhando". Nos Estados Unidos, um pedestre a cada oito minutos é atingido por um veículo. E os riscos não se distribuem uniformemente. Idosos, crianças entre os cinco e os nove anos, minorias raciais e étnicas e moradores de bairros de baixa renda têm uma chance maior de acabar dentro de uma ambulância.

O Google Alert me mantém atualizado. Três pessoas morreram na 96th Street no Upper West Side de Nova York numa mesma semana de janeiro de 2014, entre elas um médico que foi jogado no chão por uma ambulância e, em seguida, atropelado por um sedã, e um menino de nove anos morto por um táxi enquanto atravessava a rua com seu pai.

O taxista levou uma multa de 300 dólares por não ter dado a preferência a um pedestre. No Queens, três meninas adolescentes foram levadas às pressas para o hospital depois de serem atropeladas na calçada por uma caminhonete. O motorista disse que pisou por engano no acelerador, pensando que fosse o freio. Ele não foi indiciado.

Distrações durante a condução do veículo (conversar, mandar mensagens de texto ou tuítes) representam um problema cada vez maior. Provocam 1,6 milhão de acidentes e 330 mil vítimas não fatais todos os anos nos Estados Unidos e, em 2016, espera-se que sejam a causa de mais fatalidades no trânsito do que dirigir embriagado no Canadá. Mas os motoristas não são os únicos culpados. Pedestres distraídos e machucados acabaram dando um pulo nas salas de pronto atendimento dos Estados Unidos quatro vezes mais em 2012 do que em 2005. Para cada vídeo divertido do YouTube – tipo aquele da mulher que caiu dentro de um chafariz num shopping center da Pensilvânia –, há um contraponto arrepiante. Uma mulher de 28 anos, tentando atravessar a rua no centro de Toronto enquanto falava ao celular, chocou-se contra a lateral de uma picape que fazia a curva e foi esmagada pelas rodas traseiras.

– Todo mundo sabe que é bom olhar para a esquerda e a direita – diz o porta-voz do Colegiado Estadunidense de Médicos de Emergência, dr. Ryan Stanton, que costuma suturar lacerações na cabeça de pessoas que trombam com placas de pare e cortes nas canelas provocados por hidrantes –, mas, quando estamos mandando mensagens de texto, esquecemos as regras de sobrevivência.

Nada disso surpreenderia Siobhan Schabrun, fisioterapeuta da Universidade do Oeste de Sydney, Austrália. Sua pesquisa mostra que mandar mensagens de texto enquanto andamos não só distorce o fluxo de informações sensoriais que vêm do ambiente como também altera nosso modo de andar. Basicamente, nos faz andar como se fôssemos robôs. Os braços, a cabeça e o torso se movem de maneira rígida, e é mais provável nos desviarmos da trajetória pretendida ou perdermos o equilíbrio caso venhamos a colidir com alguma coisa. E já que a cabeça se mantém alinhada com o celular, Schabrun desconfia que o sistema vestibular do ouvido talvez esteja recebendo "informações ruins".

Matt Green não mandou mensagens nem falou ao telefone durante o tempo que passamos juntos. Na verdade, ele me avisou de que talvez tivesse de pedir que eu fizesse uma pausa nas perguntas caso houvesse muita coisa para ver. Ele estava em sintonia com os arredores. Mas o surgimento de Peatónito e essa epidemia de mortes e distração de pedestres põem ênfase no balé da calçada, que se encontra sitiado. Para entender como chegamos a isso, vejamos mais de perto as mudanças que destroçaram a escala humana de nossas vidas.

Há tempos as pessoas nutrem certo desdém pelo caminhar. O termo *pedestrian*, que só passou a ser de uso comum em inglês no século XVIII, vem do latim *pedester* ou *a pé*. Era muito mais sexy ser *equester*: estar *a cavalo*. O dicionário Oxford da língua inglesa define *pedestrian* como "prosaico, simples, lugar-comum, sem arrojo (por vezes, em contraste com as asas e o voo de Pégaso)". Em outras palavras, escreve Tom Vanderbilt em *Traffic*, "não estar a cavalo, alado ou não, era ser absolutamente ordinário e terreno".

Já no século XIV a.C., os nobres egípcios usavam carros puxados por cavalos para viajar das propriedades suburbanas com vastos jardins até a cidade. Os cidadãos abastados da antiga Roma também construíam grandes quintas nos arredores dos povoados. Num tablete de argila de 2.500 anos, escreve Leigh Gallagher em *The End of the Suburbs* [O fim dos subúrbios], um mesopotâmio da cidade-estado de Ur se vangloriava ao rei da Pérsia de que sua propriedade "ficava tão próxima da Babilônia que podíamos desfrutar de todas as vantagens da cidade e, mesmo assim, uma vez em casa, nos afastávamos de todo aquele pó e barulho". As cidades continuaram a ser os centros de cultura e comércio, mas, na virada do século XVIII para o XIX, os novos ricos fugiram dos esquálidos centros urbanos da Europa em processo de industrialização. Em 1814, a balsa de Fulton começou a navegar habitualmente o East River entre Manhattan e o Brooklyn, e Brooklyn Heights se tornou o primeiro subúrbio dormitório de grandes proporções do mundo. Os estadunidenses elevaram esse êxodo a um novo patamar depois que Henry Ford anunciou o Modelo T em 1908. A cultura automobilística e o crescimento dos subúrbios explodiram após a Segunda Guerra Mundial. Os automóveis eram sinal de riqueza e independência. Saltando os limites do tempo e do espaço, fomos cativados.

Na América do Norte, as áreas metropolitanas incharam com a construção, pelos empreendedores imobiliários, de loteamentos exclusivamente residenciais de casinhas geminadas e idênticas e com a disponibilização, pelos urbanistas, de pistas expressas e shopping centers para organizar as viagens e o consumo de cortadores de grama e mobiliário de jardim. Esse paisagismo centrado no automóvel mudou nossas vidas, e um punhado de lombadas como medida recessiva pouco fez para desacelerar seu avanço. Três quartos das construções residenciais estadunidenses entre 1980 e 2010 foram erguidos nos subúrbios, muito embora as razões para termos fugido do centro – esgoto, fumaça, doenças – já não fossem prementes.

Alimentadas pela gasolina barata e subsidiadas pelo Estado por meio de isenções fiscais e regimes de crédito, essas "cidades dispersas" eram o sonho do capitalista, escreve Charles Montgomery em *Happy City: Transforming Our Lives Through Urban Design* [Cidade feliz: a transformação de nossas vidas pelo urbanismo]. Os automóveis particulares levavam as pessoas a espaços particulares. Buscando segurança e liberdade para os motoristas, o lobby automobilístico convenceu os estadunidenses de que era preciso controlar os pedestres. Atravessar a rua fora da faixa virou crime. As cidades livraram-se dos bondes e arrancaram os trilhos. "Nossa flor-símbolo", disse o crítico estadunidense de arquitetura Lewis Mumford, "é o trevo de concreto."

Muito já se escreveu a respeito das consequências da suburbanização: homogeneidade, pois os preços tabelados e a discriminação racial desestimulavam a mistura; centros decadentes e isolados, pois as vias que os atendiam foram desviadas para os distritos operários; e a dependência em relação aos carros para realizar as atividades diárias, aumentando nossa dependência em relação a produtos derivados de petróleo e fomentando níveis sem precedentes de inatividade física. O subúrbio, escreve Montgomery, "é o modo de vida mais caro, mais devorador de terras e recursos e mais poluidor já criado". Lar de metade da população do planeta, as cidades grandes consomem 75 por cento da energia do mundo e produzem oitenta por cento das emissões de gases do efeito estufa. Os moradores dos subúrbios emitem duas vezes mais carbono do que as pessoas que vivem no centro.

E também temos as preocupações com a saúde. Em Toronto, os índices de diabetes entre os *baby boomers* são mais elevados nos subúrbios do que nos núcleos urbanos, apesar da relativa riqueza dos subúrbios, um determinante geográfico que geralmente prediz os indicadores de saúde. As estatísticas são invertidas porque os moradores do centro caminham mais.

No Canadá, os habitantes de Toronto são os que, em média, passam mais tempo em trânsito para ir trabalhar: aproximadamente 33 minutos na ida e na volta, os mesmos patamares de Nova York e Washington, D.C. Quase noventa por cento dos estadunidenses vão trabalhar de carro todos os dias, e mais de 75 por cento seguem sozinhos dentro do carro. (No Canadá e no Reino Unido, cerca de três quartos e dois terços das pessoas vão de carro para o trabalho, respectivamente.) Montgomery cita pesquisas que concluem que, quanto maior a distância percorrida pelas pessoas, menos felizes elas são, e não só quando ficam presas no trânsito, mas na vida em geral. O acréscimo de 23 minutos ao tempo de percurso tem o mesmo efeito sobre a felicidade de uma redução de dezenove por cento na renda, escrevem os economistas suíços Alois Stutzer e Bruno Frey num artigo intitulado "Stress That Doesn't Pay" [O estresse que não compensa]. Para ficar satisfeita com sua vida, uma pessoa que passa sessenta minutos por dia no trânsito precisa ganhar quarenta por cento mais do que alguém que vai andando para o trabalho.

O cientista político Robert Putnam investigou o impacto social do deslocamento diário em seu livro *Bowling Alone: The Collapse and Revival of American Community* [Sozinho na pista de boliche: o colapso e o renascimento da comunidade estadunidense]. Acontece que a quantidade de tempo que passamos dentro de um carro indo e voltando do trabalho é um fator determinante do engajamento cívico. "Cada incremento de dez minutos no tempo diário de percurso", escreve, "reduz em dez por cento o envolvimento nas questões da comunidade: frequência menor em reuniões públicas, participação menor em comissões, assinatura de um número menor de petições, frequência menor em missas e cultos, e assim por diante." Quando a pessoa sai de casa de madrugada, enfrenta o trânsito a caminho do escritório e passa por tudo outra vez ao voltar para casa, ela fica tensa e cansada e pode ser que não tenha mais energia para dedicar a outra coisa.

Nos embalos dos anos 1970, um em cada dez estadunidenses iam andando para o trabalho. Hoje em dia, menos de um a cada quarenta caminha. O filósofo francês Bernard-Henri Lévy chama esse estilo de vida altamente dependente do automóvel de "uma obesidade total e global que não poupa nenhum aspecto da vida, seja pública ou privada. Uma sociedade inteira que, de cima a baixo, de um extremo a outro, parece presa a esse desarranjo mental obscuro que aos poucos leva o organismo a inchar, transbordar, explodir".

Montgomery abre sua narrativa descrevendo o mandado revolucionário de Enrique Peñalosa, prefeito de Bogotá, Colômbia, de 1998 a 2001. Peñalosa deu início à metamorfose de uma das cidades mais poluídas e perigosas do mundo num lugar mais seguro e feliz ao transformar as ruas congestionadas em avenidas para os ciclistas e melhorar o sistema de trânsito, além de investir em parques e outros espaços públicos. Ficou mais fácil para os moradores pobres se deslocarem pela cidade, e agora eles têm lugares onde socializar, sem precisar tirar nada dos cidadãos abastados. Na verdade, simplificou também o deslocamento desse segundo grupo, pois reduziu o congestionamento viário.

O dinheiro, como mostra Montgomery, não compra a felicidade. A renda doméstica subiu vertiginosamente nos Estados Unidos, Reino Unido e Canadá até a recessão de 2008, mas os levantamentos estatísticos não revelam um pico correspondente no bem-estar. Mostram apenas que tínhamos mais carros e casas maiores e produzíamos mais lixo. "Do que precisamos para sermos felizes?", pergunta Peñalosa. Ter outras pessoas por perto. Contato com a natureza. Sentir uma espécie de equidade. E, como ele diz: "precisamos caminhar, da mesma maneira que as aves precisam voar".

O pêndulo está começando a descrever seu trajeto de volta. Em 2011, o crescimento da população urbana nos Estados Unidos superou o crescimento suburbano, uma inversão que não se via desde o advento do automóvel. Para milhões de *baby boomers*, famílias e membros da geração Y, os bairros mais desejáveis são densamente povoados, centrais e cheios de olhos nas ruas. A caminhabilidade se prepara para voltar em grande estilo.

Jane Jacobs morreu em 2006, mas o movimento do qual ela era a principal defensora está mais forte do que nunca. Na década de 1960, ela liderou as campanhas de protesto que interromperam a construção da Lower Manhattan Expressway (que teria destruído o Washington Square Park) e o prolongamento da Spadina Expressway em Toronto. Foram lutas polêmicas. Mas, enfiadas no mesmo saco do "novo urbanismo", suas ideias hoje são consideradas racionais, e não radicais, por centenas de prefeitos de grandes cidades, de Bill de Blasio em Nova York a Naheed Nenshi em Calgary.

Na capital petroleira do Canadá, Nenshi fez do transporte público e dos caminhos multiuso uma das pedras fundamentais de seu mandato. Imediatamente após sua reeleição, em 2013, ele continuou criando uma ciclofaixa no centro da cidade e prometeu eliminar o "subsídio da expansão" de 4,8 mil dólares canadenses que toda nova casa suburbana recebe. (Comunidades novas exigem uma infraestrutura significativa, desde ruas e encanamento a escolas e bibliotecas. As incorporadoras arcam com 78 por cento dos custos em Calgary, ao passo que os contribuintes pagam o resto da conta, que chegou a 33 milhões de dólares canadenses em 2012.) Apenas um mês depois de assumir o cargo em janeiro de 2014, De Blasio colocou a segurança do pedestre no topo da pauta. Depois daquela semana fatal na 96th Street do Upper West Side, ele propôs um limite máximo de velocidade de quarenta quilômetros por hora, uma redução em relação aos atuais cinquenta, e uma fiscalização mais rigorosa. Motoristas acima do limite de velocidade ou que não dão a preferência provocam setenta por cento das fatalidades envolvendo pedestres em Nova York. Sessenta e três por cento dos pedestres que morreram nos Estados Unidos entre 2003 e 2012 foram mortos em vias com limite de velocidade igual ou superior a 64 quilômetros por hora. Em junho de 2014, De Blasio aprovou e sancionou vários novos projetos de leis de trânsito. O limite de velocidade será de fato reduzido para quarenta quilômetros por hora, dezenas de novas zonas de baixa velocidade, com limite de trinta quilômetros por hora, serão criadas perto de escolas todos os anos, taxistas responsáveis por colisões que matarem ou ferirem gravemente alguém perderão a habilitação, e não dar a preferência a um pedestre no exercício desse direito passará a ser um delito leve. "São inaceitáveis tanto a morte quanto as lesões graves nas ruas da cidade", disse o prefeito, "e não vamos mais tratar as colisões graves como inevitáveis."

As novas leis de Nova York se baseiam na Iniciativa Visão Zero da Suécia. Em vários aspectos, a Escandinávia está na vanguarda do movimento urbanista. O arquiteto e urbanista dinamarquês de renome internacional Jan Gehl foi um dos primeiros a abraçar o sonho de Jacobs. Gehl incutiu em sua prática a sociologia e a psicologia, o lado humano da arquitetura, tantas vezes atropelado no afã pelo progresso. Ele defende mudanças graduais, como é o caso da evolução de quarenta anos de Copenhague, de uma cacofonia saturada de carros para a garota-propaganda do ciclismo e do pedestrianismo. Em 1962, quando a rua varejista central Strøget tornou-se um calçadão, os céticos disseram que a cidade ficava muito ao norte para que o experimento funcionasse. O trânsito de pedestres subiu 35 por cento somente no primeiro ano, e a Strøget se transformou na mais extensa área comercial pedestre da Europa, atraindo 250 mil pessoas todos os dias no verão e quase metade desse número no inverno.

– Uma boa cidade é semelhante a uma boa festa – diz Gehl. – A gente sabe que está funcionando quando as pessoas se demoram muito mais do que o necessário porque estão se divertindo.

O urbanista estadunidense Jeff Speck também seguiu os passos de Jacobs. Em *Walkable City: How Downtown Can Save America, One Step at a Time* [A cidade caminhável: como os centros podem salvar os EUA, um passo por vez], ele oferece, um após outro, exemplos instigantes de comunidades que tomaram medidas concretas para reimaginar seu futuro. O livro é um chamado à luta, argumenta que a caminhabilidade urbana não é um idealismo magnânimo, e sim uma solução simples e prática para uma gama de problemas complicados, entre eles, a competitividade econômica, a saúde social e a sustentabilidade do meio ambiente. É um contra-ataque dirigido às "ruas cevadas, calçadas macilentas, árvores apagadas, lanchonetes *drive thru* e estacionamentos de quarenta metros quadrados" que transformaram a locomoção pedestre em muitas cidades numa "mera possibilidade teórica".

Em Los Angeles, há alguns anos, reservei um quarto numa hospedaria na esquina diametralmente oposta ao parque temático CityWalk dos estúdios da Universal, onde eu passaria uma semana preparando uma matéria. Embora houvesse apenas um grande cruzamento entre meu quarto cheio de mofo e o lugar aonde eu devia ir todos os dias, eu levava uns vinte minutos para chegar à CityWalk, uma expedição que me fazia passar sob uma via expressa, atravessar um bulevar amplo e de alta velocidade, subir uma rampa de acesso movimentada e cruzar uma série de estacionamentos. Tudo isso para chegar a uma réplica de paisagem urbana com três quarteirões de extensão, flanqueada por restaurantes de grandes redes. (Para ser justo, Los Angeles vem melhorando. Inspirados em Bogotá, eventos periódicos fecham as ruas aos carros e atraem milhares de ciclistas, patinadores e pessoas a pé. Mas, quando o escritor David Hochman convidou um casal de amigos para acompanhá-lo, eles chegaram atrasados porque deixaram um carro na linha de chegada e seguiram dentro de outro para a linha de partida. "Gente, isto é Los Angeles", ele teve vontade de lhes dizer. "Só precisamos de um carro para uma excursão que não exclua os pedestres.")

A caminhabilidade oferece várias recompensas sociais, escreve Speck, e a principal delas é a vitalidade urbana. Mecas como Nova York e São Francisco sabem disso e estão no caminho certo, mas, em outros lugares, os engenheiros e planificadores urbanos há tempos se deixam distrair pelo que ele chama de os deuses gêmeos do Trânsito Fácil e Estacionamento Pleno, convertendo os centros das cidades em "lugares fáceis de se chegar onde nada há para se fazer quando se chega lá".

Na década de 1980, os planos de embelezamento urbano na América do Norte concentravam-se nos cinco BB: *bricks, banners, bandstands, bollards* e *berms* [tijolinho à vista, estandartes, coretos, mourões e ilhas de grama]. Esses elementos "hoje adornam vários centros abandonados". Nas décadas de 1960 e 1970, mais de 150 ruas principais por todos os Estados Unidos foram transformadas em calçadões, e dezenas foram um fracasso imediato. De acordo com a Teoria Geral da Caminhabilidade de Speck, cultivar a "espécie frágil" que conhecemos como pedestre exige vias caminháveis que atendam a quatro grandes critérios. Precisam ter serventia, têm de nos levar a lugares onde precisamos estar com regularidade. Devem ser obrigatoriamente seguras, o que significa não só protegidas dos carros, mas também de outros perigos. É recomendável que sejam confortáveis – ou seja, nada de paisagens urbanas varridas pelo vento e dominadas por estacionamentos e torres comerciais monolíticas. E é recomendável que sejam interessantes, calçadas "ladeadas por edifícios ímpares com fachadas nada hostis [onde] sobram sinais de humanidade".

Ainda bem que temos uma migração demográfica em andamento. Os *baby boomers* que veem o ninho vazio flagram-se desejando as atividades culturais e a mobilidade desimpedida que um centro urbano é capaz de oferecer. A manutenção e o aquecimento de suas grandes casas suburbanas saem caro, afirma o economista do Instituto Brookings Christopher Leinberger, e seus bairros parecem isolados, principalmente porque a idade dificulta a condução de veículos. Existem aproximadamente 80 milhões de *boomers* nos Estados Unidos, um quarto da população. As decisões que eles tomarem quanto a onde morar e que estilo de vida levar terão repercussões. Enquanto isso, os membros da geração Y nascidos nos anos 1980 e 1990 formam um grupo ainda maior, e eles estão perdendo o interesse pelo carro. Desde a década de 1990, a porcentagem de quilômetros percorridos de carro por pessoas de vinte e poucos anos nos Estados Unidos caiu de 33,47 para 22,1, e, desde a década de 1970, a quantidade de pessoas com dezenove anos que escolheram não obter uma carteira de habilitação saltou de 8 para 23 por cento.

Walkable City está repleto de delícias como essa. Aproximadamente dois terços dos membros da geração Y com formação superior escolhem onde querem morar antes de procurar um emprego, destaca Speck, e 77 por cento planejam viver nos centros urbanos dos Estados Unidos. Essa demanda representa uma oportunidade para os ramos imobiliário e construtor lançarem os alicerces da economia norte-americana durante décadas, da mesma maneira que a construção de loteamentos longínquos (e as vias que nos levaram lá) fez nos anos 1950 e 1960. Speck compara essa migração aos nossos hábitos televisivos. Na década de 1970, comédias como *The Brady Brunch* destacavam o ideal suburbano – casas independentes em lotes arborizados –, ao passo que séries como *Havaí 5-0* relacionavam o centro da cidade à criminalidade. Basta pularmos algumas décadas para ver que as ondas eletromagnéticas passaram a ser dominadas por *Friends* e *Seinfeld*. E, de uma hora para outra, a cidade grande não só era segura, mas também bacana.

Mercer, uma empresa de consultoria global, faz um levantamento anual de qualidade de vida, classificando cidades de todo o mundo em dez categorias, que incluem seus ambientes socioeconômico, cultural e natural. Em 2012, como de hábito, Viena e Zurique ficaram no topo da lista, seguidas por Auckland, Munique e Vancouver. Europa, Austrália, Nova Zelândia e Canadá conquistaram as vinte posições seguintes (Ottawa foi a 14ª), e a primeira cidade estadunidense foi Honolulu. Somente oito cidades dos Estados Unidos, entre elas São Francisco, Nova York, Washington e Boston, estão entre as cinquenta melhores. Speck compara essa classificação à caminhabilidade das cidades estadunidenses e não se surpreende com o fato de áreas metropolitanas imensas, como Los Angeles e Houston, não entrarem na lista. As melhores cidades na classificação da Mercer, ano após ano, são lugares "onde caminhar é melhor do que dirigir".

O grosso de *Walkable City* é uma introdução em dez passos sobre como tornar as comunidades menos hostis aos pedestres. Deveria ser leitura obrigatória para todos os urbanistas. E para todos os políticos também. E, bem, para qualquer pessoa que passa algum tempo na cidade grande.

Para começar, Speck recomenda, coloque os carros em seu devido lugar. Ele acredita que tratar os pedestres como cidadãos de segunda classe não é algo inevitável. Enquanto outras áreas metropolitanas estavam se espalhando, Washington, D.C. recebeu apenas quinze de um total sugerido de 725 quilômetros de rodovias interestaduais, graças a uma resistência ruidosa e determinada. ("Estradas de brancos atravessando casas de negros" era um dos slogans do protesto.) Em vez disso, dinheiro e espaço foram designados ao extenso sistema de metrô, uma decisão que reverbera no centro urbano próspero e animado.

Speck não prega que nossas cidades eliminem os carros. Não vivemos todos em Copenhague. Ele escreve: "A chave é acolher os carros de braços abertos na quantidade certa e na velocidade adequada". O que nos leva à segunda de suas sugestões: misturar os usos. Embora as leis de zoneamento tenham sido responsáveis por separar as fábricas que expeliam fumaça dos lugares onde moramos e nos divertimos, essas leis separaram nossas casas de quase tudo mais que fazemos numa cidade. Vamos facilitar o "trabalho, as compras, o comer, beber, aprender, a recreação, a devoção, a cura, as visitas, a celebração, o sono" colocando os lugares onde fazemos essas coisas a uma distância caminhável uns dos outros, ele diz; vamos introduzir leis de zoneamento e planos de expansão imobiliária que estimulem um espectro variado de usos dos terrenos no centro da cidade. Algo que afetará não só os meios de transporte e a felicidade, como também a segurança, afirma Gehl. A diversidade de usos pode levar a atividades de 24 horas nas ruas, mesmo que sejam apenas as luzes das janelas das casas iluminando uma rua vazia, "um sinal reconfortante de que há pessoas por perto".

O uso misto também tem a ver com o conceito holandês de *woonerf*, uma rua compartilhada na qual pedestres e ciclistas têm prioridade legal. Geralmente não há barreiras que separem essas modalidades de locomoção dos carros, nada de meio-fio nem cercas, mas o limite de velocidade dos carros fica restrito ao da caminhada e as estatísticas de acidentes sempre são muito menores do que as de ruas normais. Quando ocorrem colisões, as lesões são muito menos graves graças à velocidade reduzida.

O terceiro passo de Speck, estacione direito, ressalta que existem aproximadamente 750 milhões de vagas de estacionamento nos Estados Unidos, abrangendo mais metros quadrados urbanos do que qualquer outro uso dado aos terrenos. A construção desses retângulos de asfalto custa, cada um deles, entre 4 mil e 40 mil dólares, dependendo do valor da terra na qual se encontram e de estarem ou não na superfície ou num estacionamento subterrâneo. Essa superoferta, para todos os efeitos, propicia um subsídio enorme aos motoristas, "que, por sua vez, diminui gradativamente a qualidade do pedestrianismo, do ciclismo e do transporte coletivo". Considerando-se que há 250 milhões de carros nas vias estadunidenses, mais de meio bilhão de vagas encontram-se vazias uma boa parte do tempo. Por que tantas? Por causa de regras que estipulam o número de vagas de estacionamento em cada empreendimento imobiliário novo, desde postos de gasolina a galerias comerciais, passando por piscinas – uma vaga para cada 9,5 mil litros de água –, e por causa da briga burocrática necessária para ignorar essas regras, mesmo no caso de projetos construídos em terminais de integração do transporte coletivo ou em bairros voltados para os pedestres.

Donald Shoup, professor doutor de planificação urbana na Universidade da Califórnia, campus de Los Angeles, e autor de *The High Cost of Free Parking* [O alto custo do estacionamento grátis], recomenda que as cidades estadunidenses adotem uma abordagem mais europeia: em vez de exigir vagas de estacionamento e densidade limitada, deveriam limitar as vagas e exigir densidade. Ele também sugere elevar as taxas cobradas pelos parquímetros de sarjeta, que geralmente correspondem a um quarto do valor cobrado por estacionamentos próximos e fora das ruas principais, o que leva a situações nas quais, de acordo com um estudo feito em Manhattan, um terço de todo o trânsito congestionado seja causado por carros que circulam em busca de um lugar para estacionar. Um amigo que se mudou de Manhattan para Ottawa conta que não era incomum ele passar uma hora rodando em volta de seu prédio à procura de uma vaga. No fim das contas, ele desistia, ligava para a esposa, que o encontrava na frente do edifício, assumia o volante e continuava a busca.

Shoup alega que, ao contrário do que normalmente se pensa, a cobrança de taxas para quem estaciona na rua não afasta as pessoas do centro: isso estimula o rodízio, algo que os comerciantes adoram. Mais fregueses, mais vendas. Apesar de muitas vezes ser algo perigoso para os ciclistas, o estacionamento no meio-fio torna as calçadas mais seguras para os pedestres, criando uma zona-tampão entre o trânsito a pé e os carros que passam em velocidade. E o dinheiro que os municípios ganham com os parquímetros pode ser investido na melhoria das calçadas e da iluminação pública, no acréscimo de árvores e mobiliário de rua, criando bairros comerciais e de entretenimento muito mais agradáveis.

Item número quatro na lista de Speck: projetar redes nodulares de transporte coletivo integrado e eficiente. As pessoas gostam de andar até o ponto de ônibus ou a estação de trem e dali seguir para seu destino. Em quinto lugar: proteger os pedestres com quarteirões pequenos e ruas com menor número de pistas, além de mais estreitas. Os quarteirões pequenos dão aos pedestres mais opções e encurtam a maioria dos percursos a pé, além de constituírem a variável mais capaz de prever lesões e mortes em acidentes automobilísticos, concluíram engenheiros da Universidade de Connecticut depois de estudarem mais de 130 mil colisões. Quanto menores forem os quarteirões, quanto menores forem as ruas que os cercam, mais devagar os carros vão se mover, sendo que "a duplicação do tamanho da quadra triplica o número de fatalidades". (Por falar nisso, as ruas que foram estreitadas tendem a não perder sua capacidade veicular, da mesma maneira que alargá-las raramente reduz o congestionamento, graças ao fenômeno da "demanda induzida": quando a oferta de uma coisa aumenta – no caso, as ruas –, as pessoas a utilizam ainda mais.)

Vou compartilhar com vocês mais uma das recomendações de Speck: dar forma aos espaços. Os seres humanos evoluíram de maneira a precisar de "possibilidades e refúgios", escreve ele, lugares como a orla da floresta, que oferecia tanto um esconderijo quanto uma rota de fuga desimpedida. É por isso que, comumente, não gostamos de estacionamentos imensos na superfície nem de enclaves residenciais do tipo cidades-jardins verticais.

Num dos primeiros projetos de pesquisa dessa espécie, a consultora de planificação Jane Farrow e o professor doutor de geografia da Universidade de Toronto Paul Hess analisaram a caminhabilidade dos bairros formados por condomínios altos em Toronto. Descobriram que a maioria dos moradores não tem carros e se locomove a pé ou usa o transporte coletivo. Que muitos desses bairros foram construídos após a Segunda Guerra Mundial, presumindo-se que os habitantes dos apartamentos teriam carros, criando ambientes que canalizavam os pedestres para as vias principais, amplas e de alta velocidade. Que os grupos vulneráveis, como crianças, mulheres e idosos, têm medo de caminhar, principalmente à noite. Que preocupações persistentes – empoçamento da água, bancos quebrados, iluminação ruim, ausência de guias rebaixadas, calçadas cobertas de gelo, lixeiras superlotadas – ajudam a produzir a sensação de privação de direitos e resignação, que, por sua vez, diminui a probabilidade de que reparos e manutenção ocorram. E que, apesar desses defeitos, as pessoas gostam de andar por seus bairros, porque isso promove os laços com a comunidade. "Os ambientes pedestres não são simplesmente itinerários entre A e B", escrevem Hess e Farrow. "São o tecido conjuntivo no qual podem ocorrer interações sociais decisivas que unem as pessoas."

Quando sua odisseia nova-iorquina chegar ao fim, Matt Green terá percorrido aproximadamente 14 mil quilômetros.
– Você por acaso fica entediado ao caminhar? – pergunto.
Ele admite que algumas partes da cidade, como o Harlem, são mais animadas do que os subúrbios sossegados, como Long Island.
– Mas esta caminhada me fez pensar no que é o tédio. Ninguém me fazia essa pergunta quando eu era engenheiro e ficava sentado num cubículo, sob luzes fluorescentes, fazendo basicamente a mesma coisa o dia todo e todos os dias. Aqui fora, é sempre novidade.
Abaixo da 125th Street, a principal faixa leste-oeste do Harlem, no Adam Clayton Powell Jr. Boulevard, que tem esse nome em homenagem ao primeiro nova-iorquino de origem africana a ser eleito para compor o Congresso, Green bate uma foto de uns rabiscos que servem

de símbolo para a travessia de pedestres e que contêm um código QR digitalizável. O código nos leva ao site de um projeto artístico intitulado Haiku de Sarjeta, apadrinhado pelo Departamento de Transportes da cidade. Neste caso específico, trata-se de um poema de John Morse:

> Imagine um mundo
> Onde cada um de teus passos importa
> Bem-vindo a este mundo

Fazemos uma pausa na movimentada esplanada logo abaixo do Adam Clayton Powell Jr. State Office Building. Trata-se do mais alto edifício do Harlem e, a seus pés, fica o tipo de espaço público que Speck adoraria. A praça ensolarada está lotada. Acontece uma feira de saúde, e massagens, consultas médicas e odontológicas são oferecidas gratuitamente sob tendas brancas.

A tarde se esvai, e Green aponta um afloramento de rocha perto do Morningside Park, dando-me uma aula sobre a geologia de Manhattan. Devoramos as suculentas amoras pretas de uma árvore frondosa bem na frente de uma loja de departamentos, só que do outro lado da rua, e ele cria uma rima com os nomes de ervas e frutas silvestres que ele costuma comer em suas andanças. Figos, caquis, catassóis. Há um impressionante canteiro de framboesas no Queens, e um pé de cataúbas numa passarela sobre a Bronx Expressway.

– No verão, eu poderia sobreviver só com as coisas que encontro crescendo às margens das vias – ele conta.

Aí chegamos à East 117th Street e ele avista o Krispy Kutz. Em seguida, estamos no alto do estacionamento coberto do East River Plaza, embalados pelo rio e pela FDR Drive. Aí já é hora de irmos andando.

Descemos oito lances de escada – "eu acho que usar o elevador ou a escada rolante é trapacear", afirma Green – e vemos um homem musculoso e barbado, com um rabo de cavalo, usar uma navalha para raspar a tinta branca do para-brisa de um Ford Mustang 1965. O carro – todo pintado de branco, a não ser pelos pneus – encontra-se estacionado atrás do baú aberto de um caminhão junto ao meio-fio da rua logo ao lado do shopping center. Em vez das faixas de carro de corrida, o veículo tem tranças afro paralelas, de quinze centímetros de largura, desde a grade do radiador até o para-choque trasciro.

O sujeito do rabo de cavalo repara que estamos olhando. Ele dá de ombros, sorri encabulado e comenta, quase pergunta, que se trata de arte – que ele pronuncia *aught*, para rimar com *naught*.

De fato, a obra se intitula *American hero #4* [Herói americano nº 4], explica o artista Hugh Hayden, que surge de dentro do estacionamento, pega a navalha e alarga a portinhola de sua instalação de acrílico e cabelos sintéticos, que o caminhoneiro Mike Tobey acabou de trazer de uma exposição em Pittsburgh.

– As tranças afro representam a identidade dos estadunidenses de origem africana – declara Hayden, um negro jovem e de óculos de aros espessos –, e o carro é um clássico da cultura dos EUA.

Começamos a conversar, os quatro. Green explica seu projeto, e os dois homens o compreendem logo de cara.

– Eu estava para fazer a mesma coisa com meu pai – conta Tobey –, só que de carro.

Hayden afasta o carro devagar, com todo o cuidado, como se o para-brisa estivesse coberto de gelo. Tobey liga o motor do caminhão. Green e eu seguimos em frente.

– Foi uma daquelas cenas nova-iorquinas por excelência – ele diz. – Foi incrível. Passo a maior parte do tempo em lugares que as pessoas não imaginam ser Nova York, o que é engraçado, pois esses lugares compõem a maior parte de Nova York.

Assaltos à mão armada. Estupros. Tráfico de crack. Viciados em PCP dotados de força sobre-humana. É difícil surpreender os policiais da zona norte da Filadélfia. Mas, neste exato momento, os policiais Brian Nolan e Mike Farrell estão perplexos.

Estão olhando fixamente através de um alambrado na esquina da Montgomery Avenue com a 27th Street, a uns dez quarteirões do cruzamento onde Moses Walker Jr. foi morto. Um cavalinho castanho masca placidamente os espinheiros de um terreno baldio.

— Acho que não é contra a lei manter um cavalo na cidade — comenta Farrell, olhando quadra acima e quadra abaixo, em busca de pistas. — Tem algo a ver com a metragem do imóvel.
— A gente vê de tudo nestas ruas — resmunga Nolan.
— Já tinha visto um cavalo antes? — pergunto.
— Não.

Duas velhinhas de vestidos domingueiros de estampa floral e chapéus de abas largas combinando se detêm para olhar pela cerca.
— Que é aquilo?
— Um cavalo — Nolan responde da maneira mais direta possível.
— É manso?
— Não sei, senhora. Acabei de conhecer o bicho.
— Feliz Dia dos Pais para vocês — dizem as mulheres antes de se afastarem andando.

Farrell bate à porta da casa ao lado do terreno. Ninguém responde. Nolan passa um punhado de capim pelo alambrado. O cavalo avança um passo na direção dele, mas aí abaixa a cabeça para beber a água verdolenga de um balde.

Um homem de camisa cor de laranja, com uma enorme corrente de ouro pendurada no pescoço, se aproxima e se apresenta como mr. Pick.
— Que é que tá pegando? — ele pergunta.

Nolan explica que estão preocupados e querem saber se o cavalo tem comida e água suficientes. E por que o animal está ali. Pode ser que tenham de chamar a Sociedade Protetora dos Animais.
— Não, tá tudo bem — diz mr. Pick. — O cavalo é de um cara que mora ali descendo a rua. Essa aí é a casa da mãe dele. O cavalo veio pra cá só hoje de manhã.

E ele acrescenta:
— Ninguém largou o cavalo aí, não. Tá acostumado a levar as crianças para dar uma volta e tal.

Mr. Pick garante aos policiais que o animal será bem tratado e se despede acenando com o jornal dobrado.
— Feliz Dia dos Pais — ele diz ao atravessar a rua.

Por causa de todas as festas de quarteirão, de toda a bebida, do calor e do fato de ser sábado, e também porque se trata do Distrito 22,

Nolan e Farrell vivem me prometendo que ainda verei alguma "ação". Multidão mais álcool é igual a briga; e aí as armas de fogo aparecem. Houve cinco trocas de tiros nas últimas duas semanas. Nada de anormal. Mas, enquanto ziguezagueamos pelo bairro, tudo continua para lá de tranquilo. Nolan e Farrell matam o tempo trocando votos de Feliz Dia dos Pais com homens que lavam carros e jogam baralho. Já são quatro da tarde, faltam duas horas para o fim do turno; eu não me surpreenderia se visse passarem bolas de mato seco lá no fim da rua.

Aí os rádios ganham vida.

Alguém foi baleado na coxa perto de um bar chamado Sara's Place, a vinte quadras dali. Nolan e Farrell apertam o passo, mas, depois de alguns minutos, pulamos para o banco de trás de uma viatura que segue em velocidade para o local.

– Até o momento, só sabemos que um sujeito foi baleado – proclama um rude investigador em trajes civis assim que chegamos, apontando com a cabeça um cartucho de bala na rua. – E, obviamente, ninguém viu coisa alguma.

Nolan e Farrell recebem ordens para ajudar a isolar o cruzamento com a fita zebrada da polícia. O investigador pergunta quem sou eu, aí me diz para ficar fora do caminho. Uma jovem policial que desenrola a fita do carretel pergunta quem sou eu, aí me diz para ficar fora do caminho.

Eu bato em retirada para um muro sob o toldo de uma loja de esquina do outro lado da rua em relação ao Sara's Place. Um homem de mãos dadas com uma garotinha de vestido rosa me pergunta o que aconteceu.

– Alguém levou um tiro na coxa.

– Ah, foi só isso – ele comenta, passando por baixo da fita e seguindo em frente pela calçada.

Um adolescente com um boné de aba virada para trás se aproxima e pergunta à policial feminina o que aconteceu, aí passa a admirá-la de cima a baixo.

– Tá linda, dona.

– Eu faço o possível.

– Gata, você não precisa fazer nada além do que já está fazendo.

– Aham.
– Qual é seu nome, gata?
– Policial Bell.
– Não, seu primeiro nome.
– Policial.

Enquanto uns vinte policiais passam o pente-fino na região em busca de pistas, eu começo a conversar com Carlton Addison, um veterano de guerra que me conta que ele caminha por aquele trecho da 29th Street todos os dias para fazer exercício e "manter as pernas velhas em movimento".

– Estive no Vietnã – diz ele. – Aqui é mais perigoso.

Addison se mudou para a Filadélfia um ano antes, vindo de Nova York, para ficar perto da mãe. Já viu umas seis pessoas serem atacadas na rua, e inúmeros assaltos, principalmente por volta do comecinho do mês, quando caem os pagamentos da previdência social. Addison já foi assaltado duas vezes desde que veio para a Filadélfia. Agora ele porta uma arma de fogo, algo que, aliado ao fato de ver mais policiais na rua, o faz se sentir seguro. Mas, ele afirma, principalmente por causa da arma:

– Não serei vítima uma terceira vez.

Dia dos Pais. Estou voltando ao Distrito 22 para mais um turno acompanhando os policiais. Meu hotel, localizado em meio aos restaurantes e butiques estilosos do histórico bairro de Rittenhouse Square, fica na mesma rua que a delegacia de polícia, a uns três quilômetros de distância. As copas das árvores, os cafés e os rostos brancos começam a rarear conforme avanço para o norte. Acima da Vine Street Expressway e passada a Fairmount Avenue, as cercas têm arame farpado no alto e o som dos rádios sai pelas janelas abertas.

– Entreguem as armas de fogo que não queiram mais e ganhem um cupom de cem dólares da ShopRite – anuncia o DJ da Old School FM, 100,3 MHZ. – Ajudem a acabar com essa violência.

Uma viatura da polícia está parada e de motor ligado nas sombras do fim de um beco.

A calçada está rachada, mas os pardais gorjeiam nos galhos das árvores jovens e os desconhecidos me cumprimentam. Um pastor varre os degraus de sua igreja, um carteiro está em serviço, apesar de ser um dia de descanso. Jay, fumando um toco de baseado nos degraus da frente de sua casa centenária de tijolinho à vista, puxa conversa. Ele tem 56 anos e morou ali a vida toda. O bairro é turbulento, ele diz, mas está começando a mudar. As incorporadoras estão reformando e construindo novas casas para alugar aos estudantes da Temple. A presença da polícia ajuda, afirma Jay.

– As pessoas não dão aos policiais o crédito que eles merecem. É um serviço de resgate. Estão fazendo o possível. E as coisas ficam mais pessoais quando a gente caminha.

Aí Jay me fala de seu próprio serviço de resgate: ele quer abrir uma empresa de remoção de lixo. Um contrato com a universidade seria um bom começo.

– O reitor da Temple, ele vai ter que fechar comigo. Quem mais vai limpar esta merda? O sr. Vassourinha, claro!

Na sede da polícia, volto a vestir um colete à prova de balas e conheço meus novos parceiros: James Walls, 27 anos, e Jeffrey Lavar, 24. Os dois se formaram pela academia de polícia em março e estão no emprego há três meses. Lavar, alto e magro, sempre quis ser policial. Walls, de estatura mediana e atarracado, passou quatro anos na Marinha dos Estados Unidos antes de ir para a academia. Lavar e Walls são negros, mas não acham que isso faça alguma diferença na zona norte da Filadélfia.

– As pessoas só enxergam o uniforme azul – Walls declara.

Apesar de percorrermos a pé ruas diferentes, hoje é uma cópia fiel de meu turno com Nolan e Farrell. Troca de gracejos com as velhinhas, partidas de basquete com a garotada, olhares mal-encarados de homens mal-encarados. Uma pilha de caixas acústicas no parque emite hip-hop num volume de estourar os tímpanos. Homens bebem o líquido de garrafas embrulhadas em sacos de papel. Lavar e Walls sequer erguem os olhos ao passar. Às duas da tarde, voltamos à sede para o churrasco de Dia dos Pais.

O sargento Bisarat Worede me serve um hambúrguer e um pouco de salada de batatas, aí volta sua atenção mais uma vez para os dez ou doze policiais de recreio. Estão trocando provocações e bazófias, reclamando da papelada. Certos formulários ainda são datilografados no Distrito 22. Alguns policiais jovens nunca tinham usado nem visto uma máquina de escrever antes.

– É a economia – diz Worede. – Poderíamos arranjar mais computadores, mas aí teríamos menos policiais na rua. A economia é o grande problema que temos aqui. – Pobreza, desemprego, falta de oportunidades: há um limite para o que a polícia é capaz de fazer. – Para que aplicar um curativo num corte que precisa mesmo é de uns pontos? – ele pergunta.

Em Chicago, a campeã de homicídios entre as cidades estadunidenses em 2012, com mais de 500 assassinatos, rondas pedestres adicionais em zonas de alta criminalidade foram uma parte essencial da resposta do superintendente de polícia Garry McCarthy à matança. A epidemia de homicídios ganhou as manchetes de todo o país: uma aluna exemplar de quinze anos chamada Hadiya Pendleton foi baleada perto da casa de Barack Obama, o que chamou a atenção do presidente para a cidade, onde ele tratou da violência desenfreada das gangues num discurso inflamado. A Operação Impacto de McCarthy, que é semelhante a uma estratégia que ele ajudou a implementar enquanto esteve na força policial de Nova York, tem sido eficaz. Houve 415 homicídios em Chicago em 2013. Outras medidas, como o programa de empregos temporários de verão, que atendeu 20 mil jovens, também desempenharam um papel importante. "Nenhum desses jovens foi afetado pela violência das armas de fogo neste verão", disse o prefeito Rahm Emanuel, "e não acredito, nem por um minuto, que estariam a salvo se não fossem esses empregos." Depois do almoço, os rádios de Walls e Lavar ficam praticamente mudos. Os churrascos ao ar livre prosseguem, mas a única comoção se dá quando os policiais são assediados por um bando de homens que tentam coagi-los a ir ao parque para tomar cerveja e comer umas costelinhas de porco.

– Tá um sossego – boceja Lavar. – Todo mundo está só relaxando.

– Ou na igreja – diz Walls.

Noite passada, não foi assim.

Depois do tal sujeito baleado, quando Nolan e Farrell já estavam de folga, fui dar umas voltas numa viatura até as duas da manhã com outra dupla de policiais, os veteranos Chris Toman e Ray D'Amico. Queria ver a diferença entre caminhar e dirigir. O contraste foi um chacoalhão para mim, da mesma maneira que eu quicava de um lado para o outro no banco traseiro de plástico rígido da viatura, enquanto corríamos para atender brigas domésticas, denúncias de porte ilegal de armas e discussões nas festas ao ar livre.

Toman metia o pé no acelerador quando a coisa parecia ser urgente, várias vezes com um helicóptero da polícia no apoio aéreo. Em algumas ruas, dezenas de pessoas formavam rodinhas no escuro, bebendo e conversando em voz alta. Estariam aprontando alguma coisa? Ou eram amigos e vizinhos extravasando um pouco a tensão? Carros cantando os pneus antes de parar, o pisca-pisca azul e vermelho, não fazia diferença. Os policiais eram intrusos, estavam ali para impor a lei alheia.

À meia-noite, Toman e D'Amico responderam à denúncia de que um carro estava em chamas. Umas cem pessoas assistiam a tudo, apontavam, berravam. O clima era de festa, mas ligeiramente tenso. Afastando os espectadores, Toman me disse que as pessoas costumam tacar fogo em veículos abandonados porque é uma maneira barata de se divertir.

As labaredas tinham três metros de altura quando o carro dos bombeiros chegou. A multidão aplaudiu.

– Todo mundo adora os bombeiros – disse Toman –, mas odeia a gente. Os bombeiros vêm ajudar, nós mandamos as pessoas para a cadeia.

– Esse era o emprego que eu realmente queria – disse D'Amico –, mas, na época, não havia vagas.

4
Economia

"Em troca de lucro e velocidade, estamos perdendo a capacidade de fazer alguém se sentir especial [...]. A tecnologia melhorou muito nossas vidas em alguns aspectos, mas tirou a humanidade do ser humano."

Melanie Mackenzie, *The Coast*

"Nenhuma das extravagantes estratégias de desenvolvimento econômico, como o desenvolvimento de um parque biomédico, um parque aeroespacial ou seja lá qual for o 'tema da vez' do desenvolvimento econômico, chega aos pés da força de um grande espaço urbano caminhável."

Christopher Leinberger, *The Option of Urbanism: Investing in a New American Dream*

Christine Murray estaciona no meio-fio de uma rua arborizada e sem saída. Ela desce de seu Ford Transit Connect, um furgão branco e compacto, com aquele focinho de porco-da-terra e um estiloso jato de tinta vermelha que cobre toda a extensão do veículo. Murray abre as portas traseiras e joga duas pencas de cartas, folhetos e revistas para dentro de um alforje, pendura a bolsa nas costas e prende o arnês acolchoado nos ombros e na cintura. Calçando coturnos de caminhada cinzentos, ela segue depressa pela Parkview Road, percorrendo os caminhos de entrada e os degraus das varandas de bangalôs jeitosos e sobrados quadradões, sem olhar para baixo. Seus pés conhecem o itinerário.

Murray, 48 anos, é "agente entregadora" dos Correios do Canadá em Ottawa há doze anos. Pelo menos a designação oficial da empresa soa melhor do que *mailwoman*, "mulher da correspondência", e "carteira", já não descreve bem a função. Murray tem 1,60 metro de altura e pesa 45 quilos. O peso máximo permitido para o alforje é dezesseis quilos, e ela precisa ser capaz de carregar pacotes de até 23 quilos. A carga não é tão grande, embora ela tenha consultas mensais com um massagista e um quiroprático. Ela também visita um especialista em Técnicas de Liberação Ativa, que aplica pressão com as mãos para desfazer os feixes fibrosos que se formam nos tecidos moles dos músculos de suas pernas, que chegam a percorrer quinze quilômetros a cada expediente.

Mas a dor maior, Murray me informa ao cortar caminho pelas lacunas entre as cercas vivas, é que cada tarefa que ela tem de realizar recebe uma "quantidade de tempo". Desde o começo de seu dia de trabalho no Posto C do centro de distribuição, onde ela organiza seu lote de correspondência e requerimentos em grandes caixas plásticas cinzentas, passando por transportar as caixas até o furgão e se locomover até seu itinerário, até de fato fazer as entregas, e aí dirigir até a próxima parada para cobrir mais alguns quarteirões, todos os seus movimentos foram quantificados. Cada carregamento e passo deve levar uma quantidade predeterminada de segundos. Não foram levadas em conta a conversa rápida com um idoso recluso nem uma brincadeirinha com um cachorro amistoso. Havia um casal de border collies que sempre esperava que Murray atirasse longe os brinquedos de borracha para que eles fossem buscá-los.

– Acho que era uma coisa de que todos os três precisavam – ela conta –, mas não tenho mais tempo para isso.

Quando ando com minhas filhas para a escola, o carteiro que atende nosso bairro sempre para e conversa conosco. As meninas correm na frente para cumprimentar Gilles. "Tenho uma encomenda da vovó", ele costuma dizer com uma piscadela. Ou: "Sua revista de gatinhos chegou". Certa vez, ele chamou uma ambulância e cuidou de um vizinho que havia caído e se cortado feio, e ele costuma ajudar as pessoas a mudar os sofás de lugar ou a colocar canoas no teto do carro. Por mais inocentes que sejam essas interações, Gilles está descumprindo as normas.

A presença constante do carteiro em nossa rua é tranquilizadora – um "símbolo benigno da grande rede de governança", proclama o

New York Times, e "da comunidade nacional em geral". Como escreveu o carteiro que assinou como Bill Walker um ensaio para a *Walrus*, "[c]omo o bombeiro e o guarda de trânsito que as ajuda a atravessar a rua, o carteiro é um dos personagens uniformizados que auxiliam as crianças a firmar os pés num mundo que elas não compreendem inteiramente". Um mundo que está mudando com grande rapidez.

Em 2008, os Correios do Canadá apresentaram sua ambiciosa estratégia de Transformação Postal, um empreendimento de 2 bilhões de dólares canadenses que incluía o reajuste das quantidades de tempo e a aquisição de centenas dos tais expeditos furgões brancos. A empresa estatal era pressionada a enxugar e modernizar suas operações. A alteração era necessária havia tempos, mas as coisas não deram lá muito certo. As novas quantidades de tempo, afirma Murray, foram calculadas por gestores que nunca entregaram a correspondência. Houve um aumento no número de luxações e outras lesões sofridas por carteiros, protestou o sindicato. E o principal objetivo da estratégia – estabilidade financeira – ainda não foi alcançado.

– Nossa função está evoluindo e chegará ao ponto em que provavelmente desapareceremos – Murray disse durante o dia que passamos juntos. – As entregas de porta em porta vão sumir. É só esperar mais alguns anos.

Menos de um mês depois, os Correios do Canadá brandiram o machado. Anunciaram que a entrega urbana em domicílio seria gradualmente cancelada nos próximos cinco anos, eliminando 8 mil empregos. A maioria desses trabalhadores acabará saindo por desgaste (espera-se que milhares se aposentem), e apenas cerca de um terço dos 15,3 milhões de casas do Canadá recebem a correspondência na porta; o restante já retira as cartas e a correspondência indesejada de caixas comunitárias. Vista de fora, portanto, a decisão parece prudente. Diante de uma redução de 25 por cento no volume da correspondência entre 2008 e 2013 e da projeção de nova queda de 25 por cento nos próximos cinco anos, os Correios do Canadá teriam pela frente um déficit anual de 1 bilhão de dólares por volta de 2020, de acordo com a organização sem fins lucrativos canadense Conference Board. Era preciso fazer alguma coisa.

Mas espere. A empresa obteve lucro nos dezessete dos dezoito anos que se passaram até seu anúncio de 2013, incluindo um superávit recorde de 443 milhões de dólares canadenses em 2010. O negócio de entregas de encomendas vai muito bem, alimentado pelo comércio eletrônico. Enquanto isso, os Correios dos Estados Unidos, uma gigantesca entidade federal naquele bastião do capitalismo, faturaram 67,3 bilhões de dólares em 2012 e mantêm uma força de trabalho composta por mais de 500 mil pessoas, entre elas os 8 mil carteiros que entregam a correspondência totalmente a pé, a lendária Frota de Pés dos Correios dos Estados Unidos. E, no Reino Unido, os Correios da Rainha divulgaram um lucro de 363 milhões de libras esterlinas, sem a dedução de impostos, no ano fiscal de 2013-2014, se bem que haviam sido recém-privatizados, uma mudança prenunciada pela diretora executiva Moya Greene, que anteriormente ocupara o mesmo posto nos Correios canadenses. (Ao defender os cortes no Canadá, o atual diretor executivo Deepak Chopra disse à Câmara dos Comuns que caminhadas regulares até a caixa de correio comunitária faria bem aos idosos; não é uma ideia de todo ruim, para aqueles que ainda são capazes de fazer isso.)

Eu queria acompanhar um carteiro durante o trabalho porque eles caminham o dia todo. Eu me perguntava se as pessoas que fazem isso como ganha-pão seriam mais felizes e saudáveis do que o resto de nós. E, se fossem, que dicas poderiam nos dar? E será que ainda há vagas? A atmosfera de trabalho nos Correios do Canadá cortou pela raiz tanto as perguntas quanto minha vontade de vestir o uniforme. Eu poderia ter me saído bem, mas, antes mesmo que o anúncio do fim das entregas em domicílio chegasse às manchetes, Murray havia me aconselhado a procurar outra coisa.

O que vi foram tremores maiores. Um golpe da pirâmide global que começa a vacilar. Apesar de nossa avidez por comprar on-line, uma instituição que remonta à época da Confederação achou que era necessário eliminar seu principal serviço para sobreviver. A informação se desloca a uma velocidade alucinante, e os agentes entregadores dos Correios do Canadá não conseguiriam acompanhá-la, baixas de uma economia movida a combustível barato, lucro rápido e uma sede insaciável de crescimento. Os negócios que não se adaptarem vão deixar de existir. Mas será que a velocidade é a única resposta? Será que a desaceleração também compensaria?

A Amazon.com é a maior varejista on-line do mundo. Sua receita bruta em 2013 foi de 74 bilhões de dólares e agora está vendendo alimentos perecíveis em cidades estadunidenses escolhidas a dedo, além de seu habitual estoque de livros, eletrônicos, móveis infláveis, fraldas, fantasias de Halloween para cães, moldes de gelatina em forma de cérebro de zumbi, brinquedinhos eróticos e todo e qualquer produto concebível, além de muitos que seriam inimagináveis. (Alguém interessado num boneco articulado de Sigmund Freud?) A empresa quer usar drones para fazer as entregas. Há boatos de que robôs logo assumirão as tarefas nos centros de distribuição. Mas, por ora, graças à absurda diversidade de mercadorias que a Amazon entrega e à absoluta bagunça de suas prateleiras, toda vez que você passa pelo check-out ali no conforto de seu lar, um "apanhador" humano num armazém do tamanho de vários campos de futebol recebe o pedido e vai procurá-lo para você. Estamos terceirizando o caminhar ao fazer compras com um único clique.

Os apanhadores percorrem a pé aproximadamente de 10 a 25 quilômetros. Unidades portáteis de navegação por satélite informam a qual corredor e prateleira eles precisam se dirigir e contam os segundos que eles devem levar para chegar lá. Os aparelhos também ajudam os supervisores a controlar a produtividade dos apanhadores. "Você é uma espécie de robô, só que em forma humana", explicou um gerente da Amazon ao *Financial Times*. "Pode chamar de automação humana, se quiser."

Quando o site Gawker anunciou que estava à procura de funcionários da Amazon que pudessem contar como eram as coisas lá dentro, um apanhador anônimo de um armazém em Nevada disse que era o trabalho mais árduo que ele já havia adorado ter. "Perdi peso, há anos não me sentia em tão boa forma e conheci pessoas que nunca fariam parte da minha zona de conforto", ele escreveu. "Já se perguntou onde é que trabalham as pessoas com cabelo moicano, tatuagens pelo corpo todo e piercings?" Mas essa postura era atípica. A maioria dos apanhadores se queixou do complicado processo de contratação, do treinamento inadequado, dos intervalos reduzidos, das horas extras obrigatórias e das falsas promessas de abono e horários flexíveis. "A primeira coisa que pensei foi: isso aqui é uma prisão", escreveu um trabalhador do Tennessee. "Tive vontade de perguntar às pessoas sentadas ao meu lado ou perto de mim na fila qual crime tinham cometido."

Na cidadezinha operária britânica de Rugeley, ao norte de Birmingham, um depósito da Amazon do tamanho de nove campos de futebol fica em cima dos túneis e poços abandonados de uma mina de carvão que foi outrora o centro da economia local. A mineração de carvão pode ser um inferno, mas a remuneração era decente e garantia a aposentadoria, como era o caso da maioria dos tradicionais empregos na linha de montagem. O apanhador médio ganha um salário mínimo. Muitos são empregados como temporários por terceiros e maltratam o chão de concreto com seus pés durante meses até serem contratados pela Amazon propriamente dita. Suas funções são passageiras; em certo sentido, valem menos do que as máquinas que um dia talvez venham a substituí-los. Os apanhadores de Rugeley dão graças pelo emprego que têm, mas não ganham o suficiente para estabilizar a economia da cidade. Até mesmo as autoridades encarregadas do desenvolvimento que receberam a Amazon de braços abertos estão questionando se o armazém ajudará ou não a comunidade em longo prazo. Não se trata de uma visão muito cor-de-rosa da nova economia.

O dia de trabalho despersonalizado de Christine Murray dura aproximadamente oito horas. Termina quando ela entrega a última carta e devolve o furgão ao depósito. Os itinerários ficaram maiores quando o plano de transformação entrou em vigor, e, mesmo abrindo mão dos intervalos, ela raramente termina mais cedo. ("Os *cakewalks* [itinerários fáceis] são eliminados, mas não vimos uma redução equivalente nos itinerários particularmente longos ou volumosos, também conhecidos como *pigs* ou *widow-makers*", escreveu Bill Walker. "Eles nos disseram que a quantificação do itinerário não é uma ciência exata.") Murray ganha por volta de 25 dólares canadenses por hora, uma remuneração privilegiada. Quando o dia é bom – por exemplo, o dia fresquinho de outono em que a acompanhei –, ela curte o serviço. Às vezes, chega a gostar do que faz. Apesar de reclamar da gerência, dos músculos doloridos e do futuro incerto, ela sai, faz exercício. Tem a oportunidade de ver cada detalhe mínimo de seu território.

Cortamos caminho por um corredor de serviço coberto de grama e nos detemos para observar melancolicamente os cães brincalhões. Murray esvazia o alforje ao percorrer uma fileira de casas geminadas, volta ao veículo, segue para um prédio de apartamentos subsidiados para a terceira idade. Na sala sombria da correspondência, ela enfia folhetos da Canadian Tire e da Swiss Chalet em 252 caixas de correio. Mesmo em velocidade de metralhadora, o processo leva dez minutos. Ela não sabe ao certo qual seria a quantidade de tempo alocada, apenas que boa parte daquela papelada seguirá direto para o lixo reciclável no saguão.

Um homem olha pela minúscula porta quadrada de uma caixa de correio.

– O que está fazendo aí dentro? – ele vocifera, com impaciência teatral. – Vamos com isso. Pode ter um cheque de 50 mil aí para mim.

– Não – Murray responde sem se alterar. – São só folhetos.

Alguns idosos estão sentados num banco no saguão, ansiosos para se arrastar até aqui e dar uma olhada. Os cheques da aposentadoria e das pensões por invalidez estão para chegar.

Murray entra no elevador para levar uma encomenda ao 17º andar. Um homem de cabelos brancos e jaqueta de couro nos acompanha.

– Bom dia – ele rouqueja, apertando com dois dedos o curativo sobre o buraco aberto cirurgicamente em sua garganta.

– Tome – Murray lhe diz, sacando um punhado de elásticos azuis do bolso. – Tenho uma coisa para o senhor.

– Para que servem? – pergunto.

– Ora – ele responde com um sorriso. – Preciso de alguma coisa para amarrar todo o meu dinheiro.

Esse diálogo, por mais fugaz que fosse, me veio à mente quando ouvi dizer que as entregas em domicílio deixariam de existir. Murray estava cumprindo seu papel de figura comunitária uniformizada no elevador, distribuindo mais do que a correspondência. Pensamos ser possível automatizar nossa senda para a prosperidade e a felicidade, mas, ao eliminar a profissão dela, o contato humano é abandonado na estrada.

Murray não é nostálgica. Alguns de seus colegas no posto de triagem falam sobre os bons e velhos tempos, "mas é passado", ela diz. "Aconteceu lá atrás e passou. É lá que deve ficar. O mais importante é o presente."

Outros carteiros lamentam os valores que estão perdendo. "Meu trabalho é bem mais do que enfiar folhetos por uma abertura", escreveu Melanie Mackenzie, entregadora de cartas em Halifax, Nova Escócia, para a revista alternativa da cidade, a *Coast*, depois que os Correios divulgaram o plano de encerrar as entregas em domicílio. "Meu trabalho é entregar às pessoas um mundo melhor."

Essa ideia é expressa em grandes proporções pelos Correios dos Estados Unidos, cujo principal edifício em Manhattan tem como adorno uma inscrição com as famosas palavras de Heródoto: "Nem a neve, nem a chuva, nem o calor, nem a escuridão da noite impedem esses mensageiros de completar com toda a presteza as entregas que lhes foram confiadas". E numa proporção ainda maior em Hollywood. No filme *O carteiro* de Kevin Costner – que ganhou o prêmio Framboesa de Ouro de pior filme, pior ator e pior diretor de 1998 –, um vagabundo encontra o furgão de um carteiro morto numa versão pós-apocalíptica dos Estados Unidos (supostamente no ano de 2013). O personagem de Costner veste o uniforme do esqueleto, pega seu alforje e começa o perigoso e heroico processo de restabelecer a comunicação entre povoados isolados, uma carta de cada vez. "Costumava haver um carteiro em cada rua dos Estados Unidos", diz ele num discurso particularmente emocionante. "Receber uma carta queria dizer que fazíamos parte de algo maior do que nós mesmos. Acho que não entendíamos de fato o que isso queria dizer até os carteiros desaparecerem."

Para analisar o que o fato de não andarmos mais faz com a nossa economia, e a estabilidade que uma ênfase maior no caminhar poderia oferecer, vamos começar pelo fundamental: nossa saúde. Nos Estados Unidos, as pessoas passaram a caminhar 66 por cento menos entre

1960 e 2009, informa um relatório comparativo de 2012 da Alliance for Biking & Walking [Aliança pelo Ciclismo e Pedestrianismo], sediada em Washington, D.C., o qual foi produzido com o financiamento do Centro de Controle e Prevenção de Doenças dos Estados Unidos. Essa redução correspondeu a um salto de 156 por cento nos índices de obesidade. Em 2009, quarenta por cento de todos os percursos feitos pelos estadunidenses tinham menos de três quilômetros, mas 87 por cento dos percursos entre 1,5 e 3 quilômetros eram feitos de carro, bem como 62 por cento dos percursos inferiores a 1,5 quilômetro. Alguns deles poderiam muito bem ser percorridos a pé.

Incumbidos pela Sociedade de Atuários a calcular o custo de cidadãos obesos e acima do peso ideal nos Estados Unidos e Canadá, os pesquisadores atuariais Donald Behan e Sam Cox chegaram a um total anual estimado de 300 bilhões de dólares: 127 bilhões para assistência médica, 49 bilhões de perda de produtividade provocada por mortalidade excessiva, 43 bilhões de perda de produtividade provocada por incapacitação de trabalhadores ativos, 72 bilhões de perda de produtividade provocada por trabalhadores totalmente incapacitados. Eles destacaram que os pacientes com diabetes consomem um terço de todo o investimento dos Estados Unidos no sistema de saúde.

Caminhar não é a solução mágica para devolver as pessoas ao auge da forma, mas, como Behan expõe com clareza atuarial, o excesso de peso e a obesidade têm "efeitos econômicos danosos". Ele faz um apelo a empregadores e seguradoras para ajudarem as pessoas a "tomar decisões inteligentes e saudáveis". Com essa finalidade, quando essas descobertas foram publicadas, a Sociedade de Atuários também alardeou um levantamento feito entre estadunidenses adultos que revelou que 83 por cento "estariam dispostos a levar um estilo de vida saudável, como participar de um programa de saúde e bem-estar, se fossem incentivados por seus planos de saúde". Se apenas um a cada dez deles começasse um programa de caminhadas regulares, o país pouparia 5,6 bilhões de dólares por ano, o suficiente para cobrir os custos da educação superior de mais de 1 milhão de universitários.

A economia nada faz sem uma força de trabalho saudável, disse o Cirurgião Geral dos Estados Unidos Boris Lushniak num fórum em

Washington em 2014. "Vamos abraçar o retrô, pessoal. Nossa sociedade costumava caminhar. Precisamos mesmo de um par de tênis de corrida de 150 dólares ou de uma mensalidade de sessenta a noventa dólares numa academia? Não. Estamos falando de caminhar! Pensem nisso como um dever patriótico pelo bem da nação."

Reconhecendo a escassez de indícios definitivos, o relatório da Alliance for Biking & Walking reúne pesquisas recentes oriundas de todos os Estados Unidos para mostrar que, até mesmo sem o apoio do governo, as comunidades que investem em projetos de ciclismo e pedestrianismo poupam dinheiro não só por ter cidadãos mais saudáveis, mas também por reduzir o congestionamento e reduzir o tempo de percurso entre a casa e o trabalho. Apresentam imóveis mais valorizados, criam novos empregos e atraem turistas. "Com a recessão econômica atingindo quase todos os escalões de nossa sociedade nos últimos anos, os meios de transporte ativos surgem como um setor que promete crescer e se revitalizar", diz o relatório.

A maioria dos norte-americanos vive em cidades grandes, onde o concreto é o principal suporte da infraestrutura de transportes. Quando a selva urbana se expande ou precisa de manutenção, os engenheiros desenham plantas, e as máquinas pesadas – e as pessoas que as operam – entram estrondosamente em cena. Para consertar algo tão simples quanto um caminho, calçadas de concreto têm de ser desenterradas e substituídas. O sistema de drenagem provavelmente exigirá alguma atenção. Pode ser que árvores sejam plantadas, que alvenaria ornamental seja aplicada, passarelas de pedestres, construídas, placas de sinalização, instaladas. Os projetos das ciclofaixas têm um ritmo próprio. Marcações são pintadas nas ruas, as guias são prolongadas, postes baixos de concreto são fabricados. A manutenção das vias se divide em duas categorias: recapeamento de ruas, que implica escavação, pavimentação e pintura, e projetos mais elaborados, que também exigem engenharia, drenagem e controle de erosão, e possivelmente relocação de serviços. Essas descrições pintam um quadro geral da infraestrutura de transportes em Baltimore, Maryland, EUA. Nada fora do comum. Mas, quando uma economista analisou como esses tipos de projetos afetavam a empregabilidade, seus resultados foram extraordinários.

A pessoa que pilota uma escavadeira ou se sacode da cabeça aos pés no controle de uma britadeira num desses serviços é empregada diretamente como resultado da obra. As indústrias da cadeia de fornecedores, como as fábricas de cimento e os carretos, se beneficiam com o emprego indireto. Aí temos os empregos induzidos em lojas e restaurantes das proximidades, por exemplo, já que os operários gastam seu salário em algum lugar. Tudo pode entrar nessa conta, desde as cafeterias onde os peões de obra fazem fila para tomar um americano até as fábricas de laticínios que fornecem o creme de leite. A cidade de Baltimore entregou dados sobre uma variedade de projetos de transporte a Heidi Garrett-Peltier do Instituto de Pesquisa Política e Econômica da Universidade de Massachusetts. Ela determinou que a cada milhão de dólares investido na criação de faixas exclusivas para bicicletas, 14,4 empregos eram criados, em comparação aos 11,3 empregos criados para cada milhão investido em projetos pedestres e aos sete empregos a cada milhão investido em infraestrutura viária. Ela explicou que a diferença se deve ao fato de que as obras voltadas para o ciclismo e o pedestrianismo costumam exigir mais planejamento e mão de obra do que a manutenção de ruas. Ou seja, os índices de custos trabalhistas em relação ao custo dos materiais e dos custos de engenharia em relação aos custos de construção são mais elevados.

Dedicar mais investimentos a projetos de ciclismo e pedestrianismo reduzirá, até certo ponto, o setor automotivo e seus derivados, mas, como veremos mais adiante, a maior parte do dinheiro gasto com carros e gasolina não fica no mercado local. E, mesmo que a passagem de combustíveis fósseis para a energia renovável leve a um mercado de trabalho instável, uma economia verde localizada – e os empregos criados por ela – é a melhor chance que temos de alcançar a sustentabilidade em longo prazo. (O livro de Chris Turner, *The Leap* [O salto], faz um excelente relato dessa transição, que está em franco andamento na Alemanha, onde 31 por cento da eletricidade do país foi gerada por fontes renováveis de energia na primeira metade de 2014.)

Garrett-Peltier validou os parâmetros de Baltimore com uma pesquisa nacional sobre o impacto do ciclismo, do pedestrianismo e da infraestrutura viária na empregabilidade. Examinando 58 projetos de construção de onze cidades estadunidenses, um recorte que incluía Anchorage, Houston e Madison, Wisconsin, ela descobriu que os projetos de ciclismo criam uma média de 11,4 empregos a cada milhão de dólares investidos, em comparação aos dez empregos criados pelos projetos pedestres e os 7,8 empregos da manutenção viária. "Os Estados Unidos estão, no momento, enfrentando altas taxas de desemprego, uso insustentável de energia baseada em carbono e uma epidemia nacional de obesidade", ela escreve. "Todos os três problemas podem ser parcialmente resolvidos com um aumento do ciclismo e do pedestrianismo." Providenciar a infraestrutura necessária para os meios de transporte ativos, argumenta Garrett-Peltier, é mais do que uma proposta de saúde.

No fim das contas, o bom proveito da caminhabilidade em Baltimore ultrapassa a questão do emprego. Em 2010, a administração da cidade adotou uma política de "Ruas Totais", o compromisso de atender às necessidades dos usuários do transporte coletivo, dos ciclistas e pedestres de todas as idades e condições de mobilidade, e não só às dos motoristas, em todos os futuros empreendimentos relacionados aos transportes. Mais de seiscentas jurisdições estadunidenses assinaram o estatuto das Ruas Totais. Parte da motivação é a saúde e a segurança dos habitantes, bem como a curadoria do meio ambiente. Mas uma comunidade caminhável também valoriza os imóveis, de acordo com um relatório de 2011 da Aliança das Famílias do Centro de Baltimore.

A Walk Score, uma empresa sediada em Seattle que classifica a caminhabilidade de um bairro de acordo com informações como proximidade em relação a parques, escolas, itinerários do transporte coletivo e mercadinhos, tornou-se uma ótima ferramenta para os corretores de imóveis. A escala vai de zero a cem: as comunidades abaixo de 24 são declaradas dependentes dos automóveis, ao passo que aquelas que se encontram acima de 90 recebem o título de Paraíso do Pedestre. Em 2009, o economista Joe Cortright analisou 94 mil transações em quinze mercados imobiliários estadunidenses e descobriu que o aumento de um ponto na escala da Walk Score valoriza o imóvel em 700 a 3 mil dólares, dependendo do mercado. Passar de uma posição mediana para uma classificação acima da média na Walk Score aumenta o valor de uma casa em 4 mil a 34 mil dólares. Las Vegas foi a única cidade a demonstrar uma correlação negativa entre os preços dos imóveis e a caminhabilidade. Cortright, que fez a pesquisa para uma rede de executivos dos setores financeiro, educacional e governamental chamada CEOs for Cities [Diretores Executivos em Prol das Cidades], oferece alguns conselhos: "Os líderes urbanos da nação deveriam prestar muita atenção na caminhabilidade como medida-chave da vitalidade urbana e como um estímulo para políticas públicas que acabarão valorizando os imóveis como um todo, uma fonte importantíssima de riqueza pessoal e de renda para governos sem dinheiro numa economia difícil".

Cortright compilou seus dados na esteira da derrocada do mercado de ações de 2008. Os Estados Unidos se encontravam em profunda recessão e os valores dos imóveis despencavam. Pode parecer contraintuitivo encarar preços mais altos no mercado imobiliário como um indicador de vitalidade urbana, a menos que se leve em consideração que o custo de uma casa reflete a qualidade da vizinhança tanto quanto a condição da construção propriamente dita e, além disso, que valores baixos e em declínio sejam um sinal de que a comunidade passa por problemas, levando, em casos extremos, ao colapso socioeconômico, como a falência e o despovoamento de Detroit. A aguda ansiedade fiscal de 2008 e 2009 pode ter passado por ora, mas a recessão deu a milhões de estadunidenses a oportunidade de contemplar o papel que a caminhabilidade poderia desempenhar numa nova maneira de encarar suas cidades: sobretudo, o valor de um transporte coletivo melhor, de um zoneamento que misture mais as finalidades residenciais e comerciais e de ruas totais e conectadas. O próximo susto financeiro pode nos dar mais um empurrãozinho nesse sentido.

"A revolução nos mercados financeiros, a queda dramática nos preços dos imóveis, os cortes de despesas no setor varejista e a reestruturação contínua da indústria automobilística: todos prenunciam mudanças para as cidades do país", escreve Cortright. "A incerteza constante em relação aos preços futuros da energia e a necessidade de atacar as mudanças climáticas exigirão novas estratégias em anos vindouros. Nossa pesquisa sugere que a caminhabilidade já é um componente importante da proposta de valor das cidades do país e que melhorar a caminhabilidade pode ser um fator importante também para o futuro dessas cidades."

Além dos lucros imobiliários, a Aliança das Famílias do Centro de Baltimore também descobriu que zonas pedestres no centro da cidade aumentavam o trânsito a pé em vinte a quarenta por cento e, como resultado, as vendas no varejo cresciam entre dez e 25 por cento. Os consumidores a pé gastam mais do que as pessoas que usam carros ou o transporte coletivo, informou uma pesquisa de consumo em cidadezinhas britânicas: 91 libras esterlinas por semana, em comparação às 64 libras dos motoristas e as 46 libras dos passageiros de trens. Alguns desses fregueses são da própria cidade, mas os centros caminháveis também atraem viajantes, uma outra fonte de renda das cidades. Além disso, com o fortalecimento do comércio, a cidade recolhe mais impostos sobre a propriedade.

Para quem acredita no teórico do Tau do urbanismo, Richard Florida, que ganhou seguidores no mundo todo ao argumentar que o destino das cidades está ligado à sua capacidade de atrair os membros da chamada classe criativa, existe ainda mais uma compensação. Seis em cada dez estadunidenses afirmam que, se pudessem, optariam por viver num bairro caminhável, fosse central ou nos subúrbios. Florida, presidente do Instituto Martin pela Prosperidade na Escola Rotman de Administração da Universidade de Toronto, destaca que as áreas metropolitanas caminháveis apresentam níveis acima da média de pessoas com formação superior, rendas mais elevadas e mais empresas de alta tecnologia. "A caminhabilidade é mais do que um conforto atrativo", escreve. "É um ímã que atrai e retém os negócios extremamente inovadores e as pessoas altamente capacitadas que movem o crescimento econômico."

A cidade que fica a uma hora de carro de Baltimore também tem algumas lições a nos dar. Em "Walk This Way: The Economic Promise of Walkable Places in Metropolitan Washington, D.C." [Este é o caminho: a promessa econômica de lugares caminháveis na área metropolitana de Washington], o economista do Instituto Brookings, Christopher Leinberger, e Mariela Alfonzo, pesquisadora adjunta da Escola Politécnica de Engenharia da Universidade de Nova York, argumentam que a queda de 2008 nos valores dos imóveis não foi só o resultado da explosão de uma bolha de empréstimos de alto risco a juros baixos, mas também o começo de uma "mudança estrutural no mercado imobiliário". As maiores quedas foram nos subúrbios afastados: as moradias nos bairros centrais se mantiveram estáveis e, em alguns casos, valorizaram. Os dois atribuem isso a uma preferência emergente por "bairros de finalidade mista, compactos, cheios de confortos e acessíveis via transporte público ou por lugares caminháveis [...]. A tendência está se afastando dos bairros que encerram, principalmente, moradias em terrenos grandes que abrigam uma só família, têm poucas calçadas, espaço amplo para estacionar e onde o automóvel é o meio de transporte principal". Hoje a caminhabilidade é um fator importante em dois terços das decisões sobre onde comprar uma casa.

Isso acabará deixando os Estados Unidos numa situação difícil. Vamos chamá-la de abismo residencial. Há uma suboferta de moradias de pequena metragem e paredes compartilhadas – estima-se que faltam de 12 a 13,5 milhões de unidades – e um excesso de aproximados 28 milhões de casas em terrenos grandes. As construtoras estão demorando a atender essa nova demanda, em parte por causa das barreiras do setor público e privado que complicam os empreendimentos caminháveis. As diretrizes municipais, as leis de zoneamento e os vieses no sistema de financiamento bloqueiam o caminho. Os empreendimentos de alta densidade e finalidade mista podem ser complicados; os bancos e investidores não se sentem à vontade com o risco nem com a demanda de capital. Leinberger e Alfonzo consideram a caminhabilidade um mecanismo capaz de aumentar as chances de um bairro alcançar seu triplo objetivo: proveitos, pessoas e planeta. Mas, escrevem eles, o ramo imobiliário-financeiro "não tem a experiência, a missão institucional e nem mesmo a latitude fiduciária necessárias para considerar adequadamente investimentos ou empréstimos para empreendimentos caminháveis".

A análise de Washington faz várias recomendações veementes. Reescrever as leis de zoneamento que, para as construtoras que querem fazer empreendimentos caminháveis e de finalidade mista, exigiriam muito tempo e dinheiro para derrubar. Procurar e apoiar os bairros em boas condições de se tornarem mais caminháveis; já que a massa de terra é pequena, os custos com a infraestrutura serão mínimos. Implementar programas subsidiados de moradia para compensar a falta de empreendimentos caminháveis até que a diferença entre oferta e demanda possa ser reduzida e os preços caiam, estabilizando-se em patamares mais acessíveis. Incorporar no debate as empreiteiras, os investidores, os defensores da igualdade social, o setor público e as associações de bairro. "Considerando-se os benefícios econômicos", escrevem Leinberger e Alfonzo, "a caminhabilidade deveria ser um ponto crítico em todos os planos de crescimento estratégico."

Os norte-americanos percorrem de automóvel aproximadamente oitenta quilômetros mais do que percorrem a pé, afirma Todd Litman, diretor executivo do Instituto de Diretrizes de Transporte de Victoria, na Colúmbia Britânica. É por isso que o carro, tradicionalmente, ocupa o centro de nossas políticas de transporte, escreve ele num artigo a respeito do valor econômico da caminhabilidade. Colocando o carro num pedestal, os urbanistas subvalorizam o deslocamento não motorizado. Eles negligenciam o fato de que os não motoristas (e aqueles que pouco dirigem) subsidiam as pessoas que não hesitam em assumir o volante. Não importa se você percorre muitos ou poucos quilômetros de carro, a mesma porcentagem dos seus impostos é investida em manutenção viária. Além disso, as pesquisas sobre economia de tráfego tendem a se concentrar na duração de uma viagem, ignorando fatores como o custo de possuir um veículo, do congestionamento e das vagas de estacionamento, bem como das implicações das viagens motorizadas para a saúde. O deslocamento a pé costuma ser desconsiderado porque é entendido como uma atividade de menor prestígio. Porque não é defendido por um lobby poderoso. Porque é fácil não lhe dar valor. Não precisamos sequer de uma calçada para caminhar por uma rua. O ato pode ser ignorado por ser universal. Essa é uma das razões pelas quais a Sociedade dos Atuários quer que os planos de saúde incentivem os programas de exercícios. Muito embora caminhar seja fácil e gratuito, existe a percepção de que há uma barreira. É difícil competir com os sensuais comerciais de automóveis.

Contudo, a economia no orçamento pessoal promovida por uma redução no uso veicular não é fácil de desconsiderar. Os lares estadunidenses em comunidades que dependem dos carros gastam cinquenta por cento mais em transporte (por volta de 8,5 mil dólares por ano) do que aqueles que se encontram em bairros mais caminháveis (menos de 5,5 mil dólares por ano). A diferença se deve ao consumo de combustível, seguro, taxas de estacionamento, depreciação do veículo e outros fatores. As comunidades dependentes de automóveis também usam a terra com menos eficiência. Empreendimentos residenciais e comerciais caminháveis exigem menos espaço, menos vagas de estacionamento e recuos menores em relação à rua para mitigar o ruído e o perigo do tráfego.

As planilhas de Litman, que se baseiam em dados do Departamento de Transportes dos Estados Unidos, fixam o gasto anual dos governos municipal, estadual e federal com estradas de rodagem em 30,8 bilhões, 66,4 bilhões e 31,3 bilhões de dólares, respectivamente, sendo que, em média, 3,5 por cento dessas verbas – 0,6, 1 e 10 por cento nos três níveis – são dedicadas ao caminhar. Isso sem levar em conta os gastos públicos com estacionamentos e controle do trânsito. Litman escreve que bastaria melhorar o apoio governamental à infraestrutura pedestre em até dez ou vinte por cento do total de recursos investidos em transportes para que a mudança nas prioridades de planejamento tivesse um impacto profundo sobre o bem-estar econômico do país. As calçadas ficariam cheias de pessoas mais saudáveis, relaxadas e com dinheiro no bolso.

O relatório da Aliança em Prol do Ciclismo e Pedestrianismo introduz a geopolítica na discussão. A família estadunidense média gasta dezesseis centavos de cada dólar com transportes, sua segunda maior despesa depois da moradia. Levando-se em consideração as origens dos veículos e do combustível que elas compram, a maioria desses dólares vai para "indústrias automobilísticas estrangeiras e para pagar por combustível estrangeiro". Fora a preocupação com a dependência energética, há uma razão muito simples para prestar atenção nesse fluxo: os tais dólares estão saindo do bairro.

Usando dados da Receita Federal dos Estados Unidos, Joe Cortright examinou os gastos com carros e combustível no país em 2010 e calculou que 73 e 86 por cento do montante investido, respectivamente, sai da economia local de imediato. Já que os nova-iorquinos dependem do transporte público e dos próprios pés mais do que os habitantes da maioria das grandes cidades estadunidenses, os cerca de 19 bilhões de dólares abaixo da média que eles gastam com carros se traduzem em 16 bilhões "disponíveis para serem gastos na economia local". "E já que esse dinheiro costuma ser reinvestido em outros setores, isso estimula os negócios."

Christopher Leinberger também faz a contabilidade do caminhar. Ele destaca a disponibilidade de renda de membros da geração Y que procuram a caminhabilidade e dos *baby boomers* (uma poupança considerável, sem filhos para sustentar) como a chave para revitalizar os centros urbanos dos Estados Unidos. Como ele escreve em *The Option of Urbanism: Investing in a New American Dream* [A opção do urbanismo: investindo em um novo sonho americano], 100 milhões de novos lares serão formados nos Estados Unidos por volta de 2025, e 88 por cento deles não terão crianças. É um bocado de dinheiro para gastar, e boa parte dele seguirá para os centros das cidades. "A área metropolitana que não oferece um urbanismo caminhável", ele afirma, "provavelmente está fadada a perder oportunidades de desenvolvimento econômico."

Portland, Oregon, onde Cortright vive, é a garota-propaganda do urbanismo. A cidade de 590 mil habitantes, com uma população metropolitana de quase 3 milhões, é conhecida por sua política progressista, suas quase sessenta microcervejarias e, malgrado o regime pluviométrico no Noroeste do Pacífico, um estilo de vida ao ar livre. Em alguns aspectos, Portland é uma cidade estadunidense normal: sua densidade urbana é mediana, e indústrias tradicionais como a siderurgia e a marinha mercante desempenham um papel significativo na economia. Mas, além de uma robusta rede pública de transporte coletivo, oito por cento das pessoas vão de bicicleta para o trabalho, a porcentagem mais alta nos Estados Unidos, e sua colocação na Walk Score é a de 12ª comunidade mais caminhável em uma lista das cinquenta maiores cidades do país.

Portland tem esse perfil no que diz respeito aos transportes graças, em grande parte, a duas decisões previdentes. Com o apoio do estado, a cidade foi uma das primeiras a adotar a filosofia das "ruas magrinhas", um movimento que pedia a redução das larguras mínimas das vias nos códigos municipais. Ruas estreitas reduzem "a velocidade, os acidentes de trânsito, os custos de construção das ruas, as distâncias entre as travessias de pedestres, a impermeabilização da superfície (e, por conseguinte, a capacidade de drenagem pluvial), os custos de recapeamento e manutenção das ruas, e a reemissão de radiação térmica, que contribui para o efeito da ilha de calor urbana". Nossas ruas engordam não só para acomodar todos os carros na via, mas também como um vestígio de controles de segurança antiquados: para que carroças puxadas por cavalos conseguissem fazer uma curva de 180 graus, para que os carros de bombeiro pudessem ultrapassar uns aos outros, apesar de uma melhoria nos materiais de construção e nos sistemas pulverizadores de água ter minimizado a ocorrência dessas situações. Fazer uma dieta viária ajuda a cidade a colher os benefícios de um aumento no pedestrianismo.

Desde 1980, Portland também adota um limite de crescimento urbano. Ele não impede a dispersão. A fronteira é porosa. Já foi expandida 36 vezes, com o acréscimo de milhares de hectares com finalidades residenciais e industriais. Mesmo assim, vem limitando o tipo de dispersão urbana que eu tantas vezes encontrei em Calgary e Edmonton, que, como Cortright explica com detalhes num artigo informativo que ele escreveu para os CEOs for Cities, intitulado "Portland's Green Dividend" [Os dividendos verdes de Portland], levou a um pico da quantidade de quilômetros percorridos de carro por pessoa em 1996, sendo que hoje os moradores percorrem de carro distâncias vinte por cento menores do que o estadunidense médio. A quilometragem veicular – a quantidade total de quilômetros percorridos de carro dividida pelo tamanho da população – continua a aumentar como um todo nos Estados

Unidos. A diferença de seis quilômetros diários entre os habitantes de Portland e outros estadunidenses, quando associada à redução de doze minutos por dia no tempo de percurso durante o horário de pico, representa para os moradores uma economia de aproximadamente 2,5 bilhões de dólares por ano em custos veiculares e perda de produtividade. E boa parte desse dinheiro, como no caso de Nova York, permanece na cidade.

A atmosfera de Portland atrai os jovens. Na década de 1990, sua população de 25 a 34 anos com formação superior aumentou cinquenta por cento, cinco vezes mais do que a média nacional. Essa é a classe criativa de Richard Florida, e ela vem se concentrando nos bairros centrais e caminháveis da cidade. Em contraste com a "fuga dos brancos" para os subúrbios de cinquenta anos atrás, o demógrafo William Frey chama essa migração interna de "fuga dos cérebros". Vicejando em torno dessa força de trabalho, não obstante a discussão de quem veio primeiro, se foi o ovo ou a galinha, existem hoje mais de 1,2 mil empresas de tecnologia em Portland. E trinta por cento de todos os empregos na cidade ficam num raio de cinco quilômetros do centro financeiro, deixando Portland atrás apenas de Nova York e São Francisco nessa categoria, considerando-se as cinquenta maiores áreas metropolitanas do país.

Na Grande Toronto, onde o congestionamento tira da economia cerca de 6 bilhões de dólares canadenses por ano, graças a atrasos e custos veiculares, a principal urbanista da cidade fez do caminhar o eixo de sua estratégia para aliviar o congestionamento. Historicamente, afirma Jennifer Keesmaat, várias decisões de planejamento foram tomadas por homens que gostam de planos visionários e bilionários. Linhas de metrô! Pistas expressas! A realidade é que algo tão sutil quanto fazer mais crianças irem andando para a escola terá um impacto maior sobre o trânsito. Mais de vinte por cento de todas as viagens feitas no horário de pico matutino em Toronto envolvem pais levando os filhos de carro para a escola. "Precisamos recriar uma cultura em torno do caminhar", declara Keesmaat. "É um investimento em infraestrutura muito mais profundo do que qualquer via ou linha de metrô que possamos construir."

Depois de percorrer de trem todo o Reino Unido no verão de 2013, recuperei o fôlego com uma excursão a pé pelo litoral rochoso de uma península remota no norte do País de Gales. Caminhar está entranhado na cultura britânica, da mesma maneira que o hóquei no Canadá: rara é a ocasião na qual a atividade não pode ser feita, observada ou discutida. Conheço um sujeito que nasceu e cresceu na fabulosa Terra Verdejante e Aprazível. Até ele ter idade suficiente para acompanhá-los, seus pais contratavam religiosamente uma babá todo fim de semana para que pudessem passear por colinas e vales. O negócio era sério.

No País de Gales, caminhar tem um propósito particularmente nobre. Põe comida na mesa. Viajantes nacionais e internacionais fizeram mais de 28 milhões de excursões pedestres pelo interior e litoral de Gales em 2009, de acordo com um levantamento da Unidade de Pesquisa em Economia de Gales da Universidade de Cardiff. Esses caminhantes gastaram 632 milhões de libras esterlinas e foram responsáveis por mais 275 milhões de libras em atividades econômicas indiretas. Mantiveram 11.980 pessoas lucrativamente empregadas no turismo, bem como em setores diversos, como manufaturas e serviços financeiros, números consideráveis num país que tem pouco mais de 3 milhões de habitantes.

Minha caminhada de cinco dias cobriu uma pequena parte da Trilha Litorânea de Gales, um caminho de 1,4 mil quilômetros que delineia toda a costa do país, o que faz de Gales o único país do mundo a ter todo o seu litoral delimitado por uma trilha. Aproximadamente 2,9 milhões de pessoas percorreram a TLG entre outubro de 2011 e setembro de 2012, gastando 33,2 milhões de libras em equipamento, acomodações, comida, bebidas e outros confortos. Na península de Llŷn, para onde fui, essas despesas ajudam a manter agricultores, pescadores, mercadinhos, padarias, hospedarias e pubs em atividade.

A TLG foi completada em 2012 com a abertura de novas trilhas, a ligação das etapas já existentes e a instalação de placas de sinalização. Um esforço de construção de 14,6 milhões de libras terminou o projeto, que será sustentado com aproximadamente 2 milhões de libras por ano em manutenção e gastos com a divulgação. Não foi difícil convencer o governo galês a fazer esses investimentos, pois se estima que o valor dos bens e serviços gerados pela natureza do país seja de aproximadamente 9 bilhões de libras por ano. O caminhar é entendido como a ponte crucial entre a conservação e o lucro. "É muito difícil associar valores monetários à biodiversidade e à paisagem", conclui a pesquisa da Universidade de Cardiff, "mas tem sido possível, neste caso, atribuir valor monetário a um conjunto de atividades de lazer intimamente relacionadas à qualidade dos ativos ambientais da região."

Em áreas densamente povoadas e desenvolvidas do Reino Unido, o cabo de guerra entre o meio ambiente e a economia é muito mais disputado. Para entender melhor essa discussão, subi ao topo de uma montanha escocesa com Joseph Murphy.

Murphy é o geógrafo que vive ao sul de Glasgow, perto do Hotel Kenbridge, no vilarejo de Nova Galloway. Nascido na Inglaterra, mas de ascendência irlandesa, ele percorreu a pé 1,5 mil quilômetros pelo litoral ocidental da Irlanda e da Escócia em 2006, explorando suas origens gaélicas. Pelo caminho, o professor doutor de estudos ambientais da Universidade de Glasgow investigou os desafios e as oportunidades do desenvolvimento sustentável. Ele se perguntava se a comunidade seria o ponto de partida.

Murphy me levou ao Merrick, o morro mais alto no sul da Escócia. Com seu border collie Jed saltitando à nossa frente, partimos do estacionamento em Glentrool, um belo vale verdejante no parque florestal de Galloway. Setecentos e setenta e cinco quilômetros quadrados de morros cobertos de urzes e afloramentos de granito, lar do cervo vermelho e das águias douradas, é o maior parque florestal da Grã-Bretanha. Também faz parte de uma reserva da biosfera da Unesco, a primeira biosfera de "estilo moderno" na Escócia, estabelecida para promover a preservação da natureza, a pesquisa científica e o desenvolvimento sustentável. A trilha começava às margens de um regato veloz e subia por um tapete de samambaias, salgueiros-anões e zimbros. Dali a alguns minutos, estávamos numa floresta de esguios espruces-marítimos. As árvores, plantadas havia uma ou duas décadas, estavam para ser cortadas.

A exploração da madeira é em grande parte mecanizada e cria poucos empregos. Mas boa parte da madeira é beneficiada em serrarias da região, e o transporte e beneficiamento empregam mais de quinhentas pessoas (quase tantos postos de trabalho permanentes quanto o total angariado pelo projeto do oleoduto Northern Gateway no Canadá). A Comissão Florestal da Escócia controla a exploração da madeira e afirma que a conservação e o turismo recebem a devida consideração. Não é só para inglês ver. As 850 mil pessoas que visitam o parque florestal de Galloway todos os anos contribuem com quase 16 milhões de libras esterlinas para os negócios da região, elevando o turismo à terceira posição na economia regional, atrás da silvicultura e da agricultura.

Quando nos vimos acima da linha dos espruces, abriu-se um panorama de colinas verdes e lagos azuis, e Murphy me falou de como era percorrer toda a Irlanda e a Escócia a pé. Em Rossport, um vilarejo em County Mayo, Irlanda, ele conheceu um grupo de manifestantes que acampavam diante dos portões de uma refinaria de gás natural da Shell, ainda em construção. Um ano antes, cinco deles passaram 94 dias na cadeia por impedirem o acesso às suas terras para as obras de um oleoduto de alta pressão. Murphy simpatizou com os manifestantes. "Há décadas que projetos de desenvolvimento mal concebidos são impostos às comunidades rurais do mundo todo", ele escreve em seu livro sobre a caminhada, *At the Edge* [No limite], "e, por fim, estamos aprendendo a fazer uma pergunta simples, mas eficaz. É a comunidade que se desenvolve para seu próprio bem ou o desenvolvimento é imposto à comunidade?" Ele acredita que a política energética da Irlanda é obsoleta: "previsão da demanda energética futura e fornecimento correspondente por meio de projetos de grandes proporções". Em sua caminhada, não viu em lugar algum sinais de que as pessoas estariam tentando reduzir o consumo de energia: milhares de novas casas suburbanas e nenhuma microturbina eólica, aquecedor solar de água ou célula fotovoltaica.

Seiscentos quilômetros ao norte de Rossport, em Lewis, a maior ilha das Hébridas Exteriores escocesas, ele encontrou uma campanha de resistência semelhante. Só que ali os arrendatários lutavam contra a construção de um gigantesco parque eólico. Um consórcio multinacional de empresas de energia e engenharia queria construir 234 turbinas no terreno pantanoso de onde os moradores extraíam a turfa, não para exportação, e sim para aquecer suas casas, uma exploração que eles conduzem habilmente há séculos. Diante das preocupações culturais e ecológicas – os moradores se queixavam da industrialização de sua paisagem e do impacto que a instalação teria sobre aves raras e ameaçadas de extinção –, as dimensões propostas para o parque eólico foram reduzidas. Mesmo assim, o projeto de 500 milhões de libras, que teria fornecido dez por cento da eletricidade da Escócia, foi rejeitado pelo governo em virtude de seu possível impacto sobre uma turfeira de importância global.

Atualmente, um novo parque eólico de pequenas proporções na Ilha de Lewis busca financiamento. Serão três turbinas, de propriedade da comunidade. A eletricidade será vendida para a rede nacional, e a renda sustentará o desenvolvimento da região. "Este projeto tem a ver com energia, mas não só eletricidade", disse o presidente do consórcio desenvolvimentista que capitaneia a proposta. Ele a chama de uma "revolução silenciosa".

A economia é uma subsidiária integral do meio ambiente. Foi o que disse Gaylord Nelson, ex-governador do Wisconsin e senador pelo Partido Democrata que organizou o primeiro Dia da Terra em 1970. "Toda a atividade econômica depende desse meio ambiente e de sua base subjacente de recursos em florestas, água, ar, solo e minérios", ele escreveu. "Quando o meio ambiente finalmente é obrigado a pedir falência porque sua base de recursos foi poluída, degradada, exaurida e irreparavelmente comprometida, a economia pede falência junto com ele."

Vinte e oito por cento das emissões de gases do efeito estufa nos Estados Unidos vêm dos transportes. Os carros de passeio e caminhões leves são responsáveis por mais da metade do total do setor. Somente a geração de eletricidade queima mais carbono, um terço da produção do país, oitenta por cento derivada do carvão. Há muito que deslindar – os carros emitem mais gases de escapamento quando seus motores estão frios, valorizando ainda mais os percursos curtos a pé –, mas não é necessário nos demorarmos nestas páginas nas virtudes ecológicas de consumir menos energia e poluir menos ao nos deslocarmos por conta própria. É uma maneira fácil de começar a fazer alguma diferença. E, conceitualmente, caminhar pode ajudar a elucidar a relação simbiótica entre meio ambiente e economia. Especialmente quando encontramos uma série de questões entrelaçadas numa única viagem.

Contemplando os conflitos da refinaria de gás e do parque eólico enquanto avançava lentamente rumo norte, Murphy acabou vendo que, no século XXI, o colonialismo e o imperialismo podem ser definidos como a projeção do poder na dimensão do espaço, como, por exemplo, quando a periferia é explorada para beneficiar o centro. As comunidades remotas são convidadas a se unir à resistência às mudanças climáticas com a construção de enormes parques eólicos, muito embora a energia e o lucro assim gerados sejam geralmente transportados para bem longe de sua fonte, apesar de não aparentarmos comprometimento algum em relação a reduzir nossa demanda energética. Murphy me disse que essa pode ser considerada a colonização do futuro: "Nossa atual geração coloca em risco a capacidade das gerações futuras de viver de maneira razoável, confortável e aceitável. Estamos explorando o futuro como se fosse a periferia".

Mas, quando se anda do centro para a periferia, os dois lugares são conectados de uma maneira compreensível. Enxergam-se os problemas – e as oportunidades – numa escala humana. Enxerga-se o impacto das decisões de governos e empresas que são tomadas a centenas de quilômetros de distância. Enxerga-se a evolução histórica de uma região e tem-se um vislumbre do que seu futuro talvez reserve.

Murphy e eu chegamos a uma serra estreita e seguimos um muro de pedra até o topo do Merrick. O Canal Norte do Mar da Irlanda era uma linha indistinta de azul mais a oeste. Murphy nunca subira o pico antes. Ele esquadrinhou o horizonte e avistou algumas turbinas aqui e ali.

– Ora, que bom – ele disse. – Não estamos cercados por parques eólicos.

Intrigado com as palavras de Murphy, já em casa, no meu escritório, meses depois, é difícil conjurar a lucidez do cume da montanha. Não só por conta da ilegibilidade de minhas notas taquigráficas. Não se esqueça de que nossos cérebros funcionam de uma maneira diferente quando andamos, um fenômeno que não passou despercebido no mundo dos negócios.

Caminhar 5,6 quilômetros pelo seu bairro na Nova Inglaterra todos os dias pela manhã ajuda o presidente da Advertising for Humanity [Propaganda pela Humanidade], Dan Pallotta, a ensaiar discursos e bolar novos conceitos. "O primeiro quilômetro e meio da caminhada é um vozerio só de opiniões diametralmente opostas e listas de afazeres", ele escreveu numa de suas publicações regulares para o blog da *Harvard Business Review*. "Mas, depois dos três quilômetros, por pior que estivesse meu estado de ânimo no começo da caminhada, as vozes se acalmam." O diretor executivo da Apple, Steve Jobs, mantinha suas conversas mais sérias enquanto caminhava. Louis W. Sullivan, ministro da Saúde dos Estados Unidos no começo da década de 1990, saía para caminhar com os colegas ao visitar as sedes regionais do ministério. Ele ficava a par das discussões de diretrizes e da disposição de ânimo dentro do departamento, e a equipe tinha a oportunidade de conhecer o chefe, algo que muitos deles jamais haviam feito em suas longas carreiras.

Jobs e Sullivan eram adeptos de um hábito conhecido como MBWA, ou *management by walking around*: administre sua empresa caminhando por ela. Foi popularizado inicialmente na década de 1950 por Bill Hewlett e Dave Packard, fundadores da empresa eletrônica de mesmo nome, e tornou-se uma frase de efeito na década de 1980 após a publicação do livro de administração e sucesso de vendas *In Search of Excellence* [Em busca da excelência], cujos autores chamaram a MBWA de "a tecnologia do óbvio". Com a substituição do contato cara a cara pelas mensagens eletrônicas em muitos escritórios, as conversas casuais ao pé da mesa podem ajudar os administradores a se relacionar com os empregados e a estimular a equipe a interagir mais. Desde que as andanças sejam regulares, e não uma tentativa de bisbilhotar ou flagrar as pessoas, elas podem ajudar a promover uma organização mais coesa e comunicativa. "Se esperar as pessoas virem até você, só pegará os problemas pequenos", disse o consultor em administração estadunidense

W. Edwards Deming. "Os grandes problemas são [revelados quando] as pessoas sequer percebem que os têm."

A reunião ambulante, perfeita para nossa cultura de negócios portáteis e de fluxo livre, vai além. Alguns anos atrás, quando a executiva e empresária do Vale do Silício Nilofer Merchant precisou discutir algo com uma colega ocupadíssima, a outra mulher sugeriu que falassem de trabalho enquanto passeavam com os cachorros. Foi uma revelação. "Você pode cuidar da saúde ou de suas obrigações", declara Merchant a respeito da cultura empresarial de prazos apertados numa palestra TED Talk, "e uma coisa sempre sacrifica a outra." O norte-americano médio passa 9,3 horas por dia sentado, e isso está nos matando. Hoje, Merchant percorre de trinta a cinquenta quilômetros em reuniões ambulantes quase toda semana.

A exemplo das rondas policiais na zona norte da Filadélfia, essas sessões geram benefícios secundários. A atividade moderada repõe as energias, e o ar fresco e a luz natural podem estimular mais a criatividade e o diálogo franco do que o *je ne sais quoi* fluorescente de uma sala de conferências fechada. "Sair da caixa", diz Merchant, "permite o pensamento fora da caixa." Ao perceber que não tinha de escolher entre a boa forma e a vida profissional, ela acabou entendendo que os problemas de negócios não têm de ser entendidos como uma batalha entre opções diametralmente opostas. E mais, incorporar o exercício ao expediente das nove às cinco é uma maneira de integrar a saúde física na vida cotidiana e parar de tratá-la como uma atividade distinta que é abandonada quando o cronograma aperta. Entende-se a vida como uma continuidade, e não como uma distribuição de tarefas a completar.

Em vez de ensinar o bem-estar em sala de aula, a especialista em comunicação para a saúde da Universidade de Toronto, Margaret MacNeill, que me alertou para a medicalização do exercício, leva seus alunos, todos médicos e enfermeiros, para andar e conversar lá fora. As barreiras hierárquicas vêm abaixo e as ideias fluem. "É uma maneira maravilhosa de quebrar o gelo", ela conta. "O metabolismo acelera a marcha e dispara as células cerebrais." Grupos pequenos, itinerários tranquilos, sapatos confortáveis e um assunto que não exija que se tomem muitas notas (como o começo de um projeto) são as chaves para uma sessão eficiente. Deixar o smartphone para trás também ajuda.

Daniel Kahneman ainda precisa ser convencido. O psicólogo meio israelense, meio estadunidense, que ganhou o prêmio Nobel de economia em 2002, acredita que, apesar de ser agradável caminhar e pensar ao mesmo tempo, essas atividades competem por recursos da região do cérebro que orienta nossas decisões lógicas e deliberadas. "Se tiver de elaborar um argumento complexo em pouco tempo", ele escreve em seu livro *Thinking, Fast and Slow* [Pensar: rápido e devagar], "eu preferiria estar imóvel e sentado em vez de em pé." Acima da velocidade de passeio, sua capacidade de chegar a conclusões fica prejudicada. "É necessário um esforço mental de autocontrole para resistir ao impulso de ir mais devagar. O autocontrole e o raciocínio deliberado aparentemente retiram recursos do mesmo orçamento limitado."

A maioria de nós tem a mesma convicção de Kahneman. Quando estamos atarefados, nos enfurnamos em nossas escrivaninhas. Trata-se de uma prática de alto risco, considerando-se os impactos de longo prazo na saúde por passarmos tanto tempo sentados. Mas somos criaturas do hábito.

Meu cronograma ficou apertado quando parei de viajar e fazer as reportagens e comecei de fato a escrever este livro. Entre as matérias para a revista e os afazeres domésticos, eu tinha pouco tempo para caminhar. Passava um bom tempo sentado e voltei às frequentes e breves corridas às margens do rio Rideau de Ottawa para aliviar a pressão de produzir textos e cuidar das crianças. (A cirurgia no joelho funcionou, embora eu ainda seja um pouco arisco em relação a festivais de música folk.) Aí eu peguei uma misteriosa infecção de pele, provocada talvez pela picada de um inseto, que deixou minha mão direita inchada feito um bife. Os médicos me aplicaram antibióticos por via intravenosa no pronto socorro durante três dias seguidos e me mandaram para casa com uma bomba de infusão portátil, que injetava medicamentos no meu braço a cada oito horas. Um emaranhado de tubos plásticos, dentro de uma pochete, foi afixado ao meu quadril. Era impossível sair para correr. Daí experimentei uma esteira-escrivaninha.

O conceito é simples: uma mesa alta e uma esteira plana. Uma empresa estadunidense chamada LifeSpan me emprestou um de seus modelos vistosos e cinzentos, o TR1200-DT5. O tampo da mesa era resistente e de altura ajustável, e a variação de velocidade era de 0,6 a 6,5 quilômetros por hora, de maneira que os usuários pudessem digitar ou conversar com todo o conforto – era essa a ideia – sem correr o risco de desenvolver uma doença relacionada ao sedentarismo. As unidades "faça você mesmo", como o arquétipo construído nos anos 1990 pelo pesquisador da obesidade da Mayo Clinic, James Levine, evoluíram e são hoje os modelos comerciais que contam as calorias e vêm equipados com Bluetooth, e cujos preços variam de 1 mil a 5 mil dólares, aproximadamente. Os motores das esteiras são projetados para funcionar com o máximo de eficiência em velocidades baixas durante muitas horas. Mas, ao me acomodar em minha estação de trabalho *ad hoc* no porão e ajustar o ritmo para 2,5 quilômetros horários, será que eu produziria de fato alguma coisa?

Como muitos autônomos, comecei meu dia com a correspondência eletrônica, o Twitter e outros assuntos importantes que podem ser resolvidos on-line (como a renovação da minha carteira de motorista). Depois de 45 minutos na máquina, esqueci que estava andando. Senti dor nos pés e na base das costas, por isso ergui o tampo da mesa e troquei os chinelos por um par de tênis de corrida.

Duas horas depois, a dor tinha sumido. Suando um pouco, tentei tirar o abrigo ainda em movimento. Péssima ideia. A chave de segurança presa às minhas calças deteve a esteira antes que eu caísse de cara no painel de madeira. Consegui escrever algumas centenas de palavras, mas troquei as pernas feito um bêbado quando desci da esteira na hora do almoço, como se desembarcasse no ancoradouro depois de um passeio de barco.

As duas entrevistas pelo telefone no começo da tarde foram boas. Conversar não era um problema àquela velocidade, mas minhas anotações à mão nunca foram tão ruins. Quando desliguei a esteira, eu havia percorrido 14,1 quilômetros e queimado 716 calorias. Um primeiro dia produtivo.

"A cadeirice está afetando absurdamente os seres humanos", Levine disse a Susan Orleans da *New Yorker*, ambos em suas esteiras-escrivaninhas durante a conversa. "Ninguém de fato entendeu o que perdemos passando o tempo todo sentados."

Levine e Orleans são novos adeptos da esteira-escrivaninha, mas a pesquisa sobre a eficiência do trabalho em cima de uma esteira se inclina mais na direção da posição de Kahneman. O fisiologista do exercício da Universidade do Tennessee, David R. Bassett, pediu aos alunos de pós-graduação que fizessem várias tarefas burocráticas sentados e à velocidade de 1,5 quilômetro por hora sobre uma esteira. Os sujeitos experimentais não só usavam o mouse e digitavam mais rápido quando sentados, como também melhoravam "significativamente" seu desempenho em exercícios de matemática. Sua capacidade de prestar atenção e interpretar textos não se alterava quando o faziam andando.

Fiquei com a esteira-escrivaninha por um ou dois meses, experimentando várias velocidades e alternando-me entre o porão e minha cadeira no térreo. Talvez fosse a luz natural ou o ar mais puro, mas eu trabalhava melhor sentado. A redatora-chefe da *Cosmopolitan*, Joanna Coles, lê em sua esteira-escrivaninha e a adora, mas ela também tem espaço de sobra para uma escrivaninha tradicional em seu escritório de canto no 42º andar da Hearst Tower no centro de Manhattan. Para mim, a produtividade no térreo me garantia mais tempo para passar lá fora. Na máquina, eu experimentava os gargalos cognitivos descritos por Kahneman. Além disso, está-se realmente caminhando quando não se vai a lugar algum? As esteiras, resmungou um amigo meu, são rodinhas de hamster para seres humanos.

Logo depois de eu ter devolvido a unidade à LifeSpan, tivemos o inverno mais rigoroso dos últimos vinte anos em Ottawa. Eu aprendera em Alberta que a melhor maneira de me manter aquecido e evitar a melancolia da estação era vestir várias camadas de roupas e abraçar a neve e o gelo. Eu me peguei à procura de qualquer desculpa para sair. Uma rápida busca on-line apontou alguém que poderia ajudar.

Andrew Markle, um homem alto, magro e de trinta e poucos anos, me encontra à porta de uma cafeteria numa esquina movimentada. Ele abre a porta traseira de seu Honda Element, todo revestido de plástico. Um basset baba no banco da frente. Markle explica que Spence precisa ficar no banco do carona para não fazer xixi no carro.

Markle e sua esposa, Brecken Hancock, são os proprietários de uma empresa de passeadores de cães chamada Walk It Off. Ela é poetisa e ele escreve ficção científica. Ela também desenvolve diretrizes para o governo federal. Eles queriam abrir uma empresa quando se mudaram para a cidade em 2012. Um ano depois da inauguração, tinham uma lista de espera. Recebendo 19 dólares canadenses por passeio num pacote de cinco dias por semana, Markle ganha tanto quanto Hancock ganharia se ela cumprisse o mesmo número de horas.

Sento-me no carro e sou apresentado aos outros passageiros: Zermatt, um red retriever; Finn e Pixie, híbridos de golden retriever e poodle; Franklin, um bullmastiff; e Fanny, a menorzinha, meio beagle, presa numa caixa de transporte porque ela sempre quer brigar. Ollie está de férias, Markle me informa enquanto segue para sua floresta secreta nos subúrbios.

Meus amigos ficam inquietos quando saímos da autoestrada. Markle para no acostamento amplo de uma estradinha rural. Ele prende as guias às coleiras dos seis cachorros, e estas ao mosquetão robusto em seu cinto. Caminhamos por uma trilha coberta de neve e entramos num bosque de carvalhos e bordos desfolhados. Passado um minuto, ele solta os cães. Eles fazem a farra na neve: correm, pulam, latem, cavam. Não é um "cachorródromo" cercado e urbano. É um lugar revigorante. Imagino uma turma de estudantes irrompendo pelas portas da escola na hora do recreio... ou um grupo de funcionários de escritório libertados de seus cubículos.

Os cães fazem suas necessidades e Markle recolhe tudo em saquinhos plásticos. Fanny e Franklin fazem cabo de guerra com um galho, rosnam. Damos uma volta de três quilômetros, o percurso médio de um passeio desses. As árvores e uma série de elevações do terreno bloqueiam o vento. Spence precisa de um petisco para se deixar convencer a permanecer com a matilha.

– Vamos lá, amigo – diz Markle –, ande logo.

De volta ao carro depois de uma hora, Spence apoia o pescoço no câmbio de marcha e cai no sono.

Desde que abriu a Walk It Off, Markle nunca dirigiu tanto. Mas ele escuta audiolivros na estrada e trafega naquela janela tranquila entre os horários de pico da manhã e da tarde. Seus clientes, em geral pessoas que trabalham das nove às cinco, não têm a liberdade de passar uma hora no mato com os amigos caninos no meio do dia. Nem todos nós podemos ter empregos como o de Markle. Nem todos podemos nos dar ao luxo de trabalhar meio período. Mas está em progresso um movimento para inculcar a semana de trabalho de quatro dias. Mais tempo para cuidarmos de nós mesmos e de nossas famílias; mais empregos para outras pessoas. Então qual é o problema de um dia de trabalho de quatro horas? Markle aprecia o equilíbrio à sua disposição: liberdade, exercício, remuneração decente e, de lambuja, satisfação criativa. Ele não está exatamente largando a vida corrida e sem propósito, mas tampouco está mergulhando de cabeça nela.

– Do que você mais gosta neste tipo de trabalho? – pergunto pouco antes de descer do carro.

– Paga bem e só toma metade do meu dia, daí também posso trabalhar em outras coisas que me interessam – ele responde. – E, sim, o fato de poder andar. Essa é provavelmente a melhor parte.

5
Política

"A democracia, como a conhecemos, é o último aperfeiçoamento possível de um governo? Não é possível avançar um passo que seja no sentido de reconhecer e organizar os direitos do homem?"

Henry David Thoreau, *Desobediência civil*

"Entendi como eu e meus colegas no governo estávamos distantes das vidas de outras pessoas. Nossos documentos programáticos habitavam um espaço grotesco de jargões e frases enganosas a respeito de 'processos financeiros transparentes, previsíveis e justificáveis'. Eu me sentia mais à vontade para discordar [...] porque caminhar havia me mostrado pessoas reais em lugares reais."

Rory Stewart, parlamentar do Reino Unido

– A fêmea do salmão finge o orgasmo.

Seis homens estão de pé nos baixios pedregosos às margens do rio Lune, no noroeste da Inglaterra, discutindo as ameaças que se apresentam à pesca local. Aquele costumava ser um dos melhores rios para a pesca da truta-marisca no Reino Unido. Não mais. Nitratos e fosfatos do chorume que aduba os campos adjacentes vão parar na água por lixiviação. As chuvas fortes, que vêm se tornando mais frequentes nos últimos tempos, deslocam o cascalho do leito do rio e destroem os locais de desova. Um projeto hidrelétrico em discussão poderia alterar a vazão da água. E, na foz do Lune, a uns 25 quilômetros dali, os salmões que escapam dos criadouros migram pelo Canal de Kent, trazendo parasitas e talvez outras doenças.

Bem, estavam falando de pesca. E agora a conversa havia estacado.

– A fêmea do salmão finge o orgasmo – repete o homem de camisa polo verde, com o binóculo pendurado no pescoço.

John Hatt já foi um escritor especializado em relatos de viagens. Aí lançou um site rentável, o Cheapflights. Patrocinador da Curadoria do Rio Lune, ele é um cidadão distinto e respeitado. E, aparentemente, não tem medo de dizer o que lhe passa pela cabeça.

– É verdade – Hatt declara, e começa a explicar

Quando está pronta para a desova, a fêmea cava um buraco no leito seixoso do rio. Ela paira sobre a cova, abre a boca e começa a se sacudir. Um parceiro se une a ela e faz a mesma coisa. Ela libera as ovas; ele, o esperma; e milhares de peixinhos viverão debaixo d'água para sempre. A não ser que o macho não se posicione diretamente sobre as ovas. É aí que ela finge o orgasmo.

– Elas não dão sequer um gemidinho, dão? – pergunta um dos homens, resistindo à vontade de rir.

Os outros dão gargalhadas. Todos, exceto o magricela de paletó cinzento e bem passado, camisa social azul com finas listras brancas e uma gravata azul de nó apertado e decorada com âncoras, veleiros e minúsculas ilhas tropicais com palmeiras. Os cabelos castanhos desgrenhados e um pouco longos demais e os sapatos sociais marrons e arranhados são as únicas dicas de que ele talvez não esteja à vontade ali. De braços cruzados, ele olha para a água rasa que corre sobre as pedras lisas. Abelhas e borboletas esvoaçam entre os cardos roxos e as arnicas-do-campo que forram a ribanceira coberta de relva. Por fim, ele resolve falar.

– Você parece até um político, John – ele cutuca. – Está só tentando mudar de assunto.

Todo mundo ri. Não que o parlamentar novato Rory Stewart tivesse alguma dificuldade para se entrosar com os pescadores. Ele representa Penrith e a Fronteira, o maior e menos densamente povoado distrito eleitoral da Inglaterra, com aproximadamente 3,3 mil quilômetros quadrados de campos, charnecas, riachos límpidos e muros de pedra. Um lugar onde o nome "Glen Beck" evoca a imagem de um regato que atravessa um vale estreito e profundo, e não o âncora provocador da rede de televisão estadunidense Fox. Ali os políticos são mais afáveis. Além disso, tem sido um reduto dos Conservadores há um século, distrito outrora governado por William Pitt, o Jovem, e, apesar de Rory, o Tory, ser escocês de sangue azul, ele sabe falar com as pessoas do jeito que elas falam e em seu próprio território.

No instante em que chegou à ponte Old Tebay, Stewart agradeceu aos homens por se unirem a ele no trecho de rio que queriam discutir, e não em uma sala de reuniões abafada.

– Podemos ir lá dar uma olhada no rio? – ele perguntou e, em seguida, galgou rapidamente o degrau de madeira para pular a cerca de arame farpado e desceu para a prainha.

Stewart e eu seguimos de carro para o Lune, partindo da Brougham Hall Farm, trinta quilômetros ao norte, onde ele passara a maior parte do dia em contato com os eleitores na Exposição de Penrith, uma feira agropecuária que comemorava seu 170º aniversário em 2013. Quando cheguei à propriedade extensa, a meia hora de caminhada de meu hotel na rua principal da animada cidadezinha comercial de Penrith, e resisti à tentação de assistir ao motociclista acrobata Valentino saltar uma fogueira no picadeiro central, fui achar Stewart numa cadeira dobrável dentro da tenda do Partido Conservador, dando atenção a um grupo de pecuaristas, todos na casa dos vinte anos, que descreviam suas frustrações diárias.

– Recebemos uma quantidade ridícula de dinheiro para cercar os campos e não deixar as ovelhas passarem, para proteger orquídeas silvestres – dizia um deles.

Uma entidade pública nacional chamada Natural England sugeriu o tal plano para preservar a flor ameaçada. O problema é que as orquídeas silvestres precisam das ovelhas. Os animais mordiscam os espinheiros que, não fosse isso, sufocariam as flores. É um dos inúmeros descompassos entre as diretrizes programáticas e o povo. Stewart prometeu tentar fazer algo a respeito.

– É bom que o parlamentar da região esteja disposto a ouvir – Matthew Blair, um dos jovens pecuaristas, me contou ao fim de sua audiência de uma hora dentro da tenda. – Ele vem lá de Westminster e passa algum tempo com gente como nós.

A família de Blair conheceu Stewart durante a campanha eleitoral de 2010, quando ele fez uma visita à fazenda deles. Mesmo nos distritos eleitorais rurais, bater de porta em porta é uma estratégia crucial para angariar votos. Mas a aparição de Stewart na casa dos Blair foi incomum. Ele chegou lá a pé.

Depois que ele foi escolhido como o candidato conservador de Penrith e a Fronteira, um processo que chegava ao auge com o discurso de cinco minutos de cada um dos competidores de uma lista seleta para o público concentrado em volta do picadeiro do leilão de rebanhos, durante o qual, Stewart conta, "pela cara dos pecuaristas, eles já tinham visto carneiros híbridos tosquiados que dariam candidatos melhores", ele queria de fato conhecer a região. Daí ele partiu numa caminhada de 480 quilômetros pelo distrito eleitoral, distribuindo panfletos em estradinhas de terra, participando de reuniões comunitárias e competições de conhecimentos gerais nos pubs dos vilarejos, dormindo onde lhe oferecessem pousada: um forte medieval, uma casa de fazenda do século XVIII, um quarto no andar de cima do pub (onde, por não conhecer música popular nem telenovelas, ele garantira o último lugar no torneio de conhecimentos gerais). Parte da turnê era cuidadosamente planejada. Certa noite, ele voltou voando a Penrith para jantar com o então recém-empossado prefeito de Nova York, Michael Bloomberg. Mas a maioria dos encontros casuais de Stewart no decorrer da campanha foi espontânea, como seu passeio no meio da gente comum em Brougham Hall Farm.

Depois de posar para uma foto coletiva com os pecuaristas da próxima geração, ele passeou pela feira, deu um pulo nos estandes das associações de Treinadores de Cães e da Vida Silvestre de Cumbria e comprou por uma libra um número da rifa de um Peugeot na tenda do asilo Eden Valley. Apertou as mãos de negociantes de tratores e leiloeiros, inspecionou redis com vinte raças diferentes de ovelhas, apresentando-me ao proprietário, que tentou me ensinar a reconhecer as diferenças sutis entre uma e outra. (Para mim, eram todas ovelhas, mas fiquei sabendo que um Hugh Harrison de quepe nasceu na fazenda dos ancestrais do tal homem e que ele deu uma força para o filme *Withnail and I* [*Os desajustados*], um clássico *cult* que foi rodado ao sul de Penrith: "Gostei, mas a coisa perde um pouco a graça quando a gente descobre como é feita".)

Paramos para ver dois homens musculosos – que vestiam o que pareciam ser camisetas e ceroulas, abraçados à altura dos ombros, cabeças unidas – girarem devagar no centro de um campo delimitado por um círculo de espectadores, até que um deles, tentando erguer o outro do chão, escorregou e caiu de costas.

– Luta cumbriana – um velhote de cabelos brancos se debruçou para explicar. – É daqui. *Só* daqui.

Stewart circulava à vontade pela multidão singela. Ele se dá bem em qualquer lugar. Formado em Eton e Oxford, foi professor particular dos príncipes William e Harry e ficou amigo do pai dos dois. Como integrante do Ministério das Relações Exteriores britânico, ele foi enviado à Indonésia para ajudar a resolver o problema no Timor Leste, em seguida foi para Montenegro na época do conflito de Kosovo. Serviu como vice-governador de duas províncias no sul do Iraque e dirigiu uma fundação beneficente em Cabul dedicada a reviver a arquitetura e as artes afegãs tradicionais. Stewart também foi professor universitário de direitos humanos em Harvard e diretor do Centro Carr de Programas de Direitos Humanos na Escola Kennedy de Administração Pública da universidade. Tudo isso antes de completar quarenta anos.

Sua carreira pública é extensa, como seria de esperar. Antes que ele se casasse, a *Vanity Fair* o colocou numa lista de solteiros cobiçados e afeitos ao perigo, apesar de também tê-lo detratado – nariz largo, sobrancelhas bastas, lábios carnudos, descabelado – como "uma cópia perfeita de um ou vários Rolling Stones". A *Esquire* o relacionou como uma das 75 pessoas mais influentes do século XXI, "porque ele pode chegar a primeiro-ministro um dia, se tiver interesse". A produtora de Brad Pitt adquiriu os direitos sobre a história de Stewart e supostamente estaria desenvolvendo um filme biográfico, com Orlando Bloom no papel principal, embora a posição política de Stewart como Tory aparentemente tenha enterrado o projeto. "Taí uma maneira péssima de terminar um filme", disse ele ao *Guardian*.

"Rory Stewart parece exibir um desligamento quase onírico em relação à maneira como o resto dos mortais vivencia o mundo", escreveu Julian Glover naquele jornal durante a campanha eleitoral de 2010. "Caminhando com ele, flagro-me quase esperando ser teletransportado a qualquer momento para sua galáxia natal."

Portanto, ele não é o típico deputado de bancada. Nem o típico mochileiro. O que alimentou meu fascínio pela obsessão dele em caminhar. Até que ponto essa experiência ajudou a moldar seus pontos de vista? Poderia ajudar a fomentar um envolvimento político mais genuíno? Será que ele enterraria minhas convicções idealistas na lama, triturando-as sob as botas do realismo terreno?

Depois de deixar o Ministério de Relações Exteriores, Stewart passou um ano e meio atravessando o Oriente Médio e a Ásia Central a pé para chegar ao Nepal, mas uma área lá pelo meio do trajeto ficou faltando. Portanto, em janeiro de 2002, quando as bombas estadunidenses e britânicas ainda repercutiam, ele entrou no Afeganistão sem ter o visto apropriado, esperando embarcar numa marcha solitária de seis semanas através das montanhas, de Herat a Cabul. Um país enigmático e visto como "atrasado, periférico e irrelevante", ele escreve em seu magnífico livro *Os lugares do meio*[1], havia se tornado repentinamente o centro das atenções do mundo. Stewart tinha a impressão de que era necessário vivenciar "o lugar entre os desertos e o Himalaia, entre as culturas persa, helênica e hindu, entre o islamismo e o budismo, entre o Islã místico e o militante". Ele queria ver "onde essas culturas se fundiam ou resvalavam no mundo globalizado".

A polícia secreta do Afeganistão, extraordinariamente eficaz mesmo apenas quinze dias depois da instalação do governo provisório, seis semanas depois da queda do Talibã, não achou que fosse uma boa ideia. "São três metros de neve nas passagens das montanhas, temos os lobos e estamos em guerra", Stewart ouviu de um interrogador depois de ter sido arrancado de seu hotel. "Você vai morrer, posso garantir."

....
[1] Rio de Janeiro, Record, 2008. (N. T.)

A assembleia ribeirinha no Lune se encerra com mais uma rodada de ridicularização do sexo dos salmões, e Stewart e eu descemos o rio seguindo por uma antiga trilha rural. Ainda de paletó e gravata apertada, ele desconstrói a reunião. Não há dúvida de que é importante proteger os interesses dos pescadores, diz ele. Parte importante e de longa data da cultura cumbriana, eles ajudam a salvaguardar o legado natural da área. É um passatempo saudável e, se contarmos o equipamento e as refeições em restaurantes, a pescaria coloca mais algumas libras nas caixas registradoras da região. No entanto, a agricultura é a pedra angular da saúde financeira do distrito eleitoral, e os agricultores se queixam junto a Stewart do excesso de regras quanto ao uso de fertilizantes. Além disso, ele defende a energia hidrelétrica por ser uma fonte renovável e considera que seja um mal menor em comparação às turbinas eólicas, motivo de discussões acaloradas na Cumbria, a maioria por causa do impacto das turbinas sobre as estonteantes paisagens montesas que alimentam o turismo no Distrito dos Lagos. A aquicultura no litoral da Escócia e as chuvas de intensidade anormal estimuladas pelo aquecimento do clima complicam ainda mais as questões relativas à pesca.

– Como vou resolver tudo isso? – Stewart pergunta em voz baixa. – O que devo fazer?

Ele se detém para abrir um portão, que protesta com um guincho agudo e se fecha assim que passamos. A reunião com os pescadores, diz Stewart, revelou "apenas um pedacinho da vida do rio", um vislumbre das questões específicas com as quais é preciso se digladiar na tentativa de chegar a uma posição razoável como administrador público.

– Quando começamos a discutir essas coisas, percebemos o que está acontecendo com as sociedades contemporâneas. Nós nos encontramos em impasses extraordinários – ele afirma, olhando para além do Lune. – Eu acredito, porque sou um romântico, que é possível encontrar soluções. Que, com cuidado, tempo e paciência suficientes, seja possível encontrar a resposta certa. Mas, na condição de político, não parece ser assim. Na verdade, parece muitas vezes que essas coisas são meros conflitos entre interesses míopes e de solução impossível.

Stewart se abaixa e arranca uma folha de capim de uma moita que cresce ao lado dos sulcos empedernidos deixados pelas rodas dos veículos.

– Temos um problema aqui – diz ele, mostrando-me a infrutescência felpuda.

É necessário que o capim seja comido antes que as sementes se desenvolvam, caso contrário não fornecerá nutrientes suficientes para as ovelhas. Mas o rebanho dos pecuaristas é limitado, o capim cresce sem servir de pasto e os animais perdem o interesse. Cardos e urtigas brotam e se espalham, e a quantidade de relva comestível diminui. Isso leva a custos mais elevados de forrageio, mais insumos químicos e à deterioração dos pastos, para prejuízo de pecuaristas, excursionistas e turistas. Stewart só aprendeu a entender o capim depois de três anos no cargo.

No fim de seu primeiro verão como parlamentar, Stewart completou uma caminhada de quatro dias e 130 quilômetros às margens do rio Eden, a leste do Lune, desde a nascente até o mar. Foi acompanhado pelo diretor da Curadoria do Rio Eden, bem como, durante várias etapas, por representantes da Natural England, da Agência Ambiental do Reino Unido, por um produtor de leite, um pescador e um biólogo, e a excursão levantou dinheiro para um programa de educação ambiental que leva crianças em idade escolar ao rio. Houve atividades práticas, entre elas a busca pelo ameaçado lagostim-de-patas-brancas, a única espécie natural das Ilhas Britânicas. À sombra das colinas calcárias e da história da época romana, o vale do Eden é fértil e verdejante, salpicado de carvalhos e castanheiras. Seguindo a pé para Solway Firth, Stewart absorveu todas as informações que pôde a respeito do vale. O produtor de leite, cuja família lavra a orla do rio há séculos, ressaltou que os lagostins vivem somente no calcário, pois precisam do cálcio da rocha para suas carapaças. Outro excursionista, o médico, mostrou a Stewart as cavernas de meditação que os primeiros monges cristãos abriram nos paredões. Depois de quatro dias, quando caminhava aos trambolhões pelos atoleiros à beira-mar, Stewart percebeu como havia chegado longe e quanta coisa ainda não compreendia.

No Afeganistão, apesar de falar dari e um urdu meio enferrujado, apesar de sua experiência como diplomata e viajante independente em países como o Irã e o Iraque, essa sensação nunca desvaneceu.

A polícia secreta deu-lhe, a contragosto, permissão para prosseguir em sua caminhada, mas só se fosse escoltado por dois homens armados. Milícias maltrapilhas perambulavam pelo interior. Uns dez correspondentes de guerra estrangeiros haviam sido mortos nos últimos dois meses. Os homens designados para proteger Stewart – Qasim, miúdo e com quarenta e poucos anos, e Abdul Haq, mais alto e mais jovem – estavam mal equipados. Ambos mujahidin que lutaram contra os russos e, posteriormente, contra o Talibã, agora a serviço de um chefe guerreiro transformado em governador regional que fizera a mesma coisa, eles portavam apenas fuzis e sacos de dormir, sem comida nem roupas de inverno. Pior ainda, por serem agentes do governo de Herat, não tinham autoridade alguma além dos vilarejos tadjiques sunitas que ficavam alguns dias a leste dali. Viajar com Qasim e Haq era perigoso. No itinerário de Stewart, comandantes feudais presidiam os vales vizinhos. A guerra fora uma constante durante mais de duas décadas, mas as linhas de batalha dificilmente eram nítidas. Havia três outros grupos étnicos principais, mais um ramo do islamismo e ditadores que podiam ou não ter mantido relações de amizade com o Talibã semanas antes. Alguns deles tinham laços com o governo iraniano; outros recebiam armas e dinheiro do Paquistão. As alianças são a fonte de poder no Afeganistão, e elas passavam por um vaivém desvairado na esteira dos bombardeios do Ocidente.

Sem tomar banho, usando a tradicional túnica *shalwar kemis*, calças folgadas e um barrete flexível e redondo, Stewart praticamente podia passar por um habitante local quando saiu de Herat, cem quilômetros a leste da fronteira iraniana. O deserto pedregoso não tinha árvores e era flanqueado por colinas nuas. A temperatura era amena. Era bom andar. Matar sua sede de história, cultura e movimento.

Garantir as acomodações noite após noite era uma aventura. A tradição muçulmana obriga a oferecer hospitalidade aos viajantes – "aquele que dorme de barriga cheia enquanto seu vizinho passa fome não é um verdadeiro crente", proclamava o profeta Maomé –, mas a recepção era variável. Stewart não sabia o que poderia acontecer ao bater na porta de uma mesquita ou chamar ao portão de uma residência murada. Em algumas humildes casas de barro, ele era levado com toda a cortesia à sala dos hóspedes, onde se sentava sobre o tapete com os homens do vilarejo e, depois de recitar uma sequência de saudações ritualísticas árabes, era bombardeado com perguntas sobre sua terra natal e costumes. (Que a paz esteja com você. Oxalá não esteja cansado. Espero que sua família passe bem. Você se casaria com uma prima em primeiro grau?) Alguns anfitriões desconfiavam do estrangeiro. Mas Stewart tinha cartas de apresentação redigidas por autoridades do alto escalão, e muitos homens que ele encontrou se mostravam curiosos ou generosos, mesmo quando não sabiam ler. As fogueiras eram acesas, distribuíam-se cobertores. As refeições (arroz com alguns pedaços de carne de carneiro para o jantar, pão *nan* e chá doce no desjejum) eram feitas em silêncio. Nos lares mais prósperos, os criados lhe serviam nozes e laranjas e ele se sentava em tapetes finos. Não havia eletricidade nem água encanada em lugar algum. E, até chegar à terra dos hazaras, no ponto central de sua caminhada, não se viam mulheres em público. "Em muitas casas", ele escreve, "o único item de tecnologia estrangeira era um Kalashnikov, e a única marca globalizada era o Islã."

Numa sala de hóspedes gelada e cheia de gente durante a primeira semana da viagem, sofrendo de disenteria e começando a se cansar da conversa limitada, evitando falar de religião mas disposto a entrar de cabeça na política, Stewart perguntou a um mulá o que ele achava do então novo líder do Afeganistão, Hamid Karzai.

– Ele é bom – respondeu o mulá. – Por enquanto.

– Por enquanto?

– Al-Qaeda também era boa no começo.

Stewart perguntou a outro homem, um rico proprietário de terras, por que ele havia se tornado mujahid.

– Porque o governo russo proibiu minhas mulheres de usar o véu e confiscou meus jumentos.

Por que combateu o Talibã?

– Porque obrigaram minhas mulheres a usar a burca e roubaram meus jumentos.

No entra e sai dos soberanos, não importava realmente se eram militantes religiosos ou representantes de superpotências estrangeiras. As pessoas tinham preocupações mais imediatas.

Daí a alguns dias, Stewart chegaria ao rio Hari Rud. Em certos lugares, o curso d'água ficava espremido entre as encostas em terraços das colinas e cruzava rugindo gargantas claustrofóbicas – locais ideais para emboscadas. Ele deu algum dinheiro a Qasim e Abdul Haq, e os homens armados aceitaram voltar. Assim que Stewart se viu sozinho, os aldeões passaram a pendurar os Kalashnikovs no ombro e a insistir em lhe servir de guia parte do caminho até o próximo grupo de casas. "Eu era passado de mão em mão feito um pacote", ele escreve, "de um chefe para outro."

Esses chefes eram o único poder de verdade. Nos vilarejos tribais das montanhas do Afeganistão, as pessoas não pagam impostos nem recebem o que seja do estado. As leis são ditadas pela tradição, a religião e a necessidade. Pela terra e as estações. O governo acontecia em outros lugares, "em grandiosos edifícios varados de balas em Herat e Cabul".

Em Chaghcharan, uma cidadezinha de 15 mil habitantes bem no meio do percurso, Stewart viu a extensão do abismo que separava a retórica ocidental da realidade afegã. Dois helicópteros Chinook pousaram, e dois representantes das Nações Unidas saíram de dentro deles, abaixando-se para evitar as hélices que ainda giravam. Um era irlandês e outro, alemão, ambos veteranos em termos de política internacional, e conheciam o Afeganistão melhor do que qualquer europeu sonharia conhecer. Usando um microfone para se dirigirem a uma multidão diante do único edifício de concreto da cidade, eles explicaram o novo processo de *loya jirga* que acabaria elegendo um novo líder nacional. Pessoas comuns, até mesmo mulheres, poderiam ser eleitas deputadas. Aí os homens da ONU entraram nos helicópteros e foram embora.

Stewart tinha amigos que trabalhavam para a ONU, para outras agências internacionais e incubadoras de ideias em Cabul. Conduziam projetos que custavam milhões de dólares, mas raramente deixavam os locais fortificados onde viviam. O objetivos deles, Stewart escreve, citando um documento das Nações Unidas, era "a criação de um governo centralizado, de bases amplas e multiétnico, que se comprometesse com a democracia, os direitos humanos e o estado de direito". Independentemente de suas intenções e sensibilidades, eles eram "originários de estados pós-modernos, seculares e globalizados com tradições liberais no tocante ao direito e ao governo". Não perceberam que a centralização do regime, naquela parte do mundo, geralmente implicava subjugação violenta? Que a democracia e a igualdade de gênero não seriam fáceis de vender? "Os legisladores programáticos", ele declara em *Os lugares do meio*, "não tinham o tempo, as estruturas nem os recursos necessários para fazer uma análise séria de uma cultura estrangeira. Justificavam sua falta de conhecimento e experiência concentrando-se na pobreza e insinuando inexistirem diferenças culturais drásticas."

Num simpósio em Cabul, Stewart ouvira Mary Robinson, a então Alta-Comissária das Nações Unidas para os Direitos Humanos, ressaltar que os aldeões afegãos eram semelhantes aos pobres do resto do mundo: sua maior preocupação era saber de onde viria sua próxima refeição. Mas os camponeses que ele conheceu sabiam muito melhor do que a maioria de nós de onde viria a próxima refeição. De seus campos. De seus rebanhos.

É possível aprender um bocado a respeito de um vilarejo afegão muito rapidamente, Stewart me diz enquanto seguimos margeando o Lune. As vidas são dramáticas. As pessoas metem bala nos vizinhos. Ou ficam sem comida. Costumam apontar os lugares relacionados ao saber local: foi ali que matei um lobo, foi ali que matei um talibã. Logo depois de chegar à casa de alguém, Stewart se via sentado numa sala com mais dez ou doze homens. Eles lhe faziam perguntas diretas, e metade deles dormia ali com ele.

Leva-se muito mais tempo para entender uma cidade britânica e descobrir quais são seus problemas. As pessoas são muito mais reservadas. Passam mais tempo dentro de casa. As fazendas são maiores, e as pastagens não são pontilhadas por pastores que, lá do alto das serranias, berram convidando você para tomar chá. Quando começou sua excursão de campanha, Stewart tentou transplantar seu método do Afeganistão para a Inglaterra. Os moradores eram bastante amistosos, mas nem todos o convidavam a entrar. "Eu chamaria a polícia se alguém com a sua cara batesse à minha porta no meio da noite", alertou-lhe um amigo. "Ninguém vai lhe dar abrigo. Provavelmente será assaltado no primeiro dia. Eu ficaria com o Talibã."

O contraste é ainda mais surpreendente quando o que está em jogo é ser um administrador ou parlamentar eficaz. Em 2005, Stewart voltou ao Afeganistão e morou três anos em Cabul, dirigindo a fundação Montanha Turquesa. Enquanto ele esteve lá, a beneficência montou uma clínica e uma escola de ensino fundamental, reconstruiu noventa edifícios e levou água e eletricidade a centenas de casas. Em seus primeiros três anos num cargo eletivo em seu próprio país, uma de suas maiores realizações tem sido garantir o acesso à internet de banda larga a 52 lares rurais, resultado de aproximadamente 120 horas de reuniões.

– Numa sociedade como esta, as pessoas têm necessidades reais, mas entendê-las é muito complicado – diz Stewart. – A gente acorda em certos dias, olha pela porta e as coisas não estão ruins. Todos têm uma escola, todos têm uma rua pavimentada, todos têm um suprimento de água, ninguém está morrendo de fome. Então o que eu tenho realmente de fazer? Para que serve um político?

Ele continua:

– Dá para se sentir muito supérfluo hoje em dia. Muitas vezes, a sensação é de que todos os grandes problemas já foram resolvidos. Que, basicamente, formamos uma sociedade que está em paz e funciona muito bem. Que eu poderia ser atropelado por um ônibus e, mesmo se não tivessem um representante parlamentar há vinte anos, as ruas seriam recapeadas do mesmo jeito, os trens continuariam circulando, a eletricidade ainda chegaria. Numa democracia madura como esta, é preciso ser muito sensível a pequenas mudanças. É preciso trabalhar mais, estudar mais, aprender mais: extrair até a última gota de serventia da condição de servidor público.

Percorrendo a pé paisagens domésticas e distantes, Rory Stewart passou a ter mais intimidade com diversos povos e culturas. Ele passou a compreender as nuances de seu distrito eleitoral e de uma zona de guerra mais do que a maioria dos políticos conseguirá entender um dia. Stewart é independente demais para que o deixem assumir o protagonismo na bancada, afirma o colunista político britânico Ian Dunt. Ele provavelmente tem razão. Mas a transformação raramente começa nos altos escalões do poder.

Stewart andou por toda a Cumbria para chamar a atenção de sua gente. Em todo o planeta, as pessoas caminham para chamar a atenção dos políticos. A desobediência civil não violenta é uma lenta sangria rumo à mudança.

Henry David Thoreau escreveu um dos textos fundadores do movimento. Motivado por sua aversão à escravidão e ao imperialismo dos Estados Unidos, e mandado brevemente para a cadeia por ter se recusado a pagar impostos, ele escreveu o ensaio *Desobediência civil* em 1849, não muito depois de deixar o lago Walden. Ele convocava as pessoas a agir de acordo com suas consciências – e não esperar sentadas que se fizesse justiça – caso discordassem de um governo que supostamente estaria agindo em nome delas. No decorrer dos dez anos seguintes, Thoreau apresentaria e refinaria duas palestras que se transformariam em outro ensaio, *Caminhar*, publicado pouco depois da morte de Thoreau, vítima de tuberculose, em 1862. O texto louva as virtudes da imersão total na natureza e condena a propriedade privada das imensidões selvagens. Até mesmo uma caminhada em terreno conhecido, ele escreveu, pode oferecer novas perspectivas.

A primeira personalidade mundial a encarnar as palavras de Thoreau e ligar a desobediência civil ao caminhar para todo o sempre foi Mahatma Gandhi. As leis monopolistas britânicas proibiam os indianos de produzir ou vender sal, o que obrigava uma população basicamente pobre a comprar dos colonizadores o sal caro e muitas vezes importado. Em março de 1930, Gandhi deu início a uma marcha através do estado ocidental de Gujarat, desde seu *ashram* até o Mar Arábico. Acompanhado, de saída, por algumas dezenas de seguidores, ele falava em público em todos os vilarejos em que parava. Mais algumas centenas de pessoas se uniram à procissão. Em 5 de abril, depois de percorrer quase quatrocentos quilômetros, ele chegou à vila litorânea de Dandi e recolheu vários punhados de sal na praia, infringindo a lei. O protesto continuou durante mais dois meses. Gandhi foi preso em maio, inspirando outras pessoas a buscar o sal no mar. Lá pelo fim do ano, 60 mil pessoas haviam sido presas e não havia mais como deter a jornada dos indianos rumo à independência.

Não obstante as recentes marcas dos pedômetros, os estadunidenses sabem fazer barulho com os pés. Em 3 de março de 1913 – véspera da posse do presidente eleito Woodrow Wilson –, o Desfile pelo Sufrágio Feminino percorreu a Pennsylvania Avenue de Washington, lutando por uma emenda constitucional que desse às mulheres o direito de votar. Foram 8 mil participantes, vinte carros alegóricos e nove bandas. O trajeto estava todo tomado por dezenas de milhares de espectadores, em grande parte homens que estavam na cidade para assistir à posse de Wilson. As mulheres que desfilaram foram empurradas, derrubadas e feridas: cem delas acabariam no hospital. Os policiais nada fizeram. A notícia ganhou vulto e o superintendente de polícia foi demitido. A indiferença de Wilson começou a ruir. Sete anos depois, a 19ª Emenda foi aprovada. O sofrimento pariu o sufrágio.

Desde então, praticamente todos os grupos de protesto nos Estados Unidos, fossem convencionais ou marginais, tomaram as ruas de Washington. Cinquenta mil membros da Ku Klux Klan marcharam pela Pennsylvania Avenue em 1925, uma procissão fantasmagórica de capuzes brancos. Seguindo seus passos, viriam rabinos, veteranos de guerra, pacifistas, feministas, cruzados antiaborto, agricultores, gays e lésbicas, sindicalistas, membros do Tea Party e centenas de outros partidos representantes das massas idôneas e indignadas.

Em 28 de agosto de 1963, Washington se preparou para um levante. Quatro mil soldados aguardavam nos subúrbios e 15 mil paraquedistas estavam a postos na Carolina do Norte. A venda de bebidas alcoólicas foi suspensa na capital pela primeira vez desde a Lei Seca. As lojas despacharam suas mercadorias para que não houvesse saques. Pelo menos 250 mil pessoas afluíram para o National Mall durante a Marcha de Washington por Empregos e Liberdade. Joan Baez, Bob Dylan e outros músicos se apresentaram. A multidão se manteve pacífica, harmoniosa – "pernas de brancos e negros tremulam juntas no espelho d'água", escreveu um repórter. Quando finalmente assumiu o microfone aos pés do Memorial de Lincoln, Martin Luther King Jr. descartou o discurso já preparado. Em vez disso, pregou seu sonho de liberdade.

"Depois do sexo, a atividade que combina em mais alto grau a experiência física e a emoção intensa é participar de uma manifestação em massa num momento de grande exaltação pública", escreveu o historiador britânico Eric Hobsbawm. "Diferente do sexo, que é essencialmente individual, esta é, por sua própria natureza, coletiva [...] e pode ser prolongada horas a fio. [...] Implica uma certa ação física – marchar, entoar palavras de ordem, cantar –, através da qual se expressa a fusão do indivíduo com a massa, que é a essência da experiência coletiva."

A Marcha de Washington abriu caminho para outro avanço. Em 7 de março de 1965, aproximadamente seiscentos ativistas se puseram a andar de Selma, Alabama, a Montgomery, a capital do estado, exigindo o direito ao voto, o fim da violência dirigida aos negros e da discriminação racial. Estavam dispostos a passar pelo Condado de Lowndes, dominado pela KKK, e acampar ali, onde setenta por cento da população era negra, apesar de ninguém ter tentado votar desde 1900. Os participantes da marcha foram rechaçados pela tropa de choque da polícia com cassetetes e gás lacrimogêneo depois de atravessarem a principal ponte de Selma. Dois dias depois, as imagens da brutalidade chegaram a todo o país. King levou 2,5 mil pessoas de volta à ponte. Estavam esperando uma ordem judicial que impedisse a polícia de interferir. Quando chegaram ao rio Alabama e ao cordão de isolamento formado por policiais estaduais, eles se detiveram e rezaram. A nação aguardou de respiração suspensa. Aí King gritou: "Vamos voltar para a igreja". Os participantes se retiraram.

Essa demonstração de determinação e paciência foi o epítome de uma "demanda não violenta pela transformação da normalidade", escreve o historiador da luta pelos direitos civis Taylor Branch em *The King Years: Historic Moments in the Civil Rights Movement* [A época de King: momentos históricos do Movimento pelos Direitos Civis], no qual ele se concentra nessa "marcha que deu meia-volta", em grande parte esquecida, como um dos momentos-chave da época. Em 21 de março, cinco dias após a retirada, e agora protegidas pela firma de um juiz federal e uns 2 mil soldados do Exército dos Estados Unidos, 8 mil pessoas se puseram a fazer a caminhada de 87 quilômetros até Montgomery. "Parecia que meus pés estavam rezando", comentou o rabino Abraham Heschel. Quatro dias depois, na capital do estado, King fez o discurso que conhecemos como "Quanto tempo, não muito": "Mais uma vez o método da resistência não violenta saiu de sua bainha, e mais uma vez uma comunidade inteira se mobilizou para confrontar o adversário. E novamente a brutalidade de uma ordem agonizante fez ouvir seu grito agudo por todo o país. Mesmo assim, Selma, Alabama, tornou-se um momento de luz na consciência do homem [...]. Se o que há de pior no modo de vida estadunidense espreitava em suas ruas escuras, o que há de melhor nos instintos estadunidenses ergueu-se veementemente, vindo de toda a nação, para sobrepujá-lo".

Os povos indígenas dos Estados Unidos e do Canadá continuam a marchar por justiça. Sua luta já tinha quinhentos anos, mas ganhou impulso durante o movimento pelos direitos civis. O grupo de defesa do Movimento Indígena Estadunidense [AIM, na sigla inglesa] se formou em 1968. Dez anos depois, o AIM organizou uma caminhada de 5.150 quilômetros de São Francisco a Washington. Queria chamar atenção para os projetos de lei federais que infringiam tratados que protegiam seus direitos à terra e à água. Vinte e oito pessoas completaram a marcha de cinco meses, enfrentando nevascas na travessia da Sierra Nevada e cruzando estados nos quais não era permitido caminhar nas autopistas e pontes. Em Reno, não deixaram que usassem a rua principal. No Monumento a Washington, o professor doutor Lehman Brightman, um *sioux* da Dakota do Sul que em 1969 criara o primeiro programa de estudos indígenas do país, na Universidade da Califórnia, em Berkeley, falou dos recursos das terras indígenas – urânio, carvão, petróleo, gás natural, madeira e água – que o governo queria roubar. "Hoje é um bom dia para resistir a essa legislação", disse Brightman, parafraseando Crazy Horse. Nenhum dos onze projetos de lei foi aprovado.

Em 2000, aproximadamente vinte indígenas *seri* e *tohono o'odham* do México e do sudoeste dos Estados Unidos fizeram a Caminhada no Deserto pela Biodiversidade, Saúde e Patrimônio Cultural, uma marcha de doze dias e 370 quilômetros desde El Desemboque, México, até Tucson, Arizona. A única comida que ingeriram saiu da terra, e eles aprenderam sobre "as complicadas intersecções da ecologia do deserto, da saúde e cultura humanas", escreve Susie O'Brien, professora doutora de estudos culturais na Universidade McMaster em Hamilton, Ontário, Canadá. Foi "uma intervenção numa disputa pela soberania do tempo [...], dando aos participantes o direito de tomar parte da promoção de um futuro global habitável". Seu trajeto cruzava o terreno quente e seco onde milhares de imigrantes ilegais morreram tentando entrar nos Estados Unidos, mas a Caminhada no Deserto não se concentrou nas políticas de imigração. Foi um protesto contra a colonização do futuro.

A história indígena no Canadá está repleta de relatos de pessoas que percorreram grandes distâncias a pé para trazer alguma espécie de mudança, conta Leanne Simpson, estudiosa e autora da Primeira Nação Alderville, que fica a nordeste de Toronto. Caminhando, eles podiam socializar, fortalecer os laços de família e fazer diplomacia. "As mesmas coisas que motivaram meus ancestrais a caminhar hoje motivam essas pessoas", ela afirma.

As marchas longas são muito mais do que uma tática ou estratégia, declara Simpson, que já deu um curso sobre resistência indígena na Universidade Athabasca de Alberta. "Há tempos os povos indígenas se levantam contra a possibilidade de serem eliminados: eliminados da terra, eliminados da consciência estadunidense e canadense. Situar nossos corpos mais uma vez na terra pode ser eficaz."

A Lei Indígena do Canadá impediu os povos nativos de se mobilizarem em grupos grandes até a década de 1950. As revisões da lei afrouxaram as restrições aos protestos públicos, e a tradição de caminhar renasceu. Em 1974, a Caminhada em Caravana Indígena para Ottawa atraiu ativistas de todo o país, muitos dos quais foram andando até os pontos de encontro antes de tomarem um trem para a capital e reclamar dos tratados rompidos. A polícia montada, desconfiando do envolvimento do Movimento Indígena Estadunidense e de "radicais" daquele país, removeu os manifestantes à força da Colina do Parlamento.

Três anos depois, Sandra Lovelace, uma *maliseet* da Primeira Nação Tobique de Nova Brunswick, voltou à sua reserva depois de se divorciar do marido estadunidense. As casas dos parentes estavam lotadas e não podiam abrigar Lovelace e o filho, mas o conselho tribal não a ajudou a conseguir um lugar para morar porque ela era "irregular": havia se casado com um homem branco. Irritada com o fato de a Lei Indígena negar-lhe acesso à sua própria terra e impor um sistema patriarcal de identidade, Lovelace apresentou uma queixa à Comissão de Direitos Humanos das Nações Unidas. Em seguida, em julho de 1979, inspirando-se na caminhada a Washington da AIM, ela ajudou a liderar a Caminhada das Mulheres Indígenas a Ottawa.

Lovelace saiu de Tobique num ônibus, que foi parando em outras reservas e recolhendo mais gente em seu trajeto rumo a oeste. Logo depois de Montreal, passaram a noite no chão do centro comunitário de Oka, Quebec, onde os guerreiros *mohawk* fariam o bloqueio em 1990. Cinquenta mulheres e crianças se puseram a andar na manhã seguinte. A temperatura chegava a 37 °C, os pés e os tornozelos doíam, mas as comunidades no caminho forneceram água gelada, sanduíches e um local para dormir. A grande mídia se interessou pela história; políticos federais e indígenas se reuniram com as participantes. Sete dias e 160 quilômetros depois, elas atravessaram uma multidão e marcharam até os degraus da Colina do Parlamento. O primeiro-ministro Joe Clark prometeu que a Lei Indígena seria revista e, em 1985, a cláusula de regularidade para as mulheres finalmente foi modificada.

"Não achávamos que alguém fosse nos dar ouvidos ou que conseguiríamos alguma coisa", conta Lovelace, que se tornou a primeira senadora indígena do Canadá em 2005. "Só o fato de chegarmos lá foi uma grande emoção."

Nos últimos anos, as mulheres indígenas percorrem a pé centenas de quilômetros de gelo ártico para levantar fundos e combater o câncer, além da "Estrada das Lágrimas" da Colúmbia Britânica, onde dezenas de mulheres jovens, quase todas indígenas, foram assassinadas ou desapareceram. Josephine Mandamin, uma anciã *anishinabe* do norte de Ontário, liderou uma série de caminhadas longas pelas margens dos Grandes Lagos. Ela cresceu bebendo a água da Baía Georgiana e comendo peixe fresco todos os dias. Para ela, a poluição e o aquecimento global não são abstrações. "As avós das primeiras nações não amam seus netos mais do que nós amamos os nossos", diz Kevin McMahon, diretor do documentário *Waterlife* [Vida na água], estrelado por Mandamin, "mas elas talvez tenham uma visão mais clara do horizonte."

A Lei Indígena ainda é alvo de críticas. Perpetua o paternalismo e o racismo, afirma Leo Baskatawang, um *anishinabe* do norte de Ontário. No verão de 2012, enquanto fazia o mestrado em estudos indígenas, ele acorrentou um exemplar da Lei à própria perna e foi andando de Vancouver a Ottawa. Com uma média de 30 a 35 quilômetros por dia pela rodovia Transcanadense, ele gastou quarenta exemplares da lei. "As caminhadas desse tipo, elas não são exclusivamente indígenas", diz Baskatawang, que não costumava andar muito até cumprir dois turnos no Iraque como soldado do Exército dos Estados Unidos. Sua maior inspiração era Terry Fox, que atravessou metade do Canadá correndo numa perna só em 1980 para convencer as pessoas a apoiar as pesquisas sobre o câncer. Da mesma forma, Baskatawang diz que seu caminhar "era uma maneira de compartilhar [sua] mensagem com muita gente e durante um bom tempo. Se quiser ver algo mudar, é preciso sair e procurar ativamente a mudança".

Stanley Vollant tem a mesma impressão sobre a Lei Indígena, mas a Innu Meshkenu se concentra na cura individual e na força da comunidade. Ele observa a realidade através de uma grande angular. Quando lhe perguntei sobre o partido que governa o Canadá, ele saiu pela tangente, levando-me junto, e voltamos à Batalha de Maratona, em 490 a.C., quando os gregos venceram um exército persa muito maior. Aí ele me contou que haviam lhe pedido para sair candidato pelos Novos Democratas Federais e pelos Liberais de Quebec. Ele está de olho na pasta de ministro da saúde, mas só vai cogitar uma jogada como essa daqui a uma década. "Para mim, é importante encerrar as coisas antes de começar outras", disse Vollant. "Terminar essas caminhadas me fará conhecer melhor meu país, minha gente e as verdadeiras dificuldades que as pessoas enfrentam."

Em fevereiro de 2013, enquanto eu me preparava para viajar a Manawan para a expedição com Vollant, o chefe hereditário Beau Dick da Primeira Nação Namgis liderou uma caminhada de nove dias desde

Alert Bay, Colúmbia Britânica, até a sede do governo provincial em Victoria. A marcha pela ilha de Vancouver fazia parte do movimento de protesto Idle No More [Não Mais Indolentes]. O chefe Dick queria conscientizar as pessoas a respeito do projeto de lei federal C-38, uma legislação multitemática que continha algumas centenas de páginas de emendas que enfraqueceriam as leis ambientais do Canadá.

À medida que se acercava de Victoria, o grupo viu suas fileiras engrossarem: primeiro algumas dezenas; depois, várias centenas. O vereador Ben Isitt juntou-se a eles nos últimos dez quilômetros. As conversas que manteve nas duas horas que caminhou foram significativas. Homens e mulheres de negócios sabem criar relacionamentos e parcerias no campo de golfe. A associação informal durante uma marcha ou um piquete de protesto, afirma Isitt, estimula a solidariedade e ajuda os ativistas a buscar coletivamente seus objetivos.

Antes de ser eleito para a câmara, Isitt escreveu e deu palestras sobre história nas universidades da Colúmbia Britânica e Nova Brunswick, e foi nesta que ele defendeu sua tese de doutorado, que se concentrou na classe trabalhadora e nas mudanças políticas. Quando pergunto sobre a conjunção histórica de caminhar e desobediência civil, Isitt me fala de uma das mais longas marchas de protesto no território da Colúmbia Britânica. Na década de 1950, nas montanhas Kootenay, os Filhos da Liberdade – um ramo dissidente e radical da seita pacifista cristã Dukhobor – tirou os filhos das escolas públicas que eles consideravam militaristas e materialistas. As crianças foram recolhidas à força aos internatos. Algumas famílias responderam com ataques à bomba num tribunal, numa torre de transmissão de energia, em pontes e trilhos ferroviários, além de incendiar escolas. Mais de cem pessoas acabaram condenadas por esses crimes e, na primavera de 1962, encarceradas numa nova prisão de segurança máxima, à prova de fogo e construída só para isso em Agassiz, a leste de Vancouver, no rio Fraser.

Naquele mês de setembro, aproximadamente seiscentos homens, mulheres e crianças da seita começaram uma marcha-migração, saindo das Kootenays e rumo a Vancouver, e, no verão seguinte [julho a setembro], até os portões da prisão, onde estabeleceram um acampamento.

Os moradores de Agassiz reagiram de maneiras contraditórias aos novos vizinhos. Alguns deles (os donos de mercadinhos, o farmacêutico) receberam a nova clientela de braços abertos; outros se mostraram hostis. A polícia montada ficou respeitosamente de olho. Os vigilantes sanitários ficaram satisfeitos com as condições do acampamento. As crianças da seita frequentavam as escolas próximas, onde foram dispensadas de cantar canções patrióticas em respeito a suas convicções religiosas. Os homens trabalhavam para os agricultores da região ou construíam e pintavam casas. Não mais enfurnados nos vales reclusos do interior da Colúmbia Britânica, os Filhos da Liberdade (e, em geral, toda a seita Dukhobor) e sua migração ficaram conhecidos. A aldeia de barracas perdurou quase uma década, até que todos os prisioneiros tivessem cumprido pena. Quando eles foram soltos, os membros da seita voltaram para casa e as tensões sempre a ponto de estourar desapareceram. Chegara-se a um acordo... e a uma paz duradoura.

Percorrer longas distâncias a pé para alcançar um objetivo, em vez de tomar um ônibus ou ir de carro, tem poder simbólico, afirma Isitt. Seguir pelas grandes vias de transporte e atravessar comunidades pode chamar a atenção do público de tal maneira que outros protestos talvez não consigam. Essas marchas pertencem a um espectro que também inclui as procissões fúnebres e os desfiles, que podem ser políticos ou comemorativos, ou um pouco dos dois. A marcha do orgulho gay numa cidade pode ser uma festa, ao passo que em outra pode ser uma expressão de ira e rebeldia. De um jeito ou de outro, é uma maneira elementar de transpor física e metaforicamente o abismo entre onde se está e onde se deseja estar.

Os governos são embarcações grandes e desajeitadas. Raramente mudam de rumo com rapidez. Ações individuais ou coletivas podem empurrar as políticas numa ou noutra direção. Mas, mesmo havendo um argumento convincente – por exemplo, as diversas recompensas de um modo de locomoção em particular –, a lentidão burocrática ou partidária (ou dos grupos de interesse) pode ser exasperadora, como fizeram questão de frisar rudemente no caso do pesquisador das mudanças climáticas da Universidade de Regina, Dave Sauchyn.

Sauchyn, alguém que realmente se dedica a caminhar e se mudou para mais longe do campus para poder andar mais entre o lar e o trabalho, acha divertida a hostilidade com que Regina trata os pedestres: ruas sem calçadas nem faixas de pedestres; becos sem saída que impedem trajetos diretos. Ele já bateu à porta das casas e pediu para cortar caminho pelos quintais.

– As pessoas ficam me olhando – ele conta. – Acham que estou desempregado, que estou em situação de rua ou sou doente mental.

Pediram a Sauchyn, na condição de integrante do Prairie Adaptation Research Collaborative [Rede de Colaboradores para a Pesquisa da Adaptação às Pradarias], que discursasse diante da Comissão Permanente sobre Meio Ambiente e Desenvolvimento Sustentável do governo federal do Canadá. Estimulado a não ministrar uma palestra insípida e científica, ele escreveu um preâmbulo a respeito do caminhar.

– Meu primeiro comentário foi sugerir que dois dos problemas mais difíceis que se apresentavam ao Parlamento, a saúde e o meio ambiente, poderiam ser abordados com uma mesma solução: estimular os canadenses a caminhar – conta Sauchyn. – A sugestão foi recebida com gargalhadas espontâneas e uma segunda rodada de risadinhas quando um parlamentar destacou que moro em Regina. Desconfio que tenham interpretado erroneamente meu conselho sincero como uma tentativa de prefaciar minha palestra com um pouco de humor.

A pesquisa de Sauchyn é técnica. Ele estuda como as bacias hidrográficas vêm respondendo às mudanças climáticas no último milênio. Seus gráficos de pizza não são nada edificantes. Em certos dias, principalmente depois de conversar com associações comerciais ou políticos, ele deixa de acreditar na humanidade. Em outros, quando se encontra com agricultores, pecuaristas ou pessoas que mantêm contato com a terra, ele fica mais otimista. Ele encontra inspiração em conquistas localizadas e acredita ser sua responsabilidade transmitir uma mensagem pessoal:

– Precisamos de estilos de vida compatíveis com a necessidade de mitigar os efeitos do aquecimento global. Qualquer coisa que represente uma mudança de atitude, um afastamento em relação à cultura do automóvel, representa uma adaptação às mudanças climáticas ou sua mitigação.

Sauchyn sabe que instar as pessoas a andar não é responsabilidade do governo federal. A criação de comunidades caminháveis é, em grande parte, da alçada municipal. Regina, apesar da reputação de ter invernos tão inóspitos quanto os de Edmonton, está melhorando. Antes de se tornar a principal urbanista de Toronto, Jennifer Keesmaat foi consultora de uma firma contratada para desenvolver um plano diretor para os bairros centrais da cidade. Ela deu ao documento o título de "Walk to Work" [Andar para o trabalho]. Publicado em 2009, o plano demandava 5 mil novos moradores no centro num prazo de quinze anos: uma base demográfica de profissionais jovens, artistas, estudantes, idosos e famílias que sustentaria o comércio varejista especializado numa cidade que passava por um crescimento sem precedentes. Se Regina seguir suas recomendações, as pessoas vão andar para o trabalho por ruas projetadas para pedestres – ruas com o tipo de fachadas amigáveis, integração de transportes, parques e pontos de encontro que Jeff Speck enaltece em *Walkable City* [Cidade caminhável].

Desde 1986, quando o plano anterior para o centro de Regina foi criado, a cidade tem feito investimentos mínimos em espaços públicos. Não era incomum um prédio de patrimônio histórico ser demolido para dar lugar a um estacionamento, muito embora os estacionamentos já tomassem mais de um quarto de todos os imóveis do centro. Essa abordagem não incentivou uma massa crítica de restaurantes, lojas, galerias e salas de concerto que mantivesse as pessoas ali no centro urbano depois de escurecer. E são essas pessoas que tornam o centro vivo e seguro.

O plano de Keesmaat foi aprovado pela administração municipal de Regina em 2012, mas dois novos edifícios de grande porte (uma torre comercial e outra residencial) já foram projetados para incluir praças públicas, mobiliário urbano e tendas para mitigar a canalização do vento nos cânions de concreto. A cidade implementou diretrizes menos restritivas para os cafés de calçada e deteve a expansão de sua rede de passarelas elevadas entre os prédios, porque elas tiram as pessoas da rua. "A última vez que algo assim aconteceu ao nosso centro foi há vinte anos", disse o prefeito de Regina numa entrevista de rádio, "daí queríamos garantir que faríamos direito."

Os governos provinciais do Canadá também estão nesse páreo. Em Ontário, onde o custo anual do sistema de saúde chega a uns 50 bilhões de dólares canadenses, o Ministério da Saúde promove o caminhar como maneira de combater a obesidade, o diabetes, o câncer e dezenas de outras aflições físicas e mentais. O Ministério da Habitação e das Cidades apoia o desenvolvimento de bairros de uso misto que aumentam os índices de locomoção ativa. "O design voltado para a comunidade", afirma seu manual de planejamento do uso da terra, "afeta a maneira como as pessoas se locomovem e seu grau de atividade no decorrer do dia." Metrolinx, a agência provincial criada para coordenar e integrar todos os meios de transporte na área metropolitana de Toronto e Hamilton, uma das regiões de crescimento mais rápido no país, prevê o acesso pedestre seguro e conveniente a uma rede de terminais de mobilidade nos quais ônibus e trens se conectam. O Ministério de Infraestrutura vê o caminhar e as bicicletas como um elemento cotidiano do transporte urbano.

Criar essas políticas é da alçada da função pública. É só lentamente que se imiscuem em nossas vidas. Não se ouvem debates acalorados sobre o caminhar na assembleia provincial: não é um foco de campanha. Mas isso não me dissuadiu de minha ideia fixa quando vi John Fraser se aproximar a passos largos da entrada de carros de minha casa.

Eu estava na traseira do meu furgão, cuidando dos preparativos para uma viagem de camping. Faltava pouco para uma eleição suplementar no meu distrito. O líder dos Liberais e primeiro-ministro de Ontário, Dalton McGuinty, havia renunciado, e Fraser, o braço direito do premiê, esperava substituí-lo.

– Você está ocupado – disse ele, vendo-me atracado com sacos de dormir e caixas plásticas abarrotadas de galochas e capas de chuva. – Não vou me demorar.

– Não, por favor – respondi, pulando para fora do furgão. – Tenho tempo de sobra.

Um homem grande, com uma cabeleira basta e grisalha, um cruzamento de John Kerry e Jay Leno, Fraser me falou de sua carreira no ramo dos supermercados e como ele tirou uma licença "temporária" para trabalhar com McGuinty dezoito anos antes. Ele pediu meu apoio e prometeu continuar trabalhando pelos moradores da zona sul de Ottawa.

– E aí, anda batendo muito de porta em porta? – perguntei, quando ele terminou seu discurso.

– Sete dias por semana – disse Fraser. – Perdi oito quilos até o momento. Mas meus joelhos estão me incomodando. Entrei nessa com sobrepeso e exagerei na dose. Comecei a consultar um fisioterapeuta.

Expliquei o motivo de minha curiosidade a respeito da campanha para angariar votos, e ele disse que já fazia aquilo havia anos, com McGuinty e outros políticos.

– Vou contar uma coisa para você: é totalmente diferente quando você é o candidato. – E acrescentou: – Sabe o que mais? Se mais pessoas caminhassem, o mundo seria um lugar melhor.

Fraser me convidou para acompanhá-lo pelas trilhas de campanha. Algumas semanas depois, eu me encontrei com ele e cinco voluntários jovens numa rua residencial não muito longe de minha casa. Fraser e o candidato dos Conservadores estavam empatados nas pesquisas, e faltavam cinco dias para a eleição.

– Como foi a viagem de camping? – ele perguntou, exibindo a primeira estratégia do método de bater de porta em porta: descubra alguma coisa sobre a pessoa que você cumprimenta e memorize-a.

A tarefa dele nas ruas, em essência, é mostrar aos eleitores distritais que, caso precisem de ajuda, ele estará acessível.

– As pessoas são realmente céticas em relação ao processo político – ele disse.

Num único dia, depois de computados todos os tuítes e publicações no Facebook, os candidatos recebem a mesma quantidade de cobertura midiática que eles levariam seis meses para obter trinta anos antes. O efeito disso é a dessensibilização. Os eleitores estão ocupados; é preciso encontrar uma maneira de estabelecer contato. "É exatamente assim que se ganham as eleições: caminhando", contara-me a diretora de campanha de Fraser, Jackie Choquette. "Nada substitui a interação porta a porta."

Fraser tirou uma garrafinha de enxaguante bucal do bolso, fez um bochecho e cuspiu o líquido num bueiro. Churrasquinho grego ao alho fora o prato do dia no escritório de campanha. Abraçados a pranchetas que indicavam onde moravam os eleitores indecisos, os voluntários se espalharam. Fraser tinha uma lista de endereços para experimentar. Bateu numa porta de tela e uma mulher de cabelos brancos atendeu. Ele se apresentou; ela estava preparando o jantar.

– Só quero lhe dizer uma coisa, senhora – Fraser lhe disse. – Adoro o que faço e acredito que posso fazer algo positivo.

Depois disso, ele passou uma hora batendo nas portas e perguntando aos moradores quais eram suas preocupações. Assistência médica domiciliar para os idosos. Empregos para os jovens. Verbas para os hospitais. Fraser falava com conhecimento de causa sobre todas essas questões. Trabalhando nos bastidores para o primeiro-ministro, ele era o verdadeiro representante parlamentar do distrito. Sabia o que dizer e quando dizer (por exemplo, seu comentário, minutos depois de ter me conhecido, de que caminhar poderia fazer do mundo um lugar melhor). Somente uma vez, quando uma mulher começou a falar sobre uma força-tarefa da qual ela participava, para cuidar de crianças em domicílio, ele pareceu ansioso para seguir em frente. O relógio não parava. Havia 80 mil eleitores para visitar e a campanha só duraria sete semanas.

– É importante lembrar que a pessoa mais inteligente na sala sabe bem o que eles não sabem – ele me disse ao nos aproximarmos da casa seguinte.

Era um fim de tarde quente e úmido. Nuvens negras apareceram. O céu escureceu. Trovoadas. Começou a chuviscar. Fraser e os voluntários voltaram depressa ao furgão.

– Quem quer sorvete? – ele perguntou. – Vamos tomar sorvete. E esperar a chuva passar.

– Em todos os países, os políticos são a forma mais baixa de vida – Rory Stewart me disse ao deixarmos a Exposição de Penrith, a caminho do rio Lune. – Mas é preciso se sacrificar no altar da democracia.

Stewart leva "uma das vidas mais extraordinárias de que se tem registro", foi a opinião do *New York Times*. Ele é um sonhador que se deixa limitar bem menos por convenções do que a maioria de seus semelhantes. Mas sua observação de que todos os grandes problemas já foram resolvidos foi um exagero. Uma justaposição da bucólica Cumbria e do Afeganistão devastado pela guerra. Toda vez que a guerra ou a violência radical irrompe num país como o Iraque ou a Síria, toda vez que os jihadistas dos países ocidentais chegam às manchetes, ele costuma aparecer na condição de comentarista em programas de atualidades e nos editoriais de jornais e revistas, reforçando a necessidade de se ter uma "vivência minuciosa de um lugar em particular" e sugerindo humildade e comedimento ao se cogitar a intervenção em outros países. Para pensar não só na próxima eleição, para lutar por uma compreensão aprofundada da terra, não há dúvida que ele percebe a tensão que só faz crescer nos tecidos conjuntivos que se espalham feito rede por todo o globo.

Enquanto nos encolhíamos atrás de um muro de pedra para fugir do vento e comer sanduíches no alto do Merrick, Joseph Murphy me falou do Dark Mountain Manifesto [Manifesto da Montanha Negra]. Em 2009, um grupo de escritores e artistas de Oxford publicou um panfleto que alertava para o "colapso ecológico, a limitação material e o desenredamento sociopolítico". Argumentam que "a política como a conhecemos titubeia, a exemplo da máquina que foi erigida para ela sustentar". As soluções propostas por líderes governamentais e empresariais, que geralmente envolvem "a necessidade de acordos políticos urgentes e a aplicação criteriosa do engenho tecnológico humano", são cortina de fumaça. "Séculos de arrogância tampam nossos ouvidos feito cera; não ouvimos o recado que a realidade nos manda aos gritos." À beira de uma transformação tão colossal que não compreendemos sua magnitude, o manifesto nos aconselha a olhar para baixo. Para a terra. Para nós mesmos. É a consciência temporal como ato de resistência.

No caminho de volta para a ponte Old Tebay, Stewart para e se recosta numa cerca. O Lune gorgoleja atrás dele. No mundo atual, diz ele, um dos grandes privilégios de quem anda é chegar a um lugar onde não há estradas. Chegar a uma comunidade onde as pessoas perguntam de onde você veio, onde você se sente grato pelo direito de percorrer a terra delas.

Ele aponta o leste, um mar de verde.

– Meu distrito eleitoral termina no alto daquela colina.

Ele aponta o oeste.

– E no alto daquela outra colina. – E ele continua, apontando o sul.

– Se subir naquele morro alto, você verá todo o meu distrito eleitoral, e nada mais, margeado pelo horizonte. Acho que tenho muita sorte de ter um lugar desses como lar. Um lugar com limites e fronteiras.

Aí ele me fala da noite de que mais gostou durante a caminhada da campanha eleitoral. Foi na cidadezinha de Wigton, perto da fronteira com a Escócia, em um conjunto habitacional com aproximadamente 150 residências. A taxa de desemprego no bairro é alta, e também a incidência de uso abusivo de drogas. Uma a cada cinco pessoas já foi presa. No entanto, quando ele ziguezagueou por suas travessas e vielas durante seis horas com um morador, reuniu-se com dezenas de adultos e crianças, escutou suas histórias, aí dormiu num sofá de um apartamento onde viviam três gerações de uma mesma família, ele ficou comovido.

– Saí de lá tão jubilante e otimista, tão convencido de que se trata da comunidade mais incrível do mundo – diz ele. – Provavelmente é uma percepção equivocada das coisas. Muitas coisas por lá são bem ruins. Acredito firmemente que, em países desenvolvidos, na América do Norte e na Europa, caminhar está deixando de ser o que era. São necessárias várias abordagens cuidadosas e originais – ir ao mesmo lugar duas vezes, tomar cuidado com a maneira como você se apresenta, viajar acompanhado de um morador – para aprender alguma coisa com a experiência. É preciso um esforço maior quando se atravessa o Afeganistão a pé. Meu sonho – ele continua – seria ser capaz de tirar um ano só para percorrer a Cumbria a pé e passar algum tempo em todos os vilarejos, conhecer todo mundo. Como representante parlamentar, quero aprender mais. Mas creio que meus eleitores não iriam gostar nem um pouco se eu tirasse um ano de folga para passear.

6
Criatividade

"Caminhar nos expõe ao fluxo constante de um ambiente em transformação, propiciando-nos uma série interminável de experiências novas e ímpares que, combinadas com nossas lembranças do passado, podem, por si só ou por meio da serendipidade, provocar novas associações e parir novas ideias."

Paul Sowden, psicólogo, Universidade de Surrey, Inglaterra

"Só consigo meditar quando caminho. Parado, deixo de pensar; minha mente só funciona acompanhando minhas pernas."

Jean-Jacques Rousseau, *Confissões*

Estou descendo uma longa escadaria de concreto. De costas. E de braços dados com uma mulher que conheci faz meia hora. Os degraus estão tomados por arbustos rasteiros, estão escorregadios por causa da chuva.

Na década de 1860, aproximadamente 240 hectares do terreno polido pela passagem de geleiras que é o Brooklyn foram transformados num parque pelos arquitetos paisagistas Frederick Law Olmsted e Calvert Vaux, mais conhecidos por seu trabalho numa propriedade retangular bem maior no meio de Manhattan na década anterior. O Prospect Park do Brooklyn foi criado para ser um intervalo de verde dentro do distrito que crescia rapidamente. A tal escadaria leva ao Concert Grove [Bosque dos Concertos], uma das diversas atrações projetadas para unir a beleza natural às instalações recreativas que os moradores daquela margem do rio procuravam.

Minha companheira e eu tateamos cada degrau com os dedos dos pés antes de descermos. Chegamos ao fim da escada, desenlaçamos nossos braços, completamos em sincronia um giro de 180 graus e olhamos à nossa frente, com as mãos estendidas para o céu. Outras oito pessoas que acabamos de conhecer nos aplaudem. Somos arte.

Abrigado sob um guarda-chuva preto, nosso curador temporário, Todd Shalom, acende um cigarro.

– Não se preocupe – diz ele ao colega Ben Weber –, temos seguro de responsabilidade civil.

Seguindo as educadas instruções de Shalom, fazemos fila única logo atrás de uma mulher que leva um guarda-chuva branco e preto parecido com uma bola de futebol pela metade. Ela percorre com suas piruetas uma trilha calçada de paralelepípedos e com bordos e carvalhos de um lado e outro, e o resto de nós segue atrás dela, imitando-lhe os movimentos da melhor maneira possível. Entramos num grande pavilhão octogonal aberto, onde dez homens praticam capoeira. Weber divide nosso grupo em dois. Metade de nós cria uma escultura *a la* Twister com nossos próprios corpos: agachados, arqueados, as canelas apoiadas umas nas outras para não perdermos o equilíbrio. Nossa forma espelha as colunas de ferro fundido e a cúpula oriental do pavilhão. Ficamos imóveis durante um minuto. Aí os outros "editam" nossas poses, mudando nossos braços e pernas de lugar até ficarem satisfeitos com a configuração. Os membros esticados e os torsos em ângulo agora refletem os mergulhos e os botes da capoeira lá do outro lado da estrutura.

É minha primeira vez no Prospect Park, que fica do outro lado da rua em relação ao apartamento onde meus avós maternos se estabeleceram depois de imigrarem para os Estados Unidos nos anos 1960. Fico num pé só, de olhos fechados, com uma das mãos no ombro de um desconhecido, imaginando se meu avô um dia se abrigou da chuva sob aquele teto. Escutando o barulho dos carros, abafado pela única floresta indígena do Brooklyn que ainda resta, ouço a voz de Shalom na minha cabeça:

– A intenção é mostrar às pessoas uma nova maneira de enxergar o meio ambiente. Queremos estimular uma troca poética constante com os lugares que as pessoas habitam e visitam.

Shalom, que veste calças jeans apertadas e, nos pés, traz tênis reluzentes e de cadarços amarelos, começou a organizar as caminhadas artísticas interativas em 2004. Ele cresceu num subúrbio de Nova Jersey, formou-se em administração pela Universidade de Boston, depois fugiu para São Francisco, para frequentar uma escola de artes e compor poemas. As caminhadas eram uma maneira de tirar suas palavras do papel, romper as barreiras entre o artista e a plateia, alcançar a consciência elevada do viajante sem deixar a cidade. Depois de tentar algumas instalações paisagísticas sonoras, de se mudar para Buenos Aires e passar por um episódio de lucidez inebriante quando atacado pelo mal de altitude no Peru, Shalom parou de brincar com sensores de ultrassom e programação de computadores, aterrissou no Brooklyn e, em 2010, criou um coletivo chamado Elastic City [Cidade Elástica], cuja programação consiste em uma série de caminhadas de baixa fidelidade conduzidas por artistas.

– Fiquei frustrado com a tecnologia – ele conta. – Queria ver o que era capaz de fazer apenas com meu corpo e um grupo de pessoas ao ar livre.

Apesar de os turistas se inscreverem regularmente nas excursões do Elastic City, não há nada de convencional nos passeios, que, para Shalom, tipicamente "relatam a experiência anterior de alguém ou de um grupo por meio de dados e fatos". Em vez disso, as caminhadas – ou "caminhos", como ele gosta de chamá-los – são uma tela maleável, lutando por "uma experiência mais corpórea no presente". Levam à contemplação, à fluidez e a uma coreografia livre entre desconhecidos. Estimulam os adultos a enxergar o dia a dia com os olhos arregalados de uma criança. Experimentar coisas novas.

Eu não gosto de me expor. Cantar no karaokê e dançar me deixa pouco à vontade. E é por isso que me sinto ligeiramente desconfortável no pavilhão do Prospect Park. É assim mesmo que Shalom espera que as pessoas reajam. A interatividade intimida muitos de nós. Mas, numa caminhada, você já está em movimento. A interatividade já vem embutida. É quase um truque, diz ele. Uma maneira de superar as calibrações internas e expectativas culturais que nos dirigem para o caminho de menor resistência. Caminhar deixa a mente naquilo que o filósofo francês

Frédéric Gros chama de um estado de "liberdade suspensa". E, quando seus passos são leves, seus pensamentos podem divagar.

Naquela tarde úmida de junho – depois de passar um fim de semana com os policiais da Filadélfia e antes de passar um dia no Harlem com Matt Green –, participei da "Signature Walk" do Elastic City, uma compilação dos "maiores sucessos" das interações físicas, aurais e textuais. Outras caminhadas se concentram em sons, no sol, em sombras ou em locais específicos de Nova York, tanto exteriores (o "espaço privatizado" que cerca o lado de fora do Lincoln Center) como interiores (a estação Grand Central).

Saímos do pavilhão e seguimos para a Ocean Avenue, uma via movimentada que margeia o parque. Shalom nos instrui a procurar um objeto interessante e, tão logo nos sintamos preparados, a colocá-lo na calçada.

– Se precisarem, temos álcool gel para as mãos – diz.

Eu arranco uma orelha-de-pau avermelhada de um toco de árvore. Meus colaboradores voltam com um cogumelo de dois chapéus, folhas verdes e pardas, a borracha da ponta quebrada de um lápis, uma embalagem de bala, uma tampinha de garrafa e um pedaço de casca de laranja. Um a um, vamos depositando nossos achados no chão.

– Muito bem – diz Shalom –, agora todos podem mover um dos objetos, e não precisa ser aquele que vocês trouxeram.

Depois de uma hora juntos, ninguém mais receia impor sua estética. De relance, nosso *tableau* de um metro quadrado, com alguns objetos empilhados, outros isolados, parece uma coleção aleatória. Somente com um exame mais de perto é que a imaginação e a intenção por trás da coisa aparecem.

A interação do caminhar com as ideias novas cativa artistas, escritores e pensadores desde nosso surgimento como espécie consciente. Na antiga Atenas, Aristóteles lecionava andando para lá e para cá em seu Liceu. Seus seguidores eram conhecidos como peripatéticos, que vem da palavra grega *pateo*, caminhar. Outro filósofo grego, Diógenes, brindou-nos com a concisa expressão *solvitur ambulando*: resolve-se andando.

Sigmund Freud delineou a estrutura da psique durante longas excursões a pé pelas montanhas. *A interpretação dos sonhos* "foi planejado para causar o mesmo efeito de uma de suas caminhadas por um desfiladeiro secreto que levava a uma floresta escura", escreve Michael Michalko, "e então se abria diante do panorama de uma planície".

No fim do século XVIII, partindo de seu chalé no Distrito dos Lagos da Inglaterra, logo a oeste de Penrith, William Wordsworth partiu em aventuras deambulatórias que acabaram totalizando 300 mil quilômetros. Ele fazia longas caminhadas meditativas ao lado da irmã Dorothy ou "solitário feito uma nuvem" e escrevia os versos líricos que ajudaram a inaugurar o Romantismo na literatura inglesa, uma resposta à Revolução Industrial e às normas sociopolíticas aristocráticas da época. "Vendo-se obrigado a se concentrar em fatos logísticos e passageiros, como, por exemplo, andar por terreno acidentado, o cérebro se livra da necessidade de contemplar preocupações de fundo", escreve Trina-Marie Baird num ensaio a respeito de Wordsworth, "que são, ao mesmo tempo, mais maçantes e menos específicas do que o chão que se pisa [...]. À semelhança da agulha de uma vitrola, [a mente] foi erguida e removida de sua faixa original e agora tem liberdade para pousar num sulco novo e de sua própria escolha."

Durante o mesmo período, no leste da Prússia, sofrendo pela saúde ruim, Immanuel Kant saía para dar uma volta pela cidade universitária de Königsberg todos os dias após o almoço. "Dava-se com tamanha regularidade", relata a Enciclopédia Britânica, "que as pessoas acertavam os relógios por ele e sua caminhada diária." Na Suíça, um século mais tarde, Friedrich Nietzsche manteria uma rotina igualmente disciplinada. Ele trabalhava do amanhecer até as onze da manhã, todos os dias, daí saía para uma vigorosa caminhada de duas horas pela floresta ou às margens do lago. Em *Crepúsculo dos ídolos*, Nietzsche escreveu que "somente os pensamentos aos quais se chega caminhando têm valor".

Com todo o devido respeito aos grandes filósofos e poetas, porém, estou mais interessado no que o caminhar pode nos revelar a respeito de nosso pequeno nicho no Antropoceno, aquilo que a vanguarda criativa de hoje enxerga.

Em junho de 1967, um estudante de arte inglês de 22 anos chamado Richard Long tomou um trem a sudeste da estação Waterloo de Londres. Ele desembarcou ao fim de trinta quilômetros, procurou um campo nada especial, margeado por árvores altas, e andou em linha reta, ida e volta, sobre a relva, até que a trilha pisoteada ficasse nitidamente visível. Aí ele tirou uma fotografia em preto e branco: uma faixa vertical e esbranquiçada que cortava o meio do campo todo ouriçado, com as árvores cerradas ao fundo. A imagem, de 375 por 325 milímetros, montada sobre papel creme, ainda é uma das primeiras obras cruciais de uma carreira longa e fértil que gira exclusivamente em torno do caminhar.

– Os artistas sempre registraram a natureza, desde as pinturas rupestres pré-históricas até a fotografia paisagística do século XX. Eu também queria fazer da natureza o objeto de minha obra, mas de maneiras inovadoras – declara Long, que já arranjou dezenas de exibições solo no mundo todo, desde o Museu de Arte Moderna de Nova York ao Guggenheim de Bilbao, Espanha, e concorreu quatro vezes ao prêmio Turner da Grã-Bretanha, ganhando o mais prestigioso prêmio de arte do país em 1989 pelo conjunto de sua obra.

– Comecei a trabalhar ao ar livre usando materiais naturais, como relva e água – ele conta –, e aí passei para a ideia de criar uma escultura caminhando [...]. Minha intenção era criar uma nova forma de arte que também fosse uma nova maneira de caminhar.

Long queria tomar a terra emprestada, e não possuí-la. Sua fotografia inovadora, *A Line Made by Walking* [Uma linha feita andando], acabou adquirida pela Tate Gallery. Uma "ação aparentemente simples e prosaica" de abrir com os pés uma trilha na relva passara a ser vista como arte "desmaterializada". Era impermanente, efêmera, humilde. Criticava o materialismo da sociedade de consumo, driblava o mercado de arte e antecipava o *boom* da arte performática na década de 1970, de acordo com o catálogo da Tate. "Long mudou nosso conceito de escultura e conferiu novo significado a uma atividade tão antiga quanto o próprio homem", escreveu o diretor da galeria, Nicholas Serota. "Não havia nada na história da arte que nos preparasse para a originalidade de seu ato."

Em julho de 2013, peguei um trem em Londres e fui para o norte descobrir o motivo de tanto barulho. Uma retrospectiva internacional sem precedentes, "Walk On: From Richard Long to Janet Cardiff – 40 Years of Art Walking" [Continue a andar: de Richard Long a Janet Cardiff, 40 anos de caminhadas artísticas], acabara de estrear numa galeria em Sunderland, uma pequena cidade costeira a leste de Newcastle, e um de seus curadores se ofereceu para me mostrar a exposição.

Meu faro para as belas-artes não é exatamente o que se pode chamar de apurado. Sempre que vou a uma galeria me vem à mente uma cena do filme *L.A. Story*. A câmera fecha um close em Steve Martin no momento em que ele faz a leitura, para três colegas impávidos, de uma pintura que a câmera não mostra. "A maneira como ele a abraça é quase obscena", vai dizendo Martin, descrevendo em rapsódia como o artista capturou a iminência de um beijo, um enroscar de pernas, os seios sob a blusa translúcida e os *voyeurs* fortuitos que se escondem atrás de uma porta. "Admito, ao ver uma pintura como esta", diz ele, finalizando com vigor, "tenho, emocionalmente falando, uma... ereção!" O olhar da câmera muda, mostrando a tela: um retângulo vermelho e borrado.

Escrever a respeito da arte é como dançar a respeito da arquitetura, parafraseando a frase já tão parafraseada. Mesmo assim, eu me enfiei de cabeça em ensaios a respeito de Long e seus colegas enquanto seguia para Newcastle.

Long e Hamish Fulton, seu colega de turma na Escola de Arte de Saint Martin, em Londres, de 1966 a 1968, são os dois artistas do caminhar mais renomados do planeta. Trata-se de um campo surpreendentemente grande. Dezenas de outros exploram profundamente o caminhar em suas obras, mas toda a arte produzida por esses dois brota dessa atividade fundamental. Long e Fulton costumam ser associados ao mais vasto movimento da arte da terra, uma forma radicada inextricavelmente na natureza e que surgiu nos Estados Unidos no fim dos anos 1960 como protesto contra a comercialização e a artificialidade da arte. Mas os dois rejeitam essa caracterização. A arte da terra muitas vezes acarreta mudanças significativas na paisagem. (Uma das criações fundadoras do movimento é *Spiral Jetty* [Píer em espiral] do escultor estadunidense Robert Smithson, um caracol de 457 metros de comprimento e 4,5 metros de largura que se projeta da margem do Grande Lago Salgado de Utah, algo que ele levou seis dias para construir, usando dois caminhões basculantes, um trator, uma carregadora frontal e 6.650 toneladas de pedra e terra.) À semelhança de boa parte da obra de Long, a arte de Fulton é transitória. E, apesar de terem caminhado lado a lado, é possível fazer uma distinção fundamental.

Sabe-se que Long embarca em caminhadas épicas: 24 horas sem parar, alguns dias, várias semanas. Por vezes, ele dispõe pedras, lousas, madeira encontrada à deriva e outros objetos naturais em linhas, círculos ou espirais, e aí fotografa as formas lavradas de maneira incipiente. Outras vezes, ele leva o material de volta a seu estúdio ou a uma galeria e monta as esculturas. Ele também cria peças tipográficas enormes, como *Anywhere* [Em qualquer lugar], grande feito um mural e que faz a relação, em letras vermelhas e maiúsculas, das coisas que ele encontrou durante uma caminhada de onze dias na Inglaterra, no inverno: estradas, trilhas, pedras, rios, estrelas, névoa, amanhecer, entardecer, chuva, rastros de animais, fontes, acampamentos, ossos, túmulos, pegadas, canto de pássaros, flores, nuvens, água, vento, cumes, horizontes, lua cheia, a bondade de desconhecidos. Coisas simples consagradas, celebradas pelo que eram, e não pelo que fazemos a elas ou com elas.

Long já percorreu o mundo todo, do Reino Unido e Europa aos Andes, Ásia, África e aos pontos mais remotos da América do Norte. Ele tem uma resistência espantosa (percorreu a pé 132 quilômetros em 24 horas) e produziu peças de grande complexidade técnica, entre elas *Spring Circle* [Círculo de primavera], um aro de lousas verde-azuladas, extraídas de uma pedreira na Cornualha, Inglaterra, e que outrora foi o fosso mais profundo já escavado pelo homem. Disposta no chão de uma galeria, formando um círculo de três metros de diâmetro, liso e regular no topo e no entorno, mas toda recortada no centro, a obra tem sua própria "linha interna do horizonte, escarpada e acidentada, apontando, talvez, sua origem", escreve a crítica de arte Dorothy Feaver. "Removido da paisagem para o 'cubo branco' do espaço da galeria, *Spring Circle* tem certa autonomia de tempo e espaço."

Hamish Fulton nunca leva materiais para casa. Nem deixa nada para trás. Ele não marca formalmente a paisagem. Desde o fim da década de 1960, ele já fez uma série de caminhadas de vários dias ou várias semanas, no oeste dos Estados Unidos, no Himalaia nepalês e em mais de vinte outros países. Sua arte, que incorpora a cultura do montanhismo, o budismo e a espiritualidade dos indígenas do país, consiste principalmente de fotografias e tipografia pintada ou impressa. O texto costuma ser mínimo, e a maioria das caminhadas é registrada por uma única imagem. Em vez de documentar literal ou liberalmente uma jornada, ele reduz a experiência à sua essência e, em seguida, aumenta a escala ampliando os textos e recursos visuais ao tamanho de uma parede. *Rock Fall Echo Dust* [Pedra Queda Eco Poeira] – dezesseis letras dispostas numa matriz quatro por quatro, as quatro palavras em tipografia sem serifa, alternando-se pretas e alaranjadas sobre um fundo rosa – apresenta somente migalhas de contexto ao pé da tela: "Uma caminhada de doze dias e meio na ilha Baffin, arquipélago Ártico, Canadá, verão de 1988". Outra matriz simétrica de palavras, *Water Paths River Tides* [Água Trilhas Rio Marés] condensa sua caminhada de seis dias acompanhando o rio Tâmisa desde a nascente até o mar. Essas interpretações minimalistas deixam espaço, talvez, para as plateias rememorarem suas próprias caminhadas, restabelecer contato com suas próprias experiências no mundo natural.

Nos últimos anos, Fulton anda experimentando com o formato. Ele produziu um filme extraordinário para uma exposição solo em 2012 na galeria Turner Contemporary na cidade de veraneio de Margate, no Canal da Mancha, ao norte de Dover. Para *Walk 2: Margate Sands* [Caminhada 2: areias de Margate], centenas de pessoas caminharam em círculos pelo perímetro de concreto de um piscinão na praia da cidade. Na metade do vídeo que mostra um close-up, os caminhantes parecem soldados em marcha. Mas, vistos de longe, na outra metade da tela, eles não parecem se mover, "como se o piscinão fosse contornado por escuros pontos caseados", escreve a crítica de arte Laura Cumming, "uma definição ambulante de humanidade".

Fulton organizou outra peça performática antes da estreia de sua mostra na Turner. *Slowalk (In Support of Ai Weiwei)* [Lenta caminhada (em apoio a Ai Weiwei)] reuniu cem pessoas no cavernoso Turbine Hall da galeria Tate Modern em Londres, onde estava exposta a instalação de Weiwei, *Sementes de girassol* – milhões de intricadas sementes de girassol feitas artesanalmente de porcelana, símbolos diminutos de individualidade e manufatura em massa. O artista, arquiteto e ativista chinês acabara de ser preso em Pequim; seu paradeiro era desconhecido. Fulton pediu aos participantes para contornar os lados de um retângulo aberto, no piso da galeria, para escolher um ponto qualquer em cada um dos quatro lados e andar lentamente até cada um desses locais durante meia hora, voltando a suas posições originais após duas horas. Soava-se um gongo e eles começavam a andar. Quando terminavam, o gongo voltava a soar e, como Fulton relata, "todas as partículas, os seres humanos, todas se dispersavam".

"Somente a arte que resulta da experiência de caminhadas individuais" é como ele descreve sua obra. É um "protesto passivo contra as sociedades urbanas que alienam as pessoas do mundo natural".

Mike Collier, um morador de 59 anos de Liverpool, cabelos grisalhos presos num rabo de cavalo, aparece para me pegar na estação ferroviária perto do rio Tyne no centro de Newcastle. O nordeste da Inglaterra, assim como Glasgow, sofre com a perplexidade pós-industrial. A construção naval, a mineração de carvão e outras indústrias pesadas encolheram ou desapareceram, deixando para trás uma economia abalada e erigida em torno de empregos no setor de serviços e comércio varejista. Mas a região é um bom lugar para quem é artista, diz Collier, ao volante do carro e a caminho de Sunderland, 25 quilômetros a leste dali. O valor dos aluguéis despenca àquela distância de Londres, e a necessidade de aprovação do centro é menor.

A Universidade de Sunderland, onde Collier é professor doutor, ajuda a incentivar uma ética igualitária. Trata-se de uma ex-escola politécnica que aborda a educação de uma maneira nada elitista. Num país que tem um rígido sistema de classes, onde as universidades se concentram cada vez mais nas disciplinas de ciências, tecnologia, engenharia e matemática, onde medidas de austeridade obrigam as organizações artísticas e ambientais a competir por verbas cada vez mais limitadas, trata-se de um cargo atarefado. Além de lecionar, orientar alunos de pós-graduação, ser cocurador da exposição "Walk On" e capitanear o grupo de pesquisa da universidade a respeito de Caminhar, Arte, Paisagem e Conhecimento [Walking, Art, Landskip and Knowledge (WALK)] – um "zelador e amigo de espírito crítico para a prática do caminhar artístico" que ele criou com mais dois colegas da academia –, Collier mantém o próprio estúdio. Inspirando-se em Wordsworth e no mestre do haicai japonês do século XVII, Matsuo Bashō, ambos os quais exploraram radicalmente nossa relação com o mundo natural usando palavras corriqueiras, ele adora os nomes comuns de representantes da flora e da fauna. Collier percorre as colinas e as margens dos rios da Inglaterra e da Escócia, aí cria obras de pastel sobre tela, nas quais muitas vezes predominam o texto e os blocos de cores vivas. Ele nomeia as plantas e os animais que viu usando uma terminologia folclórica em extinção (*Lymptwigg*, *Huggaback*) e opta por uma paleta realista que recria a experiência emocional do passeio, não a perspectiva estática oferecida por uma pintura paisagista tradicional. O fato de ele ressuscitar um linguajar esquecido demonstra um espírito conservacionista, uma veneração pela diversidade que não percebemos a nossos pés.

– Se a arte trata de alguma coisa – declara Collier ao estacionar o carro numa rua lateral no centro de Sunderland –, é das pessoas que entendem como enxergam o mundo e medeiam essa experiência para que outras pessoas possam interagir com ela. E uma das coisas mais simples que fazemos, uma das maneiras mais simples de enxergarmos o mundo, é percorrê-lo a pé. Caminhar nos confere o tempo de que precisamos para interagirmos com as coisas. Permite que todos os sentidos interajam.

Eu confesso que meu vocabulário artístico é rudimentar, e Collier promete me ajudar a encontrar sentido em sua exposição. Ele me lembra de que os caminhantes sentem uma afinidade mútua, exatamente como os motociclistas.

– Se você ficar no acostamento porque a moto quebrou, vai aparecer alguém para ajudar.

Antes de entrar na Galeria Nortenha de Arte Contemporânea, no andar mais alto de um edifício municipal, os visitantes são recebidos por várias paisagens sonoras criadas por Janet Cardiff, que mora na Colúmbia Britânica e em Berlim, e é uma das artistas contemporâneas mais talentosas do Canadá. Pego os fones de ouvido e escuto "Jena Walk (Memory Field)" [Caminhada em Jena (campo da memória)], uma obra auditiva que tem Cardiff e seu parceiro George Bures Miller como autores, encomendada pela cidade alemã oriental de Jena, onde Napoleão combateu os prussianos no começo do século XIX e onde os tanques russos passaram com suas lagartas sobre a lama no fim da Segunda Guerra Mundial. Escuto os sons da batalha oitocentista: disparos de canhões e mosquetes, o galope dos cavalos. Por cima desses ruídos de fundo, uma mulher lê excertos do diário de Louise Seidler, uma pintora de Jena e amiga (além de vizinha de porta) de Goethe. Criada para ser ouvida no local, a gravação binaural me transporta para longe de Sunderland. "A caminhada é um ato de contemplação", diz a declaração da artista, e essa narrativa em camadas "lida com a fisicalidade da memória [...]. O tempo voa de um século para outro enquanto a audiência caminha, ciente de que seus pés tocam a terra e o vento, sua face. Ela [...] caminha no local da mesma maneira que outras pessoas andaram sobre aquela mesma terra nos últimos dois séculos, e suas histórias se misturam com as do passado."

Lá dentro, na galeria, boa parte do primeiro andar foi isolada com cordões para expor *Fourteen Stones* [Catorze pedras], de Richard Long. A instalação consiste em catorze pedras castanho-claras e levemente alaranjadas, variando em dimensões desde o tamanho de uma coxa ao tamanho de um pé, recolhidas em uma praia próxima à casa do artista em Bristol. Ao montar a escultura pela primeira vez, em 1977, tratava-se de um círculo. Ali, as pedras lembram a constelação de Órion: um desenho em "palitinhos" de pernas abertas e braços estendidos. Minhas emoções não se inflamam.

Aí avisto um dos clássicos de Long, *England 1968*, na parede. Ele o criou caminhando em x sobre um campo de margaridas e tirando uma foto em preto e branco. As flores voltaram a crescer, e sua trilha desapareceu. Uma de minhas filhas se chama Daisy, margarida em inglês, e a foto desencadeia a lembrança de seus primeiros passos lá fora, na calçada diante de nossa casa em Edmonton. No lusco-fusco de um fim de tarde de primavera nas pradarias, Daisy e a irmã, Maggie, passavam bamboleando pela casa dos vizinhos e chegavam à esquina, com seus gritinhos de júbilo, onde paravam e, de olhos arregalados, fitavam o mundo que se estendia além do meio-fio. Preservado em vídeo digital, é um momento suspenso no tempo.

A exposição "Walk On" apresenta a obra de 37 artistas e, quando Collier me deixa passear por conta própria, Steve Martin sai de fininho da galeria. Os filmes de Francis Alÿs me fascinam. Alÿs, um arquiteto natural da Bélgica que se mudou para a Cidade do México, se preocupa com a cultura da vigilância. Em *Guards*, um vídeo de 27 minutos, 64 integrantes da Guarda de Coldstream, vestindo as icônicas túnicas escarlates e as barretinas de pele, entram separadamente nas ruas praticamente vazias do centro de Londres. Seguindo uma série de instruções predeterminadas, cada um dos guardas passeia sozinho até encontrar um outro soldado. Encontrando-se dois a dois, eles começam a andar no mesmo passo, marchando juntos até avistarem mais um guarda, que se junta a ambos. Por fim, todos os 64 se reúnem, marchando numa formação de oito por oito. O vídeo alterna tomadas dos guardas – fuzis aos ombros, os braços a descrever um arco, as botas ressoando no calçamento – com tomadas feitas do ponto de vista de quem caminha. Assistir ao vídeo é como observar uma patrulha psicogeográfica.

O artista britânico Tim Knowles produz filmes usando um capacete de esqui com uma câmera acoplada. O capacete tem, no alto, um cata-vento giratório e em forma de pipa, e ele deixa o vento conduzi-lo pelas ruas de Londres no meio da noite. Feito um pedaço de jornal, ele segue ao sabor da brisa até topar com tapumes em canteiros de obras e corre em volta da Trafalgar Square. *Windwalk* [Caminhada ao vento], de Knowles, apresenta vídeos, fotografias e, pendurado na parede, o capacete *a la* Terry Gilliam, além de um desenho feito de linhas que representam seu itinerário, da maneira como foi registrado pelo GPS – "mapeando o relacionamento solitário e tantas vezes excêntrico de um único homem com o mundo natural", como se lê numa resenha do jornal *Guardian*.

Sarah Cullen, que divide seu tempo entre Toronto e Londres, montou um dispositivo primitivo de gravação. Ela criou uma caixa de desenhar: uma caixa de madeira que encerra um lápis lastreado e pendurado num cordão e tem o fundo forrado por um pedaço quadrado de papel. *The City as Written by the City* [A cidade que a cidade escreve], uma série na qual ela vem trabalhando há uma década, é uma coletânea de rabiscos em grafite que documentam caminhadas que ela empreendeu na Austrália (à procura da casa onde D. H. Lawrence havia morado), Florença (contornando o Duomo em sentido horário) e paisagens muito mais familiares para mim, entre elas uma visita às ilhas Toronto e uma "escalaminhada" ao topo da Tunnel Mountain ao lado de Hamish Fulton durante sua residência artística no Banff Centre de Alberta. As imagens são tão abstratas quanto qualquer outra coisa que eu já tenha visto numa galeria, mas são da minha cidade. São as minhas montanhas. Isso me atrai feito um ímã.

Collier retorna e desfaz o encanto. Chegou a hora de seguirmos para a inauguração de uma exposição numa cidadezinha ao norte de Sunderland.

– Às vezes, as pessoas vêm às galerias achando que precisam entender alguma coisa, quando, na verdade, elas só precisam reagir – diz ele.

Quando a vj do canal canadense MuchMusic, Sook-Yin Lee, entrevistou o vocalista do Radiohead, Thom Yorke, no pátio que fica nos fundos da casa da moça, ela perguntou ao esquivo astro do rock quem ou o que ele tinha como deus.

– Não sei – ele respondeu. – Não, mesmo. Ele não tem um nome.

– Você acha que existe um pós-vida?

Depois de dizer não, Yorke fez uma pausa e se corrigiu.

– Tenho a impressão de que existe um, quando, por exemplo, saio para andar. O velho lance wordsworthiano. Andar pelo campo. O vento batendo na sua cara ao deixar a sombra de um penhasco, você todo encolhido atrás da cerca viva no meio de uma tempestade de verão, coisas assim.

– O que serve de consolo para você? – Lee perguntou. – O que deixa você mais feliz?

– Nadar no mar – respondeu Yorke. – Ou caminhar. Caminhar, caminhar, caminhar. É bem normal, né?

Ele citava a letra de uma canção que compôs para o Radiohead, "Morning Bell". A faixa talvez trate de divórcio, capitalismo ou subúrbios. Ou nenhuma das opções anteriores. O significado é ambíguo. Mas fica claro que o protagonista anseia por libertação. "*Nobody wants to be a slave*" [Ninguém quer ser escravo], canta Yorke por cima do crescendo de baixo e teclados e de uma guitarra estridente. "*Walking, walking, walking, walking. Walking, walking, walking, walking...*" Ele não é o único compositor nessa estrada: "*these boots are made for walking*"; "*I walk the line*"; "*take a walk on the wild side*"; "*under the boardwalk*"; "*walking on sunshine*", "*walk like a man*", "*walk like an Egyptian*"; "*don't walk away*"; "*walk this way*"; "*walking in Memphis*"; "*walkin' after midnight*"; "*walking on broken glass*"; "*I'm walking; yes, indeed*".

No começo dos anos 1980, depois de cruzar o Pacífico num cargueiro até o Japão, Art Garfunkel atravessou a ilha a pé, de leste a oeste. Costurou por entre os campos de arroz, usando o sol e o horizonte como guia. "O país não é tão vasto", ele disse. "Deu tudo certo." Aí, certo dia em 1984, menos de 24 horas depois de tomar a decisão, ele deixou seu apartamento em Nova York com uma pequena mochila nas costas, cortou caminho pelo Central Park, cruzou a ponte George Washington, entrou em Nova Jersey e seguiu em frente. Nos doze anos que se seguiriam, Garfunkel cumpriria três ou quatro etapas da viagem por ano até chegar ao litoral do estado de Washington. Na maior parte do tempo, ele caminhava sozinho, acompanhado apenas de mapa, caderno e, naturalmente, um walkman. No começo, ele pedia carona para voltar ao quarto de motel mais próximo ao escurecer, retornando na manhã seguinte ao ponto onde havia parado. Aí ele mudou para o "estilo ricaço", e seu assistente passou a pegá-lo no fim de cada dia. Mas havia regras. "Regra da Caminhada nº 1: nada de espiadelas, sem exceções", relatou *Sports Illustrated*. Se pegasse carona em estradas que ainda não havia percorrido a pé, ele nunca olhava pela janela. "Regra da Caminhada nº 2: Continue em movimento; começar e parar o tempo todo é um desperdício de energia."

"Eu levava meu cartão American Express no bolso de trás das calças", disse Garfunkel numa entrevista de rádio, "mas, basicamente, despertei o espírito das viagens e troquei a sensação de 'cadê as chaves do carro?' por 'o oeste fica para lá e tenho um mapa', e o resto é apenas seguir o próprio senso de direção e cruzar o país como se você tivesse dois anos de idade e fosse um ser humano jamais programado e prestes a simplesmente ir."

Garfunkel lançou um álbum ao vivo intitulado *Across America* [Atravessando os Estados Unidos] em 1997. Optou por celebrar a travessia a pé do país com uma coletânea de canções antigas, entre elas, sucessos como o hino dos flanadores, "Feelin' Groovy", que começa com a clássica exortação a diminuir o passo (porque você está indo rápido demais). Um ano depois, ele foi de avião para a Irlanda e partiu a pé dali para Istambul. Na primavera [abril a junho] de 2014, pronto para voltar a sair em turnê depois de uma batalha de quatro anos contra um debilitante enfraquecimento das cordas vocais, ele havia chegado ao norte da Grécia, faltando seiscentos quilômetros para seu destino final.

Apesar de décadas de indícios anedóticos, fez-se pouquíssima pesquisa a respeito da ligação entre o raciocínio criativo e a atividade física. Os cientistas esmiuçaram os mecanismos do corpo humano dos pés à cabeça, e a mente já não é mais uma caixa-preta. As referências bibliográficas a respeito da conexão entre o exercício e vários processos cognitivos são extensas. Mas estamos apenas começando a entender por que e como caminhar estimula a imaginação.

No primeiro projeto de pesquisa desse tipo, os psicólogos das universidades de Kansas e Utah examinaram o impacto de caminhar na natureza sobre a resolução criativa de problemas. Expandindo os estudos anteriores sobre a Teoria da Restauração da Atenção, 56 adultos envolvidos em expedições no mato da organização Outward Bound foram enviados em excursões pedestres de quatro a seis dias nos estados do Alasca, Colorado, Washington e Maine. Foram isolados de todo e qualquer aparelho eletrônico durante o experimento. Vinte e quatro dos sujeitos experimentais completaram um exame que mede a capacidade de raciocínio criativo e resolução de problemas chamado Teste de Associações Remotas um dia antes de começarem a se preparar para a viagem com a mochila nas costas; os demais fizeram o teste na manhã do quarto dia. O teste pede aos participantes para sugerir uma palavra que una três outras. Por exemplo: canastra, suíço, pão. A resposta correta: queijo. Basta você responder trinta a quarenta perguntas desse tipo num prazo de meia hora para os cientistas terem uma boa ideia da velocidade de suas sinapses. As pessoas que fizeram o teste perto do fim das excursões se saíram cinquenta por cento melhor do que o grupo controle.

É difícil determinar até que ponto a imersão na natureza ou o desligamento em relação à tecnologia é responsável pela diferença, escrevem os psicólogos num artigo intitulado "Creativity in the Wild" [Criatividade na natureza]. Esses fatores são dois lados de uma mesma moeda. A maioria de nós vive num ambiente no qual o equilíbrio entre o tempo de atividade na natureza e a exposição à tecnologia mudaram radicalmente. A imersão na natureza diminui e há um aumento recíproco no uso que fazemos e em nossa dependência de tecnologia. Hoje em dia as crianças passam uma média de vinte minutos por dia brincando ao ar livre nos Estados Unidos, e quase oito horas usando um computador, tablet ou smartphone, ou então assistindo à TV (e geralmente ficam grudadas a mais de um desses aparelhos ao mesmo tempo). Todo esse comprometimento multitarefa e estímulo digital prende nossa atenção e inibe as funções cognitivas superiores. Restringe as oportunidades de nos beneficiarmos das características restauradoras dos ambientes naturais: a fascinação suave no âmago da Teoria da Restauração da Atenção.

Num estado de fascinação suave, o cérebro fica mais propenso à introspecção e à divagação da mente. E isso aciona sua rede de "modo padrão", uma série de regiões interconectadas no cérebro que ficam ativas durante o descanso em vigília. E pode ser que isso seja importante não só para a otimização da saúde psicossocial, mas também para o pensamento divergente ou lateral. O pensamento convergente implica seguir uma série de etapas lógicas para chegar a uma solução. O pensamento divergente é o processo não linear de explorar várias soluções possíveis.

O geógrafo Joseph Murphy comparou os conflitos do desenvolvimento energético em Rossport, Irlanda, e Lewis, Escócia, porque os viu durante a mesma caminhada. Sua metodologia em movimento deu-lhe o tempo necessário para refletir e justapor de maneira criativa.

– Andando, confrontamos coisas e pessoas que contestam nossa visão de mundo e nos obrigam a nos reorientarmos – ele me disse durante nosso passeio. – Temos menos oportunidades de permanecermos em nossos silos, em nossas maneiras predeterminadas de pensar e fazer as coisas, porque encontramos outras o tempo todo. Que é o que não acontece quando entramos em nossos carros para ir a algum lugar.

Fora "Creativity in the Wild", a única outra pesquisa quantitativa sobre caminhar e criatividade que encontrei vem sendo feita pela unidade de Comportamento e Aprendizado Absurdamente Adaptativo e Avançado da Universidade de Stanford (também conhecida como o AAA Lab). Os cientistas de lá conduziram uma série de experimentos usando diversos testes que medem a criatividade, entre eles o teste de uso alternativo de Guilford, que pede aos sujeitos experimentais que sugiram o maior número possível de usos para objetos domésticos comuns, e o teste de equivalência simbólica de Barron, que pede às pessoas para bolar metáforas ou "imagens simbolicamente equivalentes" para uma série de frases (por exemplo, para uma vela ardente que se consome: a vida que se esvai, água escorrendo ralo abaixo). Quase 180 alunos de graduação em psicologia participaram. Fizeram os testes sentados, caminhando numa esteira numa sala de paredes brancas, caminhando pelo lindo campus da Stanford na Califórnia e percorrendo esse mesmo campus sentados em uma cadeira de rodas. Suas respostas foram hierarquizadas e comparadas, e os resultados foram claros. Caminhar, fosse na esteira ou ao ar livre, aumentava significativamente as pontuações nos testes de usos alternativos em comparação aos resultados das pessoas sentadas – os andarilhos inventavam, em média, aproximadamente cinco usos alternativos a mais do que as pessoas sentadas – e levava a um "incremento criativo residual" quando os sujeitos experimentais eram submetidos ao teste depois de terem parado de se mover. No teste de equivalência simbólica de Barron, os andarilhos sugeriam metáforas criativas 95 por cento das vezes, em comparação aos 50 por cento das pessoas sentadas, e caminhar ao ar livre produzia "as analogias mais inovadoras e de melhor qualidade". E, graças ao experimento nas cadeiras de rodas, diferente do que acontecera no caso da experiência de passear na natureza, "foi possível separar o efeito do caminhar e o do estímulo provocado por ambientes externos".

– Achei que caminhar ao ar livre arrebentaria a boca do balão – conta a psicóloga educacional do AAA Lab, Marily Oppezzo –, mas andar na esteira dentro de uma sala pequena e maçante produziu resultados fortes, o que me surpreendeu.

Não foi o que achei ao experimentar a esteira-escrivaninha, embora um representante do fabricante sugerisse que, se eu tivesse passado mais que algumas semanas em cima do aparelho, seu uso teria começado a parecer mais natural.

Caminhar parece não ajudar as pessoas imersas em "tipos mais convergentes e concentrados de raciocínio, como é o caso quando é preciso escolher uma resposta correta", afirma Oppezzo, que define a criatividade como a produção de inovações adequadas. Só lhe resta especular a respeito das respostas cognitivas ao caminhar que estimulam o pensamento divergente, como sua capacidade de reduzir a inibição, que poderia nos impedir de filtrar internamente os conceitos imaginativos.

A teoria cognitiva do duplo processo propõe que temos dois tipos principais de raciocínio. O primeiro sistema é autônomo e automático, rápido e emocional; o segundo sistema é mais lógico, lento e demanda mais esforço. Largamente aceitos por psicólogos e popularizados pelo livro *Thinking, Fast and Slow* [Pensar: rápido e devagar] de Daniel Kahneman, esses dois processos também conseguem explicar a criatividade. O primeiro sistema nos ajuda a fazer associações entre as informações que já temos na memória e as informações que adquirimos no mundo lá fora. O segundo nos ajuda a avaliar e refinar as ideias formadas pelo processo associativo. O resultado pode ser um *insight* repentino, a solução para um problema que não conseguíamos encontrar, o momento "eureca" que nos acomete quando passeamos no parque, como a ideia inovadora de James Watt para a máquina a vapor.

Ao caminharmos, nossos sentidos absorvem uma torrente de informações novas. Essas sensações visuais, auditivas, olfativas e táteis se misturam a experiências e percepções passadas. Integramos ideias que, de outra maneira, talvez não conectássemos uma à outra. E isso pode criar originalidade, algo que pode ser útil quando a estrada se bifurca.

A criatividade é importante por uma série de motivos, afirma o psicólogo Paul Sowden, diretor da ILLUME: o Centro Docente para a Pesquisa da Criatividade, na Universidade de Surrey. No caso de indivíduos, a sensação de ter um *insight*, de encontrar uma maneira nova de existir no mundo, faz bem para a noção de propósito e bem-estar da pessoa. Ajuda-nos a enfrentar os desafios da vida. Esses benefícios também se aplicam a organizações. A criatividade pode ajudar uma empresa a fornecer produtos ou serviços melhores e ajudar a manter a satisfação e o engajamento dos funcionários. Também pode ajudar as pessoas a lidar com o alcoolismo, o pesar e o trauma. É possível até mesmo entender a depressão como a falta de criatividade: a pessoa não consegue imaginar saídas felizes para seus problemas.

– A criatividade é fundamental para a experiência humana – afirma Sowden. Evolutivamente falando, permitiu que nos adaptássemos ao meio ambiente. Hoje em dia, ela "subjaz nossa capacidade de fazer coisas como as ciências ou as artes".

Sem compreender a criatividade e como podemos otimizá-la, tanto nos indivíduos quanto na sociedade, não conseguiremos otimizar as ciências, as artes, a tecnologia, nossas organizações e, ainda passível de discussão, não teremos como otimizar nossas experiências de vida individuais.

Caminhar pode nos oferecer o tempo e o espaço mental de que precisamos para fazer uma ideação e avaliação criativas, um período de incubação para a ruminação sem esforço, para que as ideias fervilhem. E já se provou que o exercício ajuda a flexibilidade cognitiva, a capacidade de pensar em diversos conceitos ao mesmo tempo e que pode estimular ainda mais a polinização cruzada das ideias.

– A criatividade depende de uma porção de coisas – afirma Snowden –, e caminhar acabará suprindo todas elas, de uma maneira ou de outra.

Enquanto falo com Snowden ao telefone, aproveito para ver o que ele acha de uma ideia: há uma ponte antiga entre o caminhar e a criatividade, pois ambos foram cruciais para nosso desenvolvimento como espécie.

– Não temos dados que nos mostrem isso – ele diz. – Mas temos uma correlação. Caminhar é uma parte muito importante de nossa ancestralidade e, em algum momento, a espécie humana se tornou criativa.

Snowden sugere que eu entre em contato com uma de suas colaboradoras eventuais, Liane Gabora, psicóloga do campus de Okanagan Valley da Universidade da Colúmbia Britânica que pesquisa a evolução da criatividade. Quando começo a explicar desajeitadamente minha teoria, ela me interrompe.

– O caminhar e a criatividade estão claramente ligados – afirma Gabora. – Claramente ligados.

Quando começamos a andar sobre duas pernas e paramos de usar nossas mãos para nos locomovermos, ganhamos manobrabilidade em nossas mãos e dedos, e começamos a pensar nos tipos de coisas que conseguiríamos fazer com esses dígitos cada vez mais hábeis. Poderíamos manipular objetos com precisão e modificar nosso meio ambiente muito mais do que qualquer outra espécie. Milhares de gerações depois, o bipedalismo e o raciocínio criativo haviam se desenvolvido em conjunto.

Antropólogos, arqueólogos e psicólogos continuam a discutir a origem e a serventia da criatividade, da mesma maneira que ainda se digladiam em torno das teorias do bipedalismo. Nossas primeiras invenções conhecidas, utensílios de pedra que muito provavelmente eram usados para rachar frutas e nozes, remontam a uma data entre 2,6 e 1,7 milhão de anos atrás. Foi o começo de um salto intelectual que nos conferiu a capacidade de mandar um foguete para a Lua, decodificar o DNA e executar sinfonias de tirar o fôlego. Por volta de 60 mil a 30 mil anos atrás, nossos ancestrais passaram pelo "big bang" da criatividade. Como escreve Gabora num capítulo que ela coassina no *Cambridge Handbook of Creativity*, essa explosão foi marcada pelo surgimento mais ou menos simultâneo da caça estratégica vinculada às estações, rituais fúnebres elaborados, dança e "muitas formas de arte [...], entre elas as pinturas rupestres naturalistas de animais, ferramentas e utensílios de cerâmica ornamentados, instrumentos feitos de ossos e chifres, com desenhos entalhados, estátuas de marfim representando animais e conchas marinhas, e ornamentação pessoal, como contas, pingentes e dentes perfurados de animais". Gabora me diz que nossos cérebros continuaram a crescer e adquirimos a capacidade de codificar detalhes copiosos em nossas memórias. Ao sairmos para caminhar, não lembrávamos simplesmente de uma árvore imensa: recordávamos o céu belíssimo, a configuração das nuvens e várias árvores diferentes. Essas lembranças tinham mais raízes, através das quais qualquer rememoração era capaz de evocar um "acontecimento recordatório" de outra lembrança. Essa "recordação recorrente" nos permitia unir lembranças e pensamentos abstratos. Podíamos pensar em nossos movimentos físicos no presente inseridos no contexto de movimentos passados. Podíamos ensaiar e praticar habilidades em nossas mentes.

– Podíamos acionar uma cadeia de raciocínios que nos levaria do aqui e agora para dentro de nossa imaginação – diz Gabora. – As pessoas têm ideias quando saem para caminhar. Afastam-se das coisas que exigem nossa atenção. É possível se desviar cada vez mais do presente analisando ou compreendendo o que aconteceu no passado, mas também imaginando o que poderia acontecer no futuro.

Após alguns milhões de anos de evolução, Gabora se preocupa com o impacto da sociedade contemporânea sobre a criatividade. As tecnologias modernas estão, ao mesmo tempo, aumentando e diminuindo nossa capacidade de gerar ideias inovadoras. As novas ferramentas digitais e o excesso de tempo livre podem nos inspirar a nos expressar e de maneiras novas. Podemos entrar em contato e trocar tuítes com qualquer pessoa; essas conversas podem levar a qualquer lugar. Eu não teria encontrado Gabora nem lido sua pesquisa sem a internet. Mas, nos dias de hoje, a resposta para praticamente tudo está ao alcance de nossos dedos, graças ao Google, e todo e qualquer utensílio concebível está à venda em lojas de departamentos como a Home Depot (ou na Amazon). Além disso, a garotada passa tanto tempo jogando *video games*, onde sabem que as soluções existem – só precisam encontrá-las –, em vez de, por exemplo, caminhar ao longo de um riacho, como aquele que passa atrás da casa de Gabora, onde há incerteza e risco.

– É um mundo imprevisível, e é nesse mundo que os seres humanos sempre viveram – ela comenta a respeito do riacho –, e agora estamos lidando com mundos virtuais pré-fabricados por outras mentes humanas, e pré-fabricados de tal maneira que sejam viciantes. E todas as outras crianças lá fora confrontam exatamente o mesmo problema e se veem obrigadas a pensar na mesmíssima solução. Se estivessem passeando pelo mundo, estariam todas confrontando situações ligeiramente diferentes, e suas mentes seriam cultivadas de maneiras ligeiramente diferentes, e, quando se reunissem, teriam um conjunto mais rico e diversificado de ideias, pois teriam enfrentado desafios *diferentes*.

E ela continua:

– Ao andarmos, vemos e escutamos o mundo de uma maneira ligeiramente diferente a cada passo, e isso parece contribuir para enxergarmos nossos problemas de maneiras ligeiramente diferentes à medida que avançamos. Trata-se de algo que as pessoas vêm fazendo há milhares de anos. Pensam nas coisas caminhando. A exemplo do terreno que parece mudar de leve à medida que avançamos, nossos pontos de vista e nossas perspectivas também são ligeiramente diferentes.

No começo da década de 1960, um pintor talentoso mas perturbado de dezenove anos chamado Ryan Larkin começou a trabalhar para o Conselho Nacional de Cinema (CNC) do Canadá. Na infância, Larkin estudara na Escola de Belas-Artes de Montreal, onde um de seus professores foi Arthur Lisme do Grupo dos Sete. No CNC, ele cuidou das animações em filmes educativos produzidos para o Exército e a Marinha até chamar a atenção do lendário diretor Norman McLaren. Larkin criou uma ou duas animações experimentais bem-sucedidas. Em seu tempo livre, enquanto os amigos viajavam no LSD e provavam toda a diversidade dos anos 1960, ele ficava pelos cafés e bares observando e desenhando as pessoas que passavam andando. Larkin forrou seu pequeno escritório com espelhos e estudava sua própria forma ao caminhar. Ele passou dois anos criando o filme de cinco minutos "Walking" [Caminhar], feito com traços e aquarela, que entretece os movimentos, gestos e expressões de uma série de personagens urbanos. Célebre por seu estilo pioneiro e a narrativa pouco estruturada, foi indicado ao Oscar em 1968 e, a seu respeito, já se disse que foi uma das animações mais importantes de todos os tempos.

Eu me lembro de ter assistido ao filme quando criança. Transmite descontração – um personagem solitário caminha decididamente e a passos largos, com as mãos nos bolsos, enquanto as pessoas que aguardam na fila do ponto de ônibus o observam com inveja –, mas também insinua tristeza e ameaça. Perpassando gêneros e geografias artísticas, o simbolismo do caminhar oscila absurdamente entre a salvação e o pavor. Para cada protagonista fictício à procura de um recomeço, há um livro como *The Road* [A estrada], de Cormac McCarthy, uma jornada pós-apocalíptica por uma terra austera de cinzas e morte. Stephen King evoca a mesma atmosfera. Um de seus primeiros romances é *The Long Walk* [*A longa marcha*], que trata de uma competição de marcha digna de uma maratona numa versão totalitarista dos Estados Unidos na qual cem garotos adolescentes são obrigados a manter a velocidade mínima de seis quilômetros por hora ao percorrerem a Costa Leste de alto a baixo e a pé. Parar de andar é a morte. A competição termina quando resta só um menino vivo.

Caminhar também é o âmago do processo criativo de King. Após meses de bloqueio criativo, ele teve a ideia para o fim de *The Stand* [*A dança da morte*] durante uma de suas caminhadas diárias de seis quilômetros. King quase foi morto, certa tarde, ao caminhar por uma estrada asfaltada de pista simples perto de sua casa de veraneio no oeste do Maine. Um homem, ao volante de um furgão, tentava tirar o focinho de seu cão rottweiler de dentro de uma caixa de isopor cheia de carne – um pormenor que parece ter saído de um dos livros de King – e atingiu o escritor em cheio. King fraturou a perna esquerda em nove pontos diferentes. Seu joelho esquerdo rachou ao meio. Ele fraturou o quadril direito. Lascou algumas vértebras, quebrou quatro costelas, e a laceração em sua cabeça teve de ser fechada com trinta pontos. Depois de cinco operações e duas semanas mais tarde, ele deu dez passos no corredor de um hospital. Passadas três semanas, sua esposa improvisou uma escrivaninha à qual ele podia chegar com a cadeira de rodas, e

King voltou a escrever: "Eu passava de um mundo a outro feito um velho que atravessa um riacho por uma linha em zigue-zague de pedras molhadas [...]. Não se deu nenhum progresso milagroso naquela tarde, com exceção do milagre corriqueiro que brota de qualquer tentativa de criar alguma coisa".

Mais do que qualquer coisa que King tenha escrito, o conto *The Pedestrian* [*O pedestre*], de Ray Bradbury, me dá calafrios. O ano é 2053. Leonard Mead adora caminhar. Todas as noites, ele passeia sozinho pelas calçadas de concreto rachadas de uma cidade vazia e silenciosa, observando as casas de pessoas grudadas às telas de seus monitores. De repente, ele é parado pela única viatura de polícia que resta na cidade (não há mais crime; ninguém sai às ruas).

– Ocupação ou profissão? – pergunta uma voz metálica.
– Acho que se pode dizer que sou escritor.
– Não tem profissão – diz a voz. – O que está fazendo aqui fora?
– Caminhando – Mead responde.
– Caminhando?!
– Apenas caminhando.
– Caminhando, apenas caminhando, caminhando?
– Sim, senhor.
– Para onde? Para fazer o quê?
– Para tomar ar. Para ver.

Mead recebe a ordem para entrar no carro. Não há motorista. Ele é levado ao Centro Psiquiátrico para a Pesquisa de Tendências Regressivas.

O Dark Mountain Manifesto que mencionei no capítulo anterior é, essencialmente, o grito de protesto de um grupo de artistas. Um lembrete veemente para olharmos ao redor.

O artista inglês Mike Collier subiu a pé os cem quilômetros do rio Tyne em 2011 com quatro naturalistas. No decorrer de cinco fins de semana de verão, com a participação de mais de trinta pessoas da plateia, grupos pequenos acompanharam o rio desde sua foz até o vilarejo de Thorneyburn nas colinas do Parque Nacional de Northumberland.

Deixando o mar para trás e cruzando a zona pós-industrial ribeirinha de Newcastle, onde uma passarela e uma galeria de arte foram substituídas por depósitos de carvão, esses flanadores rurais viram-se diante de uma fronteira cheia de vida. Coisas interessantes acontecem em áreas de transição, onde as cidades se transformam no campo, onde um hábitat ribeirinho vira planície, onde uma floresta vira campina, onde o dia vira noite. Quando vemos um lugar se transformar diante de nossos olhos, começamos a discernir nossa relação dinâmica e complexa das coisas que o lugar já foi e aquelas que ainda pode ser.

Durante a caminhada, Collier anotou os nomes de todas as plantas e de todos os animais que viu, ouviu, farejou e tocou. Depois do último fim de semana, ele conduziu uma série de oficinas em comunidades rurais que ficavam em seu itinerário. Os participantes eram convidados a empreender pequenas caminhadas artísticas, agrícolas e meditativas. Collier tirou cópias digitais de trinta páginas de seu diário e acrescentou anotações coloridas feitas com giz pastel. Exibidas numa exposição intitulada *The Resilience of the Wild* [A resiliência da natureza], suas anotações de campo exploram a natureza que chega à nossa porta. Os seres humanos vêm alterando a paisagem há séculos, mas a natureza encontra uma maneira de prevalecer, e não precisamos ir muito longe para encontrá-la.

A arte de Collier chama a atenção do espectador para aquilo que existe nos lugares por onde ele passa. As caminhadas do Elastic City nos estimulam a apreciar o que está ali e fazer algo novo. O coletivo espalhou-se geograficamente, saindo do Brooklyn e de Manhattan, mas sua programação geralmente gira em torno da natureza, dentro ou fora de uma cidade: uma caminhada de uma noite pela ilha Fire, um trecho de terra na costa de Long Island que abriga lindas praias e uma próspera vida noturna gay; e uma viagem de três dias a Detroit, que recorria a um avião e a uma perua, mas era composta basicamente de caminhadas, lideradas por um ex-morador da Cidade dos Automóveis que tinha "umas merdas para resolver" e convidou outras pessoas a se juntarem a ele e fazer a mesma coisa.

A *Signature Walk* é mais leve. Depois de criar a instalação com os objetos encontrados na calçada, seguimos até o cruzamento da Ocean

Avenue com a Flatbush. Devem ser umas sete e meia da noite, e o tráfego do horário de pico finalmente está arrefecendo. Formou-se uma longa fila ao lado do caminhão de um banco alimentar. Todd Shalom nos pede para passarmos alguns minutos estudando o texto em todos os letreiros ao alcance da visão e então compormos um poema usando apenas essas palavras. Fico satisfeito com meu versinho: "Sem salpicão de frango/ começa-se o verão com/ uma baita reabilitação". Mas Ben Weber, que tem formação em dramaturgia, invoca seu poeta *beatnik* interior e uma voz grave para deixar o resto de nós impressionados:

Ave flora
Ave Wendy
Ave Flatbush
Shomer shabbat
Nada não na calçada
Todos os tamanhos quentes
império Aqua

Alguma coisa na performance de Weber, provavelmente a maneira como ele deixa escapar "*Shomer shabbat*", me faz perceber que, apesar do nome tipicamente estadunidense e de ter crescido em Wisconsin, ele é judeu, como Shalom e eu. Terminada a caminhada, observando a maneira como a luz agonizante saracoteia no aço escovado de uma cabine telefônica, nós três discutimos as semelhanças de nossos modos seculares ao jantar. Shalom especula que talvez haja algo muito judaico nas caminhadas do Elastic City.

– Historicamente, aos judeus não era permitido possuir estabelecimentos comerciais nem propriedades – ele comenta. – E daí, o que aconteceu? Eles se tornaram contadores, banqueiros, aqueles que emprestavam o dinheiro. Mas não possuíam nada que fosse físico. Eram os intermediários, os mediadores. Talvez seja possível dizer a mesma coisa a respeito do artista que nos conduz numa caminhada. Não se está trocando exatamente algo concreto, mas se está proporcionando a alguém uma experiência.

7
Espírito

"As peregrinações possibilitam a locomoção física, por meio do esforço do corpo, passo a passo, rumo aos objetivos espirituais que, não fosse isso, seriam tão difíceis de compreender. Como alcançar o perdão, a cura ou a verdade é algo que nos deixa eternamente perplexos, mas sabemos como ir daqui para ali, por mais árdua que seja a jornada."

Rebecca Solnit, *A história do caminhar*

"Quem caminha com vigor suficiente provavelmente não precisa de nenhum outro deus."

Bruce Chatwin, *Na Patagônia*

– Gostaria de levar algo para beber no quarto?

Acabei de percorrer a pé 33 quilômetros sob insolação, passando pelos penhascos, angras e veredas ladeadas de cercas vivas do norte de Gales, partindo da aldeiazinha de Abersoch até a aldeia ainda menor de Aberdaron, e, muito embora o pub e a sala de jantar do Ship Hotel estejam transbordando de pescadores barulhentos, fazendeiros e famílias inglesas de férias, o proprietário Alun Harrison entende o que levo no olhar. Ele enche uma caneca com mais de meio litro de cerveja, embarrilada numa cervejaria a menos de uma hora de carro dali, e me conduz através do rebuliço de sábado à hora da ceia para um quarto lá em cima, onde minha bagagem me aguarda. O carpete está ligeiramente esfarrapado e o piso, um tanto empenado, mas minha janela se abre para a rebentação das ondas e a água salgada. É meu primeiro dia de caminhada por uma antiga rota de peregrinação, uma finisterra onde costumes antiquados e deleites modernos caminham lado a lado. Beberico a cerveja e entro no chuveiro. Dá para se acostumar com esse tipo de tradição.

Estou na Península de Llŷn, o "braço" de cinquenta quilômetros de extensão do País de Gales, que se estende a oeste e entra no Mar da Irlanda logo ao sul da ilha de Anglesey. Uma revista especializada em viagens me pediu para experimentar uma pequena parte da Trilha Litorânea de Gales e medir em passos as distâncias que se podem percorrer a pé em um dia. Mas, em minha mente, trata-se de uma missão mais grandiosa: uma tentativa de obter iluminação existencial num lugar que tem o caminhar em seu DNA. Um lugar raiado de trilhas batidas, panoramas divinos e vilarejos acolhedores. Um lugar onde o maior obstáculo a uma epifania talvez fosse o vernáculo, tão desconcertante que chega a deslocar a mandíbula.

Os galeses se referem a si mesmos como os *cymry*. Na Llŷn – que se pronuncia pressionando-se a língua contra os dentes da frente e produzindo um ceceio que soa como *clhh* (*Clhh-lynn*) –, a maioria dos *cymry* fala o *cymraeg*. As crianças aprendem sua língua materna antes do inglês, tanto em casa quanto na escola, e a sinalização é bilíngue, o que aumenta a sensação de que se está de fato no estrangeiro. Londres fica a apenas cinco horas dali, mas o ritmo de Gales é muito mais vagaroso e íntimo, uma transição semelhante ao contraste entre Ottawa e o território *atikamekw*. E, nessas duas terras geograficamente próximas, mas culturalmente distantes, todo mundo pode ficar *croeso* (à vontade) para provar a *hud, hanes a harddwch* (magia, história e beleza). A melhor maneira de fazer isso na Llŷn é *cerdded* (caminhar). O *cymraeg* e o *cerdded* persistiram graças ao isolamento da península, que também manteve vivas a agricultura de subsistência, a pesca e uma paixão anacrônica pela poesia.

Meus pés estão nas mãos do fornecedor Peter Hewlett, dono de uma empresa de turismo chamada Edge of Wales Walk [Caminhada pela Orla de Gales]. Ele transporta meu equipamento entre as paradas. Eu só tenho de seguir em frente, sem pressa, carregando uma mochila leve. Pelo menos até chegar a hora de atravessar o mar agitado.

Os peregrinos viajam para a minúscula ilha de Bardsey, a três quilômetros da ponta da Llŷn, desde os primeiros tempos da cristandade, em busca de redenção por seus pecados. Dizem que Ynys Enlli encerra os túmulos de 20 mil santos. Três visitas ao lugar seriam equivalentes a uma viagem a Roma. Na Bardsey de hoje, as ruínas da abadia augustiniana do século XIII erguem-se sobre o local onde, no século VI, havia um monastério celta. Quando o rei Henrique VIII suprimiu os conventos, mosteiros e outros postos eclesiásticos em meados do século XVI, tornando-os ilegais e confiscando-lhes o dinheiro, a ilha tornou-se uma base de operações para piratas e contrabandistas. Trezentos anos mais tarde, uma pequena comunidade de fazendeiros e pescadores acabaria se estabelecendo ali.

Ainda se criam ovelhas e vacas nos pastos divididos por muros de pedra da ilha de Bardsey, e as águas circundantes estão cheias de lagostas, cavalas e outros bichos saborosos. São poucas as pessoas que se abrigam o ano todo sob os telhados de ardósia das cabanas da ilha. Mas os peregrinos, esses não param de chegar. Ao jantar, no hotel Ship, que já era uma estalagem no século XVII, enquanto como os siris capturados pelo irmão do proprietário, Hewlett me diz que alguns deles ainda percorrem toda a extensão da Llŷn e fazem a travessia para a ilha de Bardsey por motivos religiosos. No entanto, a maioria de seus clientes é como eu: procura o êxtase e a eternidade numa boa e longa caminhada.

Hoje meu itinerário começou ao lado do ancoradouro na aldeia-estância de Abersoch. O caminho atravessava as urzes de flores roxas e os tojos-bravos, subindo até uma trilha estreita que acompanha de perto a beirada do cabo Cilan. Todos os campos estavam cercados, mas a sinalização da Trilha Litorânea de Gales me convidava a cruzar porteiras e galgar os degraus das cercas, entrando em propriedades particulares. As ovelhas pastavam indolentes, falcões adejavam ao sabor da brisa que soprava da praia e veleiros flutuavam no azul lá embaixo. Parei para descansar num campo de centeio, de olho nas folhas douradas que ondulavam ao vento, e senti: aquela intumescência de corpo, mente e espírito. Além disso, correndo em minha musculatura, revirando-se em meu ventre, formigando-me as têmporas e a garganta, havia outra coisa... algo mais visceral. Sede.

No meu país, eu geralmente levo comigo água suficiente para apagar uma fogueira e comida o bastante para durar uns quinze dias. O luxo de ter a bagagem transportada de uma parada a outra talvez tivesse me deixado tonto, pois trouxera menos de um litro de água e dois pacotes de bolachas surrupiados de quartos de hotel. Após cinco horas sob sol forte, eu me refiz nadando na vasta praia de Hell's Mouth, enchi o cantil no banheiro de uma quinta elisabetana que virou museu e, no jardim, apanhei uma maçã no pé antes de sair. Ao descer e mergulhar na imagem de cartão-postal de Aberdaron – um aglomerado de construções caiadas de branco acima de uma praia arenosa, colinas verdes que se estendiam até o horizonte –, o simbolismo do fruto proibido me fez sorrir.

Na manhã do dia seguinte, incitado por Hewlett e de ressaca, vou à igreja de St. Hywyn, uma estrutura de pedra e madeira, com duas naves, construída originalmente por volta de mil anos atrás sobre os restos de um oratório celta, que fica bem na frente do Ship, atravessando-se a rua, logo acima da rebentação.

– É bom podermos receber fiéis de ocasião – diz a reverenda Susan Blagden, passando os olhos pela congregação, engrossada naquele domingo pelos turistas de férias.

Sento-me nos bancos lá do fundo, protegido por um casal jovem com um bebê de colo, e leio por cima um panfleto com informações históricas enquanto Blagden conduz as orações. Faz séculos que a igreja de St. Hywyn é um santuário. À semelhança das cidades de refúgio dos hebreus, ela oferecia aos fugitivos a oportunidade de se sentarem sossegados e chegar a um acordo com seus adversários, algo que vinha a calhar quando o adversário era um malvado chefe tribal. Também ajudava a repelir ameaças mais insidiosas.

Blagden acabou de voltar à Llŷn depois de participar de um retiro, e o sermão de hoje trata da necessidade de desatravancar nossas vidas atarefadas.

– Que poder tem seu smartphone? – ela pergunta. – Somente o poder que vocês dão a ele. – Presto atenção, abaixo o panfleto. – Na atual cultura ocidental, parece-nos muito difícil saber o que já basta.

Claro que nem sempre é possível participar de um retiro, ela acrescenta, aconselhando os paroquianos a separar algum tempo todos os dias para procurar a quietude em suas mentes e corações.

– Amém – murmuro, fazendo-o sem ironia alguma pela primeira vez em minha vida.

Um dos predecessores de Blagden ali na igreja de St. Hywyn, o vigário R. S. Thomas, o segundo poeta mais famoso com tal sobrenome no País de Gales, era um rematado espartano. Ele acreditava que os camponeses da região fossem gente simples e, portanto, as pessoas mais próximas de deus aqui na terra. Seu cânone em nada lembrava *Child's Christmas in Wales* [O Natal de uma criança no País de Gales][1]. "A chuva e o vento são mestres severos", R. S. escreveu em um de seus livros, *Too Late* [Tarde demais]. "Sei que, sob seu látego, estremecestes."

Saio da igreja de fininho quando a mãe deixa o recinto com o bebê que chora. Segundos depois, começa a chover.

A caminhada de hoje me leva a contornar a extremidade da Llŷn e de volta a Aberdaron, e não me importo de me molhar, sabendo que mais uma combinação de cerveja e chuveirada me aguarda no fim da trilha. Minha primeira parada é o St. Mary's Well, uma fonte sagrada da qual os peregrinos bebem há centenas de anos, a última bênção antes da perigosa viagem até Bardsey em barcos a remo. Desço deslizando uma escorregadia escada de degraus de pedra entranhada numa fenda recortada e sigo uma estreita passarela de rocha negra até o tanque triangular e coberto de musgo. Encarapitado acima da turva linha de maré – suspenso, como escreveu D. S., entre o céu e o mar –, tomo, com as mãos em concha, alguns goles de água doce e fresca, e volto a subir, entrando na cerração.

Algumas pessoas exalam uma calma interior. Conhecem a si mesmas. Podem não ter encontrado o sentido da vida, mas reuniram as peças do quebra-cabeça para entender razoavelmente suas próprias vidas. Mesmo que seja só uma farsa, eu as invejo. A sensação convergente que tenho ao caminhar... raramente perdura.

....
[1] Conto de Dylan Thomas, o outro poeta galês com esse sobrenome. (N. T.)

Muitos de nós andam ligeiramente perdidos e confusos, pelo menos uma parte do tempo. E é por isso que, quando não estamos ocupados com necessidades fundamentais, quando começamos a pescar de sono e a babar no travesseiro ou quando sonhamos acordados diante da escrivaninha, nós nos questionamos. Nos preocupamos. Desejamos ardentemente. Alguma coisa. Os seres humanos são criaturas de uma curiosidade ímpar. Uma peculiaridade evolutiva chamada neotenia deixou-nos com características juvenis mesmo na maturidade. Diferentes de outros mamíferos, continuamos curiosos quando adultos. E aí, quando os astros se alinham, quando surge a oportunidade, saímos de licença – por uma hora, um fim de semana prolongado, uma passagem só de ida – e damos ouvidos ao anseio elementar de seguir de tropeço em tropeço pela trilha ardilosa da alma.

A peregrinação é uma jornada para um lugar especial. Jornada, lugar, especial: essas palavras são completamente subjetivas. Sagrada ou secular, trata-se de uma demanda por salvação, inspiração, orientação ou a combinação de algumas delas. Um esforço extrínseco de equilibrar nossas vidas intrínsecas. Os muçulmanos vão à Meca. Os hindus se banham no Ganges. Os judeus enfiam orações nas fendas do Muro das Lamentações em Jerusalém. Um veterano da Guerra do Vietnã talvez pressione a palma da mão contra o granito negro do memorial erigido em Washington, D.C. Um fã do beisebol compra o audiolivro de *Field of Dreams* [*Campo dos sonhos*] e bota o carro na estrada para visitar o Hall da Fama em Cooperstown, Nova York. Stanley Vollant lidera expedições comunitárias de uma reserva indígena a outra. Eu vou andando até a cabana da família. Ou pelo menos tento.

Com todas aquelas horas desocupadas para ruminar, voltamos nosso olhar para dentro enquanto caminhamos e nem sempre reconhecemos o que ou quem vemos. Os antropólogos Edith e Victor Turner acreditam que os peregrinos se encontram num estado liminar, entre suas identidades passada e futura, ao sabor das possibilidades. Há uma simbiose entre a jornada e a chegada, escreve Rebecca Solnit, e um "limite tênue entre o espiritual e o material". Cruzamos um limiar e penetramos uma geografia etérea e, admirados com a imensidão de nossas perguntas, prosseguimos da mesma maneira que nossos ancestrais. Com dois pés e um batimento cardíaco.

Os monges budistas alcançam a iluminação pela meditação em movimento. Percorrem repetidas vezes caminhos que não têm mais de dez ou vinte metros de extensão, às vezes durante um dia inteiro. As duas extremidades propiciam uma estrutura e aguçam a percepção. A atividade física ocupa e relaxa a mente de uma tacada só, proporcionando a energia necessária para nos concentrarmos em cada passo. Quem consegue aplicar essa atenção à vida cotidiana, escreve o ex-monge budista John Cianciosi em *Yoga Journal* [O diário da ioga], mantém a consciência alerta e viva, "transformando o dia a dia numa prática contínua de meditação e transformando aquilo que é terreno em espiritual". Não ter "nada mais para fazer nem para onde ir", ele acrescenta, "pode ser verdadeiramente libertador".

Poucos de nós são tão disciplinados. Seguimos a multidão.

O Caminho de Santiago, uma das peregrinações a pé mais antigas e constantes do planeta, na verdade é uma rede de trilhas. Sobre um mapa, lembra afluentes correndo para o leito principal de um rio. O Caminho Francês, de oitocentos quilômetros, a rota completada por Vollant (e pelo pai pesaroso interpretado por Martin Sheen em *The Way* [O Caminho]), é o mais conhecido. Começa em St. Jean Pied-de-Port, França, cruza os Pireneus, entra na Espanha e, seguindo de perto as estradinhas comerciais romanas, ruma para oeste, atravessando fazendas, florestas, montanhas, vilarejos e cidades, metade do tempo em vias pavimentadas ou bem próximo delas.

Francis Tapon, um californiano que gosta de correr mundo e já atravessou os Estados Unidos a pé quatro vezes, além de ter passeado pela África, América Central e Europa, diz que o Caminho é a trilha de longa distância mais superestimada da Terra.

– Mais ou menos 95 por cento do tempo ouvem-se os carros passando – ele escreveu depois de completar a jornada. – Com uma sucessão interminável de bares, restaurantes, hotéis, máquinas que vendem refrigerantes e salgadinhos, grupos turísticos, a gente dificilmente se vê longe do "mundo real".

Tapon admira a resistência mental necessária para completar o Caminho, mas suas críticas foram largamente rebatidas por comentaristas que tiveram suas vidas alteradas por essa caminhada.

Depois de passar aproximadamente um mês na trilha, os peregrinos cruzam as portas da catedral em Santiago de Compostela, onde os ossos de São Tiago, o Grande, um dos doze apóstolos de Jesus, foram "descobertos" em 813 d.C. Alguns deles continuam por mais cem quilômetros até a extremidade do Cabo Finisterra, a importante beirada do mundo para os antigos celtas. À semelhança da jornada até Bardsey, o Caminho se apropria dos itinerários de nossos antecessores.

O Códice Calixtino, um manuscrito ilustrado do século XII, compilado por um frade francês, dava dicas de como chegar a Santiago. O primeiro guia turístico da Europa levou vários bandos de caminhantes a toda a Espanha. Milhões tentaram percorrer o Caminho na Idade Média, a maior movimentação de pessoas pela Europa naquela época. Era um destino conveniente, mais fácil de alcançar do que Jerusalém e, para alguns, dependendo de onde começassem, mais factível do que Roma. As guerras e pestes medievais interromperam esse fluxo, como fizeram os conflitos modernos. Mas, apesar do esfacelamento da devoção cristã em boa parte do mundo ocidental, os números vêm subindo nos últimos anos, estimulados pelas viagens baratas e pela publicação de livros, como *O diário de um mago*, de Paulo Coelho, lançado em 1987, o romance que, lá de sua mesinha de cabeceira, dialogou com Vollant. (O relato de viagem do autor britânico Tim Moore, que fez o percurso acompanhado de um jumento, talvez não tenha inspirado hordas de imitadores, mas as memórias da atriz Shirley MacLaine sobre o Caminho certamente mexeram na proporção de católicos para esotéricos da Nova Era em favor dos contempladores de cristais.) Mais de 215 mil pessoas chegaram ao santuário de São Tiago em 2013, três vezes mais do que dez anos antes.

Aproximadamente 3 milhões de pessoas fazem o hajj para Meca todos os anos. Espera-se que todo muçulmano saudável visite a cidade sagrada na Arábia Saudita pelo menos uma vez na vida. Trata-se de um ato de solidariedade islâmica e submissão à divindade. A maioria segue para lá de avião, trem e automóvel (alguns percorrem milhares de quilômetros a pé), mas o âmago do rito consiste em andar sete vezes, no sentido anti-horário, em volta da Kaaba, o edifício cuboide que fica no centro da mesquita Al-Masjid al-Haram. As fotografias sempre mostram um mar de gente vestindo simples trajes brancos, independentemente da condição socioeconômica. A circum-ambulação representa integridade e união, sendo cada volta uma fase diferente de nossas vidas, e reproduz a ordem natural do universo: os planetas giram em torno do sol; os elétrons, em volta de um núcleo.

A multidão em Meca não é nada em comparação à Kumbh Mela, o mergulho dos hindus num rio sagrado, que varia entre quatro possíveis locais no norte da Índia. A peregrinação de 2013, em Allahabad, onde as águas do Ganges, do Yamuna e do Saraswati se encontram, atraiu mais de 100 milhões de pessoas. Aproximadamente 30 milhões de pessoas se banharam num mesmo dia, a maior concentração de gente do planeta... de todos os tempos. Forma-se uma cidade de tendas durante a Kumbh Mela. À noite, a temperatura pode chegar bem perto de zero. A eliminação de resíduos e as instalações sanitárias são rudimentares. Doenças como cólera e meningite se disseminam. O barulho, em torno dos 85 decibéis num dia típico, é alto o suficiente para causar danos ao ouvido. Mais de trinta pessoas morreram numa debandada na estação ferroviária de Allahabad em 2013, um risco corriqueiro, mesmo nos anos em que aparecem apenas 10 milhões de pessoas.

Para quem a observa de fora, a atmosfera da Kumbh Mela soa perigosa ou, no mínimo, estressante. Vinte mil pessoas foram separadas de seus amigos e parentes no dia do maior batismo do mundo. Podem-se levar duas horas para percorrer um quilômetro através da multidão. Mas os peregrinos costumam ir embora tranquilos e abençoados, de acordo com Stephen Reicher, um psicólogo da Universidade de St. Andrews na Escócia, que conduziu um projeto de pesquisa de seis anos sobre a Kumbh Mela. Os participantes desenvolvem uma identidade compartilhada e dizem ter relações sociais mais suaves e compensadoras do que os hindus que permaneceram em casa.

Apesar de ser o oposto da meditação, a congregação geralmente faz as pessoas se sentirem bem. Vivenciamos a confiança mútua, o respeito e a cooperação. O apoio de outras pessoas nos ajuda a nos tornarmos mais resistentes. Apesar das condições da Kumbh Mela, os peregrinos disseram que sua saúde física melhorou depois de a completarem. O poder da mente sobre o corpo talvez seja um fator, mas a pesquisa de Reicher também demonstra "o poder da experiência coletiva de transformar a vida cotidiana", ele escreveu numa nota para o *Guardian*. "Mostra como a sensação de identidade compartilhada cria o alicerce para a noção de comunidade e civilidade de que tanto se fala."

Em comparação à aglomeração da Kumbh Mela e do hajj, o Caminho é como andar nas nuvens. Pode não nos afastar do mundo de outdoors, torres de transmissão de eletricidade e parques industriais, mas a proximidade em relação a cidades de grande e pequeno porte, além de uma ampla rede de albergues e refúgios com refeições e pernoites baratos, elimina a necessidade de carregar peso. Também propicia aquele companheirismo dos albergues da juventude, para quem não se incomoda com os roncos no dormitório comum. Pode-se tomar parte em conversas amigáveis, dividir uma refeição, quem sabe unir desconhecidos sociáveis numa turma – ou partir sozinho, dependendo do ritmo que se prefere. A menos que se esteja em busca de um caminho solitário para a iluminação, essas amenidades são um grande atrativo. É muito mais difícil fazer toda a Trilha dos Apalaches ou atravessar os Estados Unidos a pé.

"Nesse espaço é possível obter uma interação humana direta que não leva em consideração as hierarquias, daí as pessoas desenvolvem rapidamente uma intimidade", escreve Ellen Badone, antropóloga e professora doutora de estudos religiosos da Universidade McMaster, a respeito do Caminho em seu livro *Intersecting Journeys: The Anthropology of Pilgrimage and Tourism* [Jornadas que se entrecruzam: a antropologia da peregrinação e do turismo].

Gideon Lewis-Kraus decidiu fazer o Caminho no meio de uma bebedeira na Estônia. O amigo na casa de quem estava hospedado, o autor estadunidense Tom Bissell, estava pesquisando as tumbas dos doze apóstolos, e Lewis-Kraus (um escritor agitado no fim dos vinte anos que havia se mudado de São Francisco para a liberal Berlim num ataque preventivo ao arrependimento futuro) concordou em acompanhá-lo. Nos pontos de pernoite e na trilha nos Pireneus, os dois entrevistaram e passaram algum tempo com dezenas de peregrinos, muitos deles jovens e originários da Europa e da América do Norte. Poucos tinham a fé como motivação. Poucos, entre eles Lewis-Kraus, filho de rabinos, conseguiam explicar por que caminhavam. Mesmo assim, a experiência o comoveu o suficiente para que ele quisesse empreender uma jornada mais profunda.

Em *A Sense of Direction: Pilgrimage for the Restless and the Hopeful* [Senso de direção: peregrinação para os inquietos e esperançosos], Lewis-Kraus escreve sobre a travessia da Espanha, a caminhada circular de 1,2 mil quilômetros que fez em seguida, entre os 88 templos budistas da ilha japonesa de Shikoku, e uma visita à cidade ucraniana de Uman com o pai e o irmão durante a peregrinação anual do Rosh Hashanah até o túmulo de um místico hassídico. O livro, um misto de tratado filosófico e relato de viagem, apreende a agonia e o êxtase do Caminho, além do circuito mais frio e solitário de Shikoku, e proporciona um meio para Lewis-Kraus investigar a relação atribulada que mantinha com o pai, que saiu do armário aos quarenta e poucos anos e abandonou a família para compensar o tempo perdido. Tudo isso converge numa meditação sobre a natureza da peregrinação.

A literatura acadêmica encara essas jornadas como "experiências ritualísticas que representam rupturas em relação à configuração ordenada da vida cotidiana", escreve Lewis-Kraus. "O peregrino pode sair de todos os papéis e simplesmente ser uma pessoa, alguém sem responsabilidades, expectativas nem restrições outras que não continuar sempre em frente rumo a um objetivo distante." Os céticos veem o Caminho de hoje como uma excursão barata de mochila nas costas, mas ele argumenta que o fascínio é a "continuidade ritualística", que o meio de locomoção em si importa. Se o modelo divino é pecado, penitência e redenção, o caminho leigo correspondente leva da ansiedade à austeridade e ao perdão. No fim, embora ele, Bissell e os companheiros de viagem chorassem e se abraçassem numa confusão emocional ao entrarem na catedral em Santiago de Compostela, restou a Lewis-Kraus uma pergunta: "Oitocentos quilômetros, e depois o quê?".

Alguns peregrinos nunca param. Em 1º de janeiro de 1953, Mildred Ryder, de 44 anos, saiu de Pasadena, Califórnia, com o intuito de andar até Nova York. Os Estados Unidos estavam atolados na Guerra da Coreia, na Guerra Fria e no macarthismo. Ryder, que vestia uma túnica azul com os dizeres "Peregrina da Paz" estampados na frente em letras maiúsculas brancas, queria tirar as pessoas da apatia. "A humanidade, com passos temerosos e vacilantes, caminha pelo fio da navalha entre o caos do abismo e um novo renascimento, enquanto forças poderosas arremetem na direção do caos", ela escreveu. "Mas ainda há esperança."

Uma série de revelações havia iniciado a metamorfose de Ryder na Peregrina da Paz. Depois de crescer pobre e fora da igreja na granja dos pais em Nova Jersey, ela trabalhou como secretária e casou-se com um homem de negócios. Em 1938, frustrada com sua relativa prosperidade durante a Grande Depressão, ela saiu para caminhar a noite toda no mato e rezou, pedindo orientação. Foi tomada por uma profunda sensação de paz. Dedicaria sua vida a dar, e não a receber.

O marido de Ryder foi convocado para servir o exército depois do ataque a Pearl Harbor, e ela se recusou a acompanhá-lo ao campo de treinamento. Os dois se distanciaram ainda mais enquanto ele esteve no estrangeiro e logo se divorciaram. Ela simplificou sua vida reduzindo o guarda-roupa a dois vestidos, deixando de comer carne e embarcando em excursões a pé pelo mato. Em 1952, Ryder se tornou a primeira mulher a percorrer toda a Trilha dos Apalaches numa mesma temporada. No alto de um morro que sobranceava a zona rural da Nova Inglaterra, ela teve uma visão: "Vi um mapa dos Estados Unidos com as grandes cidades marcadas – e era como se alguém tivesse apanhado um giz de cera colorido e traçado uma linha em zigue-zague de um lado a outro, de costa a costa e de uma fronteira a outra [...]. Eu sabia o que devia fazer. Vou falar com todos que queiram me ouvir sobre o caminho para a paz".

Ryder saiu de Pasadena sem um centavo no bolso. Ela planejava jejuar até alguém lhe dar comida e só parar quando lhe oferecessem abrigo. Nos 28 anos que se seguiriam, a mulher delgada de 1,57 metro de altura e cabelos brancos percorreria o país em zigue-zague sete vezes, migrando para o norte no verão e para o sul no inverno, aventurando-se no Canadá e no México. Quando ninguém lhe oferecia um leito, ela dormia nos campos e sob as pontes, em tubos de escoamento e à beira da estrada, em cemitérios e na estação Grand Central de Nova York. Fazia palestras em centros comunitários, igrejas, escolas e residências particulares, apresentando-se durante esses bate-papos e também aos desconhecidos à beira da estrada como uma peregrina que "caminhava não para um *lugar*, mas por uma *ideia*", escreve a biógrafa Marta Daniels. "Sua definição de paz incluía a paz entre as nações, entre pessoas e indivíduos, e a paz mais importante, a interior, pois ela acreditava que era apenas com a paz interior que se podia alcançar as demais." Ryder dizia que as pessoas precisavam de duas coisas para levar uma vida significativa: uma vocação ou "caminho do ofício"; e algo que – fosse religião, arte ou o mundo natural – "despertasse sua natureza superior".

A Peregrina da Paz parou de contar os quilômetros percorridos quando chegou aos 40 mil em 1964. Segundo uma estimativa de Daniels – 29 pares de tênis, uma média de 2,4 mil quilômetros por par –, ela já havia percorrido 70 mil quilômetros por volta de 1981. Naquele ano, procuradíssima como palestrante e aceitando com cada vez mais frequência uma carona para chegar aos compromissos na hora, o carro em que ela estava foi atingido de frente por outro veículo perto de Knox, Indiana. Ela morreu logo após o impacto.

O proselitismo peripatético de Mildred Ryder estava à frente de seu tempo. Ela prenunciou a transição da peregrinação como súplica de intervenção divina para a peregrinação como reivindicação de mudança política, escreve Solnit. Embora fosse posterior a Gandhi, ela precedeu o movimento pelos direitos civis, o surgimento das caminhadas beneficentes e a fusão perene de maratonas pessoais com marchas de protesto: todas clamando por um mundo que não seja o que é, e sim o que deveria ser.

Não podemos caminhar todos juntos e a passos largos rumo à harmonia. Até mesmo as pessoas em peregrinações épicas geralmente têm uma linha de chegada em vista. Com quarenta e poucos anos, passando por uma crise de meia-idade, Jean Béliveau – natural de Montreal, mas não a lenda do hóquei – fechou sua empresa de letreiros de neon e encheu um daqueles carrinhos de bebê de três rodas com comida, roupas, uma barraca e um saco de dormir. Em 18 de agosto de 2000, ele beijou a esposa e os filhos crescidos e deixou a cidade para uma caminhada em volta do mundo dedicada a conscientizar as pessoas sobre a violência que aflige crianças de todo o planeta. (Parece surreal, mas a primeira década do século XXI foi, para as Nações Unidas, a Década Internacional por uma Cultura de Paz e Não Violência para as Crianças do Mundo. Além disso, sua esposa pegava um avião e ia encontrá-lo de vez em quando.) Béliveau chegou perto de desistir na Etiópia, passou por uma cirurgia de próstata emergencial na Argélia, conheceu Nelson Mandela e outros três ganhadores do Prêmio Nobel da Paz, e aprendeu com os camponeses com quem passou algum tempo em países empobrecidos, como Peru e Moçambique. "Eles têm um modo de vida sustentável", ele disse a um jornalista que o entrevistou. "Quem somos nós para ensinar alguma coisa a eles? Estamos destruindo nosso planeta, pressionando de tal maneira nossa sociedade. Chegou a hora de aprendermos com eles."

Não siga meus passos, Béliveau disse ao voltar a Montreal, onze anos e 75 mil quilômetros depois. Faça seu próprio caminho.

Paul Salopek está numa peregrinação jornalística. Em 2013, o autor da *National Geographic* começou uma caminhada de sete anos e 34 mil quilômetros, da Etiópia à Terra do Fogo, "refazendo a pé a migração global de nossos ancestrais". Seu projeto, Out of Eden [Fora do Éden], tem como objetivo cobrir as grandes reportagens do Antropoceno, desde as mudanças climáticas à sobrevivência cultural, passando pela evolução tecnológica. Uma de suas primeiras paradas foi a Margem Ocidental (durante o ataque israelense à Gaza) e a ilha dividida de Chipre. Duas vezes ganhador do prêmio Pulitzer e correspondente estrangeiro veterano, ele passou a acreditar que cair de paraquedas numa zona de guerra para cobrir um conflito limita a perspectiva do jornalista. Em vez disso, ao "percorrer lenta e milimetricamente a superfície da Terra", ele espera descobrir "vínculos entre as matérias [...] que a mídia cobre de maneira segmentada e granular".

– Pode ser que a coisa mais importante que as pessoas talvez considerem radical – diz Salopek – seja a capacidade de esperar, algo que o hemisfério norte parece julgar cada vez mais incompreensível. A habilidade de se sentar embaixo de uma árvore e esperar algo acontecer é uma maneira de perceber o mundo que está se tornando cada vez mais rara à medida que o mundo se apega mais aos dispositivos eletrônicos.

Salopek reconhece que ele talvez não dure sete anos na estrada, que talvez tenha de abandonar a caminhada em algum momento. As peregrinações nem sempre transcorrem como planejado. A pessoa pode ficar doente, se machucar ou ser assaltada. Ou perceber que está seguindo na direção errada.

Para cada Jean Béliveau existem dezenas de Daryl Watsons. O jovem dramaturgo estadunidense queria desesperadamente uma "declaração de princípios". Cristão devoto na infância, ele deixara a igreja. Durante um ano, ele se digladiou com o medo e a dúvida, contorcendo-se todas as noites na cama, sonhando com seu propósito na Terra. Aí, em 2009, ele adotou um novo nome, Peregrino da Paz, e partiu de Delaware numa caminhada de seis meses até São Francisco, em busca de uma nova relação com Deus.

Como a mulher que adotara o mesmo nome, Watson desprendeu-se de seus bens materiais. Botou todo seu dinheiro num envelope fechado, no qual escreveu "Para a Caridade", e o depositou numa caixa de correio. "Por que tão pouca gente doa tudo que tem e sai andando pelo país?", ele pergunta num episódio de *This American Life* da NPR, racionalizando sua decisão impulsiva. "Quando se vive neste mundo, louco como ele é, é o que se deve fazer."

Na primeira noite de sua jornada, Watson dormiu no cimento gelado do lado de fora de uma igreja católica; na segunda noite, no abrigo dos jogadores de um campo de beisebol de uma cidade universitária, enrolado num pedaço de grama sintética. Três dias depois de começar, gelado, cansado, dolorido e faminto, ele desistiu. Choramingando, Watson contou sua história ao gerente noturno de um Best Western de beira de estrada, aí telefonou para sua mãe, que pagou por um quarto. Sentado na banheira de água quente, ele percebeu que as perguntas incapacitantes que o atormentavam não eram mais urgentes. "Exausto como estava [...], eu não me importava mais se tinha ou não a resposta", conta. "Simplesmente não era importante."

Tenho mais em comum com a nova versão da Peregrina da Paz do que com a original. Tenho o olho maior do que a boca. Aquela caminhada abortada até a cabana, é bom lembrar, teve precedentes.

Na madrugada do dia em que completei 35 anos, ainda morando em Edmonton, saí pela porta da frente no meio de uma tempestade de verão, em agosto, para tentar uma circum-navegação de sete dias da Trilha Waskahegan, com seus trezentos quilômetros. O circuito passa por parques, florestas boreais e, graças a acordos de cavalheiros com os proprietários, pastos e campinas particulares. Acompanha orlas lacustres pantanosas e vales fluviais cobertos de relva, além de cruzar uma cidadezinha ou outra. Mais mundano do que majestoso, trata-se de um trecho plano no centro de Alberta pelo qual milhares de pessoas passam diariamente. Mas, para mim, à época, com duas menininhas gêmeas em casa e uma revista emergente para comandar no trabalho, parecia o paraíso: uma aventura segura, barata e sem crianças por perto. (O primeiro critério era crucial. Se eu me machucasse feio ou cometesse uma imprudência, Lisa me mataria.)

Levei três horas para chegar aos limites meridionais da cidade. Na rampa de acesso da principal rodovia para Calgary, estiquei o polegar. Um taxista chamado Gall me deu carona por uns quinze quilômetros até uma estrada norte-sul que levava ao começo da primeira trilha.

– Você devia era fazer a Trilha da Costa Oeste – ele disse, descrevendo seus encontros com ursos e onças-pardas na floresta úmida da Orla do Pacífico. – Aquilo, *sim*, é mato.

Mas, assim que deixei o asfalto para trás e comecei a andar pela prainha de uma daquelas massas de água rasas e lamacentas que o povo da pradaria chama de lago, vi pelicanos lá no alto, voando em formação, e patos surgindo da beira d'água. Uma garça cinzenta alçou voo a contragosto. Gaviões guincharam. Gamos fugiram. Um pica-pau de topete vermelho picava. Girando os braços para passar pelas trepadeiras urticantes e pulando monturos de bosta de vaca, detive-me para aspirar a fragrância das sálvias e comer as últimas framboesas da estação.

Naquela noite, depois de caminhar cinquenta quilômetros, hospedei-me com uma família de agricultores cuja propriedade era atravessada pela trilha. Lloyd Schnick foi me pegar no campo de cevada do vizinho – havíamos nos falado ao telefone alguns dias antes; ele me dissera para dar um pulinho lá –, e sua esposa, Charlene, nos serviu frango com beterrabas, batatas e ervilhas de sua horta. Ela me indicou o quarto de hóspedes no porão, colocou minhas roupas encharcadas na secadora e, pela manhã, depois de um desjejum à base de toucinho e ovos, passou-me discretamente um pacotinho de biscoitos de pasta de amendoim. Os Schnick me acompanharam até o lago no sopé de sua propriedade e, acenando com as mãos, despediram-se de mim sobre um promontório que entrava na água, no momento em que eu galgava uma cerca e entrava nas terras do fazendeiro vizinho.

Encorajado pela generosidade daquela família, eu me encontrava naquele estado liminar descrito por Edith e Victor Turner. Eu sentia afinidade, vínculo... e, logo em seguida, dor. Menos de uma hora depois, meu joelho começou a doer. Muito. Minhas costas e os ombros, arcando com o peso desnecessário de uma mochila grande (*dois* romances?, dois romances *capa dura*?), não estavam em condições muito melhores. A vegetação tombada no meio da trilha, resultado de um tornado recente, era quase impenetrável, e minhas botas envelhecidas estavam encharcadas. Por volta do meio-dia, eu já estava tomando comprimidos de ibuprofeno. Às três da tarde, descobri que tinha cometido um erro de cálculo: Camrose, a cidadezinha onde eu pretendia passar a noite, ainda estava a uns quarenta quilômetros de distância.

De que adianta resistir e seguir em frente, eu me perguntei, se estou infeliz? Voltei a pensar em algo que um dos fundadores da trilha havia me dito quando arranquei dele alguns detalhes sobre o percurso: "Claro que você pode cobrir tudo de uma pernada só, mas eu prefiro ir devagar e, bem, *curtir* a trilha".

Derrotado, liguei para Lisa e pedi que ela fosse me buscar de carro. E, apesar de ter completado a Waskahegan em etapas no decorrer dos três meses seguintes, as lições que aprendi lá foram logo esquecidas.

Mapeando o itinerário até o chalé de meus pais, eu calculei que percorreria 183 quilômetros em quatro dias. Eu me imaginava passeando em meio às resplandecentes folhas de outono, mastigando um ramo de palha, cochilando sob as copas de carvalhos e olmos. Fora esse delírio, eu cometi outros erros: equipamento em excesso, comida em excesso, botas muito novas. No segundo dia, tomei o caminho errado algumas vezes, a quilometragem disparou e minhas bolhas tinham suas próprias bolhas. Eu teimosamente comia meus sanduíches amassados de pasta de amendoim mesmo passando por barraquinhas de produtos hortifrutigranjeiros e trailers que vendiam batatas fritas. Havia vestígios de alegria... toda vez que eu *interrompia* a caminhada. Por exemplo, durante as duas viagens de barco que eu havia combinado com antecedência. O dono de uma marina, com seus 84 anos, me levou em seu barco a motor para a outra margem do lago Balsam depois de eu ter me unido a ele e seus funcionários para tomar café e ouvir as maiores mentiras de pescador em seu galpão. Bem cedinho no dia seguinte, um adolescente que quebrava todo e qualquer galho para os donos das cabanas subiu comigo o nevoento rio Gull até a cidadezinha de Minden, onde desembarquei no cais público ao lado da ponte central e comecei a última etapa da viagem.

Mancando rumo ao norte, já inclinado a desistir, percebi que, mais uma vez, eu havia planejado ir longe demais e rápido demais. Independentemente do potencial metafísico de uma jornada, é difícil meditar sobre o significado de alguma coisa quando sua ideia fixa é contar os quilômetros e temer a escuridão que se aproxima.

No fim das contas, coube a Lisa, ao me encontrar no chalé com nossas filhas, a graça redentora: ela trouxera meus chinelos de feltro, os únicos calçados que meus pés em carne viva conseguiriam suportar.

George Mallory tentou chegar ao topo do Everest porque o monte simplesmente estava lá. Ele tinha fixação pelo cume... e morreu em sua terceira tentativa. O Caminho, ou o litoral longínquo de um país vasto, ou qualquer jornada de longa distância que se empreende com a intenção de chegar ao autoconhecimento, exerce um fascínio semelhante. Está *lá*. E eu *aqui*. Algo será revelado pelo caminho. *Solvitur ambulando*.

Em seu livro *The Road Is How: A Prairie Pilgrimage Through Nature, Desire and Soul* [A estrada é o como: uma peregrinação campineira através da natureza, do desejo e da alma], o naturalista Trevor Herriot faz a crônica de uma peregrinação de distâncias modestas, mas alcance ambicioso. Ele parte de sua casa em Regina numa caminhada de 65 quilômetros e três dias até a região a leste da cidade onde sua família tem uma pequena cabana e uma grande horta. Boa parte do que Herriot escreve explora as férteis camadas de vida que persistem nos campos aparados e ravinas fluviais que o resto de nós costuma negligenciar, com os olhos fixos nas montanhas escarpadas mais a oeste ou nos oceanos que delimitam a nação. Essa caminhada é um retorno a um terreno familiar, o sutil estado silvestre de sua província natal, Saskatchewan; mas, desta vez, agora no começo dos cinquenta anos, o foco de Herriot é interno. Recuperando-se de um acidente numa escada de mão que lhe custou alguns ossos quebrados, irritado com a destruição da natureza e da comunidade por agentes do governo e da iniciativa privada que só desejam o lucro, ele quer descobrir o que há de errado consigo mesmo: "Foi como se os anos que passei como naturalista sabe-tudo tivessem me deixado surdo, para que eu não escutasse os próprios espíritos que poderiam me ajudar a crescer, fechar as feridas ou seja lá o que eu deveria estar fazendo nesta etapa da vida".

Poderia ser uma manifestação de minhas próprias obsessões com o caminhar e o apocalipse ambiental, mas parece que os livros a respeito de peregrinações estão na moda. Quando a coisa fica preta, as almas perdidas saem à procura de algo. De luto e coração partido, Cheryl Strayed viu-se na Trilha da Crista do Pacífico no campeão de vendas *Wild* [Natureza]. Milquetoast Harold Fry, o improvável protagonista da romancista britânica Rachel Joyce, deixou sua casa na Inglaterra e, em vez de mandar uma carta para uma amiga doente e à beira da morte, entregou-a pessoalmente depois de percorrer mil quilômetros (uma caminhada ficcional que reproduz a do cineasta Werner Herzog de Munique a Paris para visitar a crítica enferma Lotte Eisner). Espelhando o poeta estadunidense do começo do século XX, Vachel Lindsay, que trocava poesia por comida e alojamento em várias excursões pedestres interestaduais (de Illinois ao Novo México, de Nova York a Ohio), o poeta britânico Simon Armitage percorreu a pé os 431 quilômetros do Caminho dos Peninos, oferecendo leituras todas as noites em troca de cerveja, pouso e refeições. "Em vários aspectos", ele escreve em *Walking Home* [A caminho de casa], "o Caminho dos Peninos é um exercício fútil, pois vai de lugar algum a nenhum lugar em particular, por nenhuma via em particular e por nenhuma razão em particular. Mas embarcar nessa caminhada é entregar-se à sua cultura e submeter-se à sua lógica, e aceitar o desafio que se apresenta à sua própria identidade."

Herriot revira tudo em busca de metáforas e significados nos regos e pastos que margeiam o caminho até sua cabana, erguendo seu olhar para as constelações quando suas sandálias afundam no barro de um atoleiro. Ele encontra uma beleza simbiótica nos processos biológicos, nas minúcias microscópicas da polinização, na capacidade de integração de fungos micorrízicos. Antes de começar sua caminhada, Herriot acampou no alto de um morro, sozinho, e jejuou, como havia lhe instruído um amigo aborígene. Depois de três dias e três noites de "tédio e depressão entremeados por momentos de pavor e ansiedade", uma pergunta havia surgido: como é que se deixa de "perambular pela adolescência da meia-idade [...], como posso finalmente crescer em meus relacionamentos?". E ele sabia onde procurar as respostas. Amigos seus viajaram para o Nepal e Machu Picchu, mas ele se perguntava se conseguiríamos "nos separar espiritualmente da vida e da cultura do corpo, ambas profundamente ligadas ao solo, clima e outros dados imanentes a um lugar [...]".

"Se faz bem consumir a comida local", pergunta Herriot, "não faria igualmente bem curar e alimentar nossas almas no local?"

Termino de ler o livro de Herriot numa manhã cinzenta de primavera em Ottawa. Passei semanas preso à escrivaninha, absorto em aventuras na Espanha e em outros locais longínquos. Amarro os cadarços das botas de caminhada. Há um cinturão verde depois da esquina da rua onde fica minha casa, uma sequência de parques e brejos que um dia talvez seja terraplanada para dar lugar a uma estrada. Como se trata de um dia útil, vejo apenas um passeador de cães ao atravessar um bosque de salgueiros e me sentar a uma mesa de piquenique no alto de uma pequena elevação, ouvindo a serenata de trinados dos melros-de-asa-vermelha em seu ritual de corte. Lá está a tal sensação outra vez.

Atravesso a rua movimentada que se limita com o espaço verde e entro numa comunidade de baixa renda, com suas casinhas geminadas e prédios residenciais, chamada Heron Gate Village. As calçadas estão tomadas por mulheres que vestem burcas coloridas e mães que empurram carrinhos de bebês, diferente da deserta e branca Pleasantville do meu enclave residencial. Atrás das torres e dos prédios baixos, e também entre eles, encontro uma rede de caminhos arborizados que ligam as vias sinuosas aos parques, escolas e ruas comerciais da área. Ficam a cinco minutos a pé de minha casa, mas nunca percorri essas trilhas antes.

Assim como Herriot, eu me deixo levar pelas proximidades. Comecei a entender que meu olhar se dirige para as vizinhanças. Estou mais interessado nas caminhadas diárias de Matt Green em Nova York do que na excursão de Herriot pelo país. Não estou enamorado de um único cume. Caminho porque *todo lugar* tem *alguma coisa*. Todo dia pode ser uma peregrinação se o objetivo é chegar a uma ideia mais profunda do pequeno papel que desempenhamos neste mundo que não para de girar.

O perdão e a cura podem ser metas difíceis de alcançar, mas a honestidade é um alvo factível. Caminhar nos expõe à realidade física imediata. E, apesar de nossos cérebros distorcerem as coisas e nos iludirem, apesar de termos mais autoconfiança do que competência, apesar de o autoengano nos levar a conclusões lisonjeiras, quando caminhamos, nossos pensamentos ficam mais claros à medida que corpo e mente se alinham. O ritmo dos passos e o humor se ajustam na mesma cadência. Observações e ideias se fundem e fornecem o melhor palpite que podemos ter sobre o que é a verdade. Ou, como dizem os galeses, *gwirionedd*.

Na península de Llŷn, depois de tomar a água de St. Mary's Well, vejo-me em mais uma trilha estreita e vertiginosa. Os penhascos de granito de 150 metros de altura no lado oriental da ilha de Bardsey erguem-se do mar à minha esquerda. O percurso de hoje abarca a orla do promontório da península, daí corta pelo istmo e volta a Aberdaron. Um circuito fácil de vinte quilômetros. Tenho comida e água suficientes. Minhas botas estão lasseadas e impermeabilizadas. A capa de chuva me mantém seco. As ovelhas e seus balidos me fazem companhia. As flores silvestres e o litoral recortado são impressionantes. Mas cada passo parece pesado, ponderoso. Não se trata de cansaço ou desconforto físico. É uma sensação incômoda. Faz duas semanas que estou longe de casa. No Canadá, é feriado. Não sei ao certo o que Lisa e as meninas estão fazendo, só sei que não estou ao lado delas e que o verão está acabando. Os cristãos e seus antepassados celtas podem encontrar respostas nesta trilha, mas eu talvez devesse procurá-las mais perto de casa.

Continua a chover na manhã seguinte. Rob Jones, que trabalha para a secretaria nacional de turismo do País de Gales, me encontra na sala de jantar do Ship para o desjejum. Devíamos ir juntos para Bardsey, mas sopra um vento forte. O barqueiro recomendou que entrássemos em contato dali a algumas horas.

Entramos no carro de Thomas e, saindo do hotel, subimos o morro até a casa do fornecedor Peter Hewlett para tomar chá. Na parede de seu gabinete, há um cartaz pitoresco intitulado "O caminho largo e o estreito", feito originalmente na Alemanha por volta de 1850. Com sua perspectiva cristã evangélica, a ilustração retrata os dois caminhos dentre os quais todos nós temos de escolher: uma vida virtuosa ou os prazeres terrenos. A trilha estreita do lado direito do cartaz passa por árvores e arbustos verdes e pelo Cristo crucificado e leva a uma montanha cercada por anjos alados e banhados em luz dourada. A estrada larga à esquerda é ladeada por um salão de baile, um antro de jogatina, uma taverna e "trens domingueiros". Pontilhada por homens que açoitam jumentos e brigam, ela termina num castelo escuro onde figurinhas apavoradas são consumidas pelas chamas. Versículos da Bíblia devidamente identificados por nome e número espalham-se por toda a ilustração. "Daniel 5:27" fica no canto superior esquerdo, logo acima das labaredas do inferno. Hewlett pega uma Bíblia na estante e procura o versículo que leva meu nome: "Pesado foste na balança, e foste achado em falta".

Thomas e eu ainda temos algum tempo livre e, por isso, visitamos Felin Uchaf, um centro educacional dedicado a reviver as tradicionais habilidades galesas. A cinco quilômetros de Aberdaron, no que outrora foi um trecho de terra sem vegetação e sujeito a ventanias, voluntários plantaram milhares de árvores e fartas hortas orgânicas e criaram construções ecologicamente corretas usando pedras da região, terra, sapé e madeira. Entre as oficinas ministradas no centro, ensina-se como construir usando fardos de feno e como fazer paredes de pau a pique, tetos de sapé e estruturas de madeira. Os voluntários vêm do mundo todo. Eles aprendem e as instalações são ampliadas. Temos ali um celeiro que consome energia de maneira eficiente, um galpão para construção de barcos e várias casas redondas de estilo medieval. A cobertura do teto é feita de juncos colhidos nos brejos da região. Fazem estopa com a lã das ovelhas e colocam-na nas paredes para proporcionar isolamento térmico.

Dafydd Davies-Hughes, o gestor do projeto de voz suave e sorriso beatífico, nos leva, Thomas e eu, para dentro de uma casa redonda, cujo alicerce foi escavado no solo. O projeto segue o estilo de uma casa de congregação pública da Idade do Ferro. Há bancos e leitos embutidos nas paredes de barro e uma lareira no centro. Além de fornecer acomodações para trabalhadores, estudantes e viajantes, Felin Uchaf recebe eventos de contação de histórias, reuniões ao pé do fogo nas quais os artistas fascinam a plateia apenas com suas vozes.

– As pessoas vêm à Llŷn em peregrinação, em busca de alguma coisa, mas nem todas chegam a Bardsey – afirma Davies-Hughes, ele mesmo um rematado contador de histórias, mas também um renascentista que já foi biólogo, professor, agricultor e pedreiro. – Daí este é um ponto de parada, para celebrar todas as culturas que por aqui passaram, o viveiro de histórias que é a Europa. Ainda é uma fronteira. Os elementos que encontramos aqui – o vento, a chuva, o sol –, eles são muito fortes se comparados aos vales mais amenos do interior. As pessoas gostam dessa crueza. Hoje em dia, tudo neste mundo é domesticado.

– Temos aqui um arquétipo – ele prossegue, falando da Llŷn em termos mais gerais, da mesma maneira que Rory Stewart entende o Lune como mais do que um rio. – Temos a tal vontade de alcançar o oeste. Há tempos as pessoas encaram esta jornada como um eco daquilo pelo que os seres humanos passam em suas vidas. Atravessam a terra e chegam a este pequeno pináculo. A água que nos separa de Bardsey, as pessoas a veem como o Mar do Esquecimento ou o rio Estige. Um meio de chegar ao céu. A península é um caminho para isso. É um ponto de encontro, um limiar, a fronteira do mundo conhecido. Pode ser simbólico, mas chegamos ao limite de uma vida, e o que acontece além daqui, não se sabe.

O celular de Thomas toca. Nosso barco zarpa em quinze minutos.

Porth Meudwy – o Porto dos Eremitas – é o único lugar, passada Aberdaron, de onde se pode lançar um barco no litoral turbulento. Uma estrada barrenta desce por uma fenda profunda nos penhascos até uma prainha pedregosa com uma carreira de concreto rachado. O capitão Colin Evans nos manda subir em seu catamarã de trinta pés e de um amarelo vivo, que se encontra em terra, em cima de um reboque preso a um trator.

– Desculpem-me, amigos, mas o dia está meio chuvoso – ele grita acima do bramido do vento. – Vistam os coletes salva-vidas, por favor.

Com uma barba cerrada e castanha e antebraços compactos, Evans parece ser o tipo de gente que só um idiota ignoraria, mesmo num dia tranquilo. Ele veste um impermeável amarelo por cima de um suéter azul, e o macacão emborrachado de pescador, verde-acinzentado, chega-lhe à altura do peito. Um outro homem está sentado ao volante do trator, engata a ré e entra na rebentação, que ergue o barco, livrando-o do reboque. Evans já fez essa travessia umas 10 mil vezes, tendo completado sua primeira viagem solo aos dezesseis anos. Ele aciona o acelerador. Saímos da baía e começamos a lutar freneticamente com as ondas.

– Nem está tão ruim assim – Evans me conta, enquanto o barco galga os vagalhões e a água borrifa o convés – e fazemos a travessia em condições bem piores... quando é preciso.

As tempestades e as fortes correntes daquelas águas já levaram mais de setenta embarcações. Em 2000, um temporal segurou dezessete visitantes na ilha durante duas semanas.

Contornamos os penhascos que vi durante a caminhada do dia anterior, e o mar se acalma. Um farol branco e vermelho se destaca no mosaico de campos verdes de Bardsey. Uma fundação beneficente é a proprietária e responsável pela administração da ilha, que tem uns dois quilômetros de extensão de norte a sul e um quilômetro de largura, além de ser uma reserva ecológica nacional, um santuário para aves migratórias e plantas raras. Portanto, não só os devotos e os excursionistas vão para lá, mas também cientistas, que visitam o observatório de aves de Bardsey para pesquisar espécies como a pardela-sombria, uma acrobata do ar que chega a viver mais de cinquenta anos. São permitidos apenas 2 mil visitantes por ano.

– Mas ainda é uma ilha produtiva – diz Evans. – Existem ali aproximadamente 370 ovelhas e algumas dezenas de vacas e touros. – Não é só para conservação. Bem, na verdade é, de certo modo. É para a conservação de um modo antigo de vida.

A família de Evans exerce a agropecuária e a pesca na ilha pelo menos desde o século XVIII, talvez há mais tempo. Seu pai caçava lagostas com armadilhas e foi faroleiro. Sua mãe é uma poetisa aclamada. Colin também leva jeito com as palavras.

– Esta travessia – diz ele – representa a continuidade de uma velha tradição. Minha vida inteira foi erigida em torno de perpetuar antigas tradições, porque são sustentáveis. Representam uma maneira de avançar. O passado é o futuro.

O barco segue resfolegando para a praia na extremidade sul de Bardsey, onde outro trator nos reboca para a terra. Esse porto fica abrigado dos ventos predominantes. É o melhor ancoradouro da área, e isso significa que os marinheiros sempre guardaram seus barcos na ilha, e não na Bretanha, e ali também ficaram as técnicas de navegação.

Evans se pergunta se haverá algo que prenda seus filhos em Bardsey quando eles crescerem. Existem possibilidades: carne de siri, linguiças, peixe defumado, passeios de caiaque. Mas a ilha tem "balançado" nas últimas décadas: o desenvolvimento econômico estacou. Mesmo assim, diz ele, parece natural equilibrar a agropecuária e a pesca com a conservação, a pesquisa e o turismo. Como há famílias que têm uma ligação histórica com a ilha, existem ali pessoas para cuidar dela.

As peregrinações celta e cristã até Bardsey são um fenômeno relativamente recente, conta Evans, encarnando o guia turístico. As pederneiras mesolíticas encontradas na ilha indicam que esta era habitada entre 5 mil e 10 mil anos atrás. Também há indícios de locais de cremação datados da Idade do Bronze. A atratividade espiritual já existia muito antes de qualquer igreja.

Thomas e eu nos afastamos da água, seguindo a pé por uma estrada de terra sulcada pela passagem de veículos, inspecionamos as ruínas da abadia e espiamos, por cima dos muros de pedra, os chalés disponíveis para alugar no verão. Entramos na minúscula capela, e ele se senta ao órgão para tocar. Com um aceno de cabeça, deixo Thomas a sós com seu hino.

Perambulo sozinho por umas duas horas. Apesar de vinte pessoas viverem na ilha durante o verão, e hoje estão ali uns vinte e tantos cientistas e visitantes, as palavras de Evans durante a travessia se revelam proféticas: Bardsey tem a misteriosa capacidade de engolir as pessoas. Não vejo vivalma.

Enquanto subo por uma trilha deixada pelas ovelhas até o ponto mais alto da ilha, o sol reaparece pela primeira vez em dois dias. Antigamente, percorrer toda a extensão da Llŷn era uma jornada de penitência. Percebo que agora não passa de uma maneira de observar o resto do mundo sob outro ponto de vista.

– A montanha esconde convenientemente a Bretanha, como se estivesse ali de propósito – Evans havia me contado lá embaixo. – Dá para esquecer que a Bretanha existe quando estamos aqui, e pode ser que isso de fato aconteça. Com tempo ruim, parece até que estamos a 1,5 mil quilômetros de distância. Acho que esta ilha incentiva o pensamento independente. Fica perto... mas distante. O rebuliço da vida fica logo ali, mas pode ser que não consigamos ir até lá. E isso nos faz sentir diferentes. A única coisa que enxergamos é um objetivo distante.

8
Família

"Que as crianças caminhem na natureza, que vejam as belas combinações e comunhões de vida e morte, sua união alegre e inseparável, que se aprende nos bosques e prados, nas planícies, montanhas e riachos de nosso estado abençoado."

John Muir, *A Thousand-Mile Walk to the Gulf*

"Estamos há tanto tempo de molho nessa cultura da velocidade que quase não percebemos o preço que ela cobra em todos os aspectos de nossas vidas. Às vezes é preciso um grito de alerta para nos fazer ver que passamos apressados por nossas vidas, em vez de vivê-las de fato."

Carl Honoré, *In Praise of Slow*

O carro passou por cima de minhas pernas, logo acima dos tornozelos. Maggie foi atingida primeiro. Ela estava em sua bicicleta. Eu corria atrás dela. Daisy vinha em seguida, algumas pedaladas para trás. Estávamos a quatro quarteirões de casa numa manhã luminosa e fresca de meados de setembro, as folhas de freixo e bordo já com as pontas pintadas de carmim. Depois de deixar minhas filhas na escola, eu planejava sair para correr à margem do rio, daí me sentar e trabalhar.

O sinal estava verde para nós e estávamos entre as linhas brancas da faixa de pedestres. Maggie já tinha chegado à metade do cruzamento quando um carro que vinha da direção oposta virou à direita, colidindo de frente conosco.

– Pare! – berrei. Para Maggie, para a motorista.

E aí: o som nauseante de metal e plástico triturados. Maggie caiu em cima de mim e tombamos de costas na rua. Sua bicicleta rosa e cinzenta desapareceu sob o para-choque. Escarrapachado no asfalto, arqueei o pescoço a tempo de ver o pneu da frente do lado do passageiro de uma caminhonete compacta passar por cima das minhas canelas. O susto e a adrenalina abafaram a dor.

Dois pensamentos passaram feito raio pela minha mente quando vi o carro sobre minhas pernas. Primeiro: tem um carro nas minhas pernas. Segundo: Maggie!

Olhei para a esquerda. Ela estava sentada na rua ao meu lado. Não gritava. Não chorava. Não sangrava. *Intacta*. Olhei para a direita. Daisy estava na bicicleta, os pés no chão, e segurava as manoplas do guidão com força, mais intrigada do que preocupada.

A esquina ficou congestionada de pessoas a caminho do trabalho no horário de pico. Veículos engatavam a ré em todas as quatro direções. Um homem com um telefone grudado na orelha disse que uma ambulância estava a caminho. Segundos depois, havia uma mulher agachada ao lado de Maggie.

– Sou médica – ela disse. – Aponte onde dói.

Maggie apontou um cortezinho no joelho esquerdo, o único ferimento visível.

– Ah, meu Deus! Ah, meu Deus! – gritava a motorista da caminhonete, as mãos em concha diante da boca. – Você está bem? Você está bem? Você está...

– Alguém poderia, por favor, afastá-la de nós? – eu pedi, tomado pela necessidade de manter a calma pelo bem das meninas. Um transeunte levou a motorista para longe.

Menos de um minuto depois, uma policial chegou em sua viatura. Ela recrutou o homem com o telefone e eles me ajudaram a ficar de pé e seguir mancando até uma faixa de grama entre a rua e a calçada. Eu voltei a me deitar, enjoado. Dois socorristas removeram meus sapatos destroçados e cortaram as meias. Examinaram meus membros inferiores sem alarme, aí me puseram numa maca. Maggie subiu sozinha na traseira da ambulância. Um amigo que por acaso estava passando por ali levou Daisy para a escola. Minhas canelas começaram a arder quando partimos, mas nossa sorte foi inacreditável.

A policial foi ao hospital para colher meu depoimento. A motorista, ela nos contou, acabara de deixar o filho na escola.

Lisa chegou bem a tempo de ver o médico piadista do pronto-socorro tirar uma pedrinha de dentro da laceração no meu tornozelo direito. Enquanto dava os pontos, ele insistia em dizer que a melhor fisioterapia seriam sessões frequentes com o aspirador de pó. Aí ele deu uma olhada nas radiografias, confirmou que não havia fraturas e disse:
– Vamos colocar você de pé.

Quase todos os dias pela manhã, minhas filhas e eu vamos andando para a escola. São oitocentos metros de nossa casa até lá. Duzentos e cinquenta passos. Costumam ser os melhores quinze minutos do meu dia.

Não há calçadas nos três primeiros quarteirões, largas ruas residenciais com pouco tráfego. Maggie e Daisy salvam as minhocas que vão parar na rua depois das chuvas de primavera e, no inverno, equilibram-se no alto das cristas de gelo deixadas pelo removedor de neve. Esquadrinhamos os topos das árvores, em busca de cardeais e corvachos, ou então chutamos discos deslizantes de gelo. As meninas me enchem de perguntas: sobre os letreiros em várias cores que aparecem durante as campanhas eleitorais, sobre as rochas e minérios incrustados no asfalto, sobre valentões e fanfarrões, e para que serve a lição de casa. Respondo mudando de assunto e brincando com as palavras. Maggie e Daisy reviram os olhos com minhas piadas de pai, aí dão vazão à sua própria verve humorística numa espécie de fluxo de consciência. Conto-lhes histórias da minha infância, e elas retribuem revelando-me emoções e experiências até então veladas pelo sigilo típico da juventude ou pela cornucópia de distrações que têm lugar num só dia. Quando não estão trocando palavras rudes ou socos, ou palavras rudes sobre os socos uma da outra, ou tentando cantar música pop uma mais alto do que a outra, as meninas conversam entre si com ternura familiar. Gêmeas fraternas, apartadas das batalhas territoriais do lar, percorrendo juntas um mundo desconcertante. Nossas conversas esvoaçam feito borboletas, saracoteando imprevisivelmente por um trajeto sem limites.

O melhor momento para conversar com os filhos, declara o autor e ativista alimentar Michael Pollan, é durante uma refeição. Lado a lado no balcão da cozinha, picando a comida, remexendo-se, sem contato visual. Até mesmo um adolescente baixa a guarda. Caminhar nos arrasta para essa mesma configuração em paralelo. Ao lado de um amigo ou parente, ou até mesmo de um conhecido, nossos passos podem entrar numa sincronia inconsciente – um indicador de interação social, afirmam os neurocientistas cognitivos da Caltech. Esse tipo de sincronia de movimentos, escrevem dois psicólogos holandeses num artigo de 2011, pode ser um sinal de "sentimentos comuns de conformidade, um estado afetivo de atenção mútua e positividade". Tranquilizados e, ao mesmo tempo, estimulados pelo movimento, somos preparados para nos abrir e escutar o que outra pessoa tem a dizer. Desenvolve-se uma intimidade – entre namorados, irmãos ou amigos, ou entre pai e filho –, mas também um amadurecimento da relação entre nós mesmos e o ambiente que nos cerca. Uma imersão atenta neste reino no qual existimos. Um enraizamento em nosso mundo.

Caminhar é como dançar, diz o autor e defensor de uma vida mais vagarosa, Carl Honoré: dois ou mais corpos movendo-se na mesma velocidade, cooperando e comunicando-se, formando uma parceria tácita.

– Longe de relógios, da tecnologia e das distrações do mundo moderno, caminhar cria um espaço vasto e aberto para as coisas acontecerem, e é nesse momento que os relacionamentos costumam vicejar e florescer mais – ele me diz. – Somos seres físicos. Uma boa parte de como nos expressamos e interagimos com o mundo e com outras pessoas é corpórea. Quando encontramos o ritmo que compartilhamos com alguém, temos à nossa disposição um novo patamar de fluxo e troca intelectual e emocional.

Para Honoré, caminhar também é o primeiro, simples, gratuito e acessível passo para vencer o "vírus da pressa" que corre em nossas veias, um hábito que nos impele a contar os minutos, em vez de saboreá-los; a fazer tudo o mais depressa possível, e não da melhor maneira possível. Um hábito capaz de inibir o desenvolvimento de relações saudáveis e recíprocas.

– Caminhar nos faz olhar para dentro, para aquele monólogo interior que é uma parte tão importante da condição humana, de viver a vida examinada – diz Honoré. – Mas também nos expõe às texturas e minúcias do mundo ao nosso redor... e a outras pessoas. São os dois lados da mesma moeda. Depois de nos voltarmos para dentro, temos mais a oferecer quando nos voltamos para fora, para a pessoa que caminha ao nosso lado. Investimos mais de nós mesmos na ação.

Minhas caminhadas até a escola com Maggie e Daisy nem sempre são idílicas. As meninas podem ser melhores amigas ou rivais patológicas. Mas, até mesmo quando elas brigam e colocam minha paciência à prova, até mesmo quando estou tenso ou com pressa e disposto a desencadear uma discussão, estamos no mesmo fluxo, tentando entender como nos relacionarmos. E seja qual for nosso estado de ânimo, estamos fortalecendo os laços entre nossa pequena unidade e a comunidade na qual vivemos. Todo pai ou toda mãe sabe como é fácil fincar o pé quando nos vemos envolvidos nas brigas das crianças – não, foi *você* quem começou! –, mas, em nossas caminhadas matutinas, somos arrancados dessas escaramuças por vizinhos a caminho do trabalho que nos cumprimentam e sabem nossos nomes, e por aposentados que acenam das janelas panorâmicas de suas salas de estar. E aí nos unimos à torrente de pais e filhos que vai ganhando volume à medida que nos aproximamos da escola, fios de água que reabastecem um rio no degelo de primavera. Nossas saudações e conversas podem parecer triviais, mas é o que nos une. Um lembrete de nosso interesse mútuo num ritual diário.

Maggie e Daisy, que tinham oito anos quando houve o acidente, ainda fazem de tudo para andar de mãos dadas comigo, mas, no quarto ano, abraços de despedida no pátio da escola são considerados embaraçosos. É o velho clichê: elas crescem rápido. Logo as meninas entrarão na puberdade. A dinâmica sociocultural da qual elas são obrigadas a participar já é complexa e está mudando rapidamente. Vão herdar um mundo vastamente diferente do meu. Se o caminhar pode nos ajudar a encontrar um ritmo comum, pode ser que também consiga suavizar essa transição. Para elas e para mim.

Só há uma esquina movimentada para atravessarmos a caminho da escola, o cruzamento da Alta Vista Drive com a Randall Avenue. Passamos por ali duas vezes por dia, cinco dias por semana, dez meses por ano. O quadrante mais próximo de nossa casa fica na esquina diametralmente oposta ao do pátio da escola. A menos que a Alta Vista esteja congestionada, os carros passam velozes por ela, uma via de duas pistas e ladeada por casas na qual o limite de velocidade é de cinquenta quilômetros por hora. Os motoristas por vezes fazem a curva para entrar ou sair da Randall, a rua da escola, sem prestar atenção aos pedestres ou ciclistas. Mas, na maior parte do tempo, trata-se de uma esquina semiurbana, comum e pacata. Até deixar de ser.

Há quarenta anos, quando eu ainda estava aprendendo a andar, aproximadamente dois terços das crianças e adolescentes da América do Norte iam para a escola a pé ou de bicicleta. Hoje em dia, apesar do fato de muitos de nós agora viverem em cidades grandes, cerca de um terço faz esse percurso de maneira ativa. Nos Estados Unidos, 89 por cento dos estudantes do jardim da infância ao oitavo ano que moravam a, no máximo, 1,5 quilômetro da escola em 1969 faziam o trajeto a pé ou de bicicleta; atualmente, 35 por cento percorrem essa pequena distância andando ou pedalando. No Canadá, um relatório de 2012 informava que era de 41 por cento a proporção de crianças que iam de carro para a escola, em comparação aos 13 por cento da época em que os pais dessas crianças eram jovens. (Mais preocupante talvez seja o fato de que três quartos das crianças entre três e cinco anos sabem usar o mouse de um computador, mas menos da metade sabe dizer qual é seu endereço.)

Em seu boletim de 2014, uma organização sem fins lucrativos chamada Active Healthy Kids Canada [Crianças Saudáveis e Ativas] deu às crianças do país um D– em atividade física geral, a mesma nota recebida nos Estados Unidos, Irlanda e Austrália, mas abaixo da nota das crianças da Colômbia, de Gana, México, Moçambique, Nigéria e outros cinco países. Somente a Escócia, que levou um F, se saiu pior. Embora 84 por cento das crianças canadenses de três e quatro anos cumpram as diretrizes de atividade mínima, apenas sete por cento das crianças dos cinco aos onze anos praticam uma hora por dia de atividade física, uma cifra que despenca para quatro por cento entre os adolescentes. "Nosso país valoriza a eficiência – fazer mais em menos tempo –, o que talvez seja diametralmente oposto a promover a saúde infantil", declara o boletim. "Nós excluímos as oportunidades espontâneas de movimento (como, por exemplo, chegar aos lugares a pé e brincar ao ar livre) das vidas cotidianas de nossas crianças."

Urbanistas, políticos da administração municipal, médicos, psicólogos, epidemiologistas e ambientalistas começaram a concentrar sua atenção no ato de andar até a escola. Cirurgiões em volta de um paciente, preparando-se para a operação. Eles nos dizem que isso seria uma rodada de exercícios na era da epidemia de obesidade e diabetes. Pode refrear a ansiedade e estimular a perspicácia mental. Não impacta o planeta. Reduz o congestionamento do tráfego e torna as ruas mais seguras e vivas, estimulando outras pessoas a caminhar. Propicia às crianças algum tempo para passar com os pais e, à medida que crescem, uma oportunidade de adquirir aos poucos alguma independência num mundo superprotetor e superprogramado. E pode ajudar a contrabalançar uma cultura tóxica de "pais e mães estressados e materialismo desmedido" que está gerando crianças mais mesquinhas e individualistas, argumenta o psicoterapeuta britânico Graham Music. "Crianças com baixa empatia", diz ele, "estão se tornando adultos narcisistas que nunca conheceram as recompensas intrínsecas de fazer parte de um grupo social e da interdependência." A capacidade de compartilhar e entender os sentimentos de outra pessoa, escreve o filósofo australiano Roman Krznaric em *Empathy: A Handbook for Revolution* [Empatia: o manual da revolução], "tem o poder de transformar relacionamentos, dos pessoais aos políticos, e produzir mudanças sociais fundamentais".

As crianças que se locomovem predominantemente a pé ou de bicicleta percebem a vizinhança de maneira diferente daquelas que são levadas de carro para lá e para cá. O estadunidense e pesquisador do urbanismo Bruce Appleyard pediu a crianças de nove e dez anos de dois bolsões suburbanos semelhantes na área de Oakland, Califórnia, para traçar "mapas cognitivos" dos trajetos entre suas casas e escolas.

Foram instruídas a indicar os lugares dos quais gostavam ou não gostavam, os locais perigosos, as casas de amigos e outros pontos onde costumavam ficar. Em Parkmead, onde o tráfego é intenso e a locomoção ativa é mínima, as crianças "geralmente expressavam sentimentos de aversão e perigo e eram incapazes de representar detalhes do ambiente circundante", escreve Appleyard. Em Gregory Gardens, que era semelhante a Parkmead, mas com metade da intensidade de tráfego e velocidades máximas permitidas distintamente menores, os mapas das crianças mostravam "uma noção mais diversificada do ambiente": mais casas, árvores e lugares para brincar, e menos perigos e aversões. Ir a pé para a escola dava às crianças uma consideração mais holística da vizinhança.

Appleyard parece fadado a fazer esse tipo de pesquisa. Seu pai, o urbanista humanista Donald Appleyard, escreveu o livro seminal *Livable Streets* [Ruas habitáveis]. Demonstrava empiricamente que as pessoas que moravam em ruas urbanas com tráfego menos intenso tinham mais amigos e conhecidos do que aquelas que moravam em ruas de tráfego pesado, e que, com o aumento no volume de tráfego, o espaço que as pessoas consideravam ser "seu território" encolhia. Esse sentimento de posse se traduz numa sensação de ligação, pois há mais "espaço de trocas" no qual interagir. Ou, como diz Dan Burden do Instituto em Prol de Comunidades Habitáveis e Caminháveis: "A maior alegria dos carros é quando não há outros carros por perto. A maior alegria das pessoas é quando há outras pessoas por perto".

Antes de se tornar a principal urbanista da cidade de Toronto, Jennifer Keesmaat angariou inúmeros seguidores por causa de uma palestra da série TED Talk que ela ministrou a respeito da importância de ir a pé para a escola. Ela discute a saúde física e nossa fogueira coletiva de carbono, e o valor de respostas locais e diárias aos dois problemas. Ir a pé para a escola também faz parte do direito de ir e vir, afirma Keesmaat, relembrando sua jornada de 2,7 quilômetros da infância. A chuva, os abrigos que eram muito finos, os sapatos que ficavam encharcados, os saquinhos de papel do lanche que se rasgavam quando molhados, obrigando-a a encontrar um jeito de recuperar as maçãs desembestadas. Ir a pé para a escola desenvolve a autonomia na infância, ela afirma, que ajuda a criar adultos autônomos:

– Trata-se de um ato simples, cheio de força e esperança. É um indicador da saúde de nossas crianças, da saúde de nosso meio ambiente e da saúde de nossas comunidades.

Caminhar não é nada sexy, Keesmaat me diz quando nos encontramos em seu gabinete no 12º andar do Paço Municipal. Não é o grande assunto da imprensa, como o prefeito de Toronto que fumava crack, Rob Ford, o qual estava sendo acossado por dezenas de repórteres por quem tive de passar espremido a caminho do elevador. Mesmo assim, ela declara enfaticamente que caminhar é o âmago de sua estratégia para transformar a cidade. Quando Keesmaat discute esse assunto com os colegas, geralmente há um momento de estranheza, ela conta, quando as pessoas percebem que focar nessa "parte essencial da vida cotidiana é de fato uma ideia radical".

Deixamos de ir a pé para a escola por várias razões. Medo de estranhos. Medo de carros. Bairros e ruas construídos para os veículos, e não para os pedestres. Escolas maiores localizadas mais longe das casas dos alunos, muitas vezes nos limites de novas comunidades, onde os imóveis são mais baratos. Escolas que são posicionadas e projetadas sem planejamento algum para os meios de transporte. Programas pedagógicos especializados do outro lado da cidade. Mas, em geral, trata-se de uma questão de tempo e conveniência. Não importa o que nosso dia nos reserva, estamos geralmente com pressa. Leve as crianças de carro para a escola, vá de carro para o trabalho, pegue a roupa que foi lavada a seco, pegue as crianças, compre a comida para viagem, leve-as para as aulas de ginástica, piano e reforço escolar. Repita. "Estar sempre ocupado ganhou status social", escreve Brigid Schulte em *Overwhelmed: Work, Love, and Play When No One Has the Time* [Avassalados: trabalhar, amar e brincar quando ninguém tem tempo para isso], e "não ficar devendo aos vizinhos hoje significa ter uma agenda mais lotada".

Todos os temas que perpassam este livro – saúde física e mental, coesão social, sustentabilidade econômica e ambiental, sinceridade política, realização criativa e espiritual – podem ser considerados sob o prisma do caminhar até a escola. Trata-se de um fulcro. Uma linha traçada na areia. No Ocidente urbano, onde nossas vidas conectadas e globalizadas nos ligam instantaneamente não só ao outro lado da cidade, mas também ao outro lado do planeta, ir a pé para a escola pode ser um dos alicerces de um reentrosamento com nossas próprias famílias e com as pessoas e lugares que povoam nossos bairros. É uma maneira de reintegrar a geografia física e humana e ajudar a renovar uma cultura de empatia que vem definhando.

Minha avó mora num condomínio de quinze andares no bairro de Don Mills, nordeste de Toronto, o primeiro subúrbio planejado do Canadá, quando foi criado na década de 1950. Sua configuração – vias sinuosas e ruas sem saída, galerias comerciais e faixas de espaço verde – serviu de modelo para outros empreendimentos em todo o país. Caminhos pedestres foram incluídos no projeto, mas os carros logo tomaram tudo. Da sacada de minha avó, vejo o ponto onde a Don Mills Road, feito uma pista expressa, se divide em dois canais, um para o norte, outro para o sul. Entre eles fica a Peanut Plaza, ou Esplanada do Amendoim, que leva esse nome por ter forma de ampulheta. A ilha central abriga lojas, um centro comunitário, uma igreja e duas escolas. Os alunos são obrigados a atravessar três pistas movimentadas para chegar às suas classes.

A área em volta da Peanut Plaza foi um dos locais avaliados no relatório de caminhabilidade dos bairros de Toronto onde predominam os prédios residenciais altos que mencionei no terceiro capítulo. Apenas um terço dos moradores acredita que se trata de um bom lugar para os pedestres. Caminhos ligando os becos sem saída e as ruas sinuosas faziam parte do plano original, mas algumas foram bloqueadas por cercas com o passar dos anos. As pessoas criam seus próprios atalhos. Abrem buracos nos alambrados, trilhas de terra nos gramados. Mas essas linhas de desejo não são iluminadas, nem têm a neve retirada, não passam por nenhum outro tipo de manutenção: uma grave ameaça à segurança, diz a maioria das pessoas que responderam à pesquisa. Além disso, ruas como a Don Mills têm calçadas estreitas, em contato íntimo com os carros que passam em velocidade. São poucas as faixas de pedestres, e o intervalo em que os semáforos ficam vermelhos costumam ser muito breves para permitir uma travessia segura.

"Embora essas vias tenham sido concebidas com facilidades eficientíssimas para veículos em movimento", diz o relatório, "hoje são, para todos os efeitos, as ruas principais de uso local para os moradores dos condomínios altos e precisam ser atravessadas para dar acesso à maioria dos lugares para onde se deseja ir."

Há alguns anos, a caminho de casa, minha avó olhava desconfiada para dois adolescentes na calçada do outro lado da rua ao atravessar a Don Mills. Ela ainda estava no meio da via quando o sinal abriu e os carros começaram a avançar velozmente na direção dela. Os adolescentes a seguraram pelos braços e a ajudaram a correr para o meio-fio.

Os obstáculos que tornam o caminhar difícil ou perigoso numa cidade grande afetam desproporcionalmente seus moradores mais vulneráveis: crianças, idosos, portadores de deficiências ou pessoas com mobilidade reduzida. Como vi acontecer em Glasgow, caminhar ajuda a evitar o isolamento e a depressão, além de todos os seus benefícios físicos. Com o envelhecimento da população na Europa e na América do Norte, um ambiente planejado e programas que estimulam a mobilidade dos idosos serão cada vez mais decisivos. Caminhar, afirma o dr. Michael Pratt do Centro de Controle e Prevenção de Doenças em Atlanta, "pode representar a diferença entre uma vida satisfatória do começo ao fim e o início de seu fim".

Os inconvenientes da Peanut Plaza para os pedestres já não preocupam mais minha avó. Ela não sai muito de casa. Agora com noventa e poucos anos, vive sozinha desde que meu avô morreu em 2007. A composição do prédio onde mora é um reflexo da mistura digna das Nações Unidas que se vê na área. Amigos da China, do Irã e da Jamaica zelam por ela. Levam-lhe os pratos que preparam em casa. Quando não está muito frio nem muito quente, pega um táxi até o supermercado mais próximo, depois volta ao seu condomínio descendo a pé os dois quarteirões extensos. Leva junto seu "Cadillac", um andador com um assento acolchoado e uma cestinha de arame, e mantém um estoque emergencial de analgésicos e tabletes de chocolate em sua pochete. Apesar de meus pais e os vizinhos sempre se oferecerem para buscar tudo de que ela precisa, minha avó reluta em aceitar. Um passeio solitário até o supermercado é um sinal de independência.

Eu a acompanhei numa dessas viagens. Andando lado a lado pelos corredores, enquanto eu empurrava o carrinho e minha vó pilotava seu Caddy, um pacote de farinha aqui, um cacho de bananas ali, ela continuou a história que havia começado a contar à mesa de sua cozinha. Uma história que ela me contava havia anos. A caminhada que salvou sua vida e gerou a minha.

Tyla tinha dezenove anos e vivia no sudeste da Polônia quando os nazistas começaram a bombardear o país. Os soldados alemães tomaram seu vilarejo. Em dezembro de 1939, depois que seu pai foi espancado e levado por ser judeu, Tyla e seu amigo David partiram de Staszów a caminho da fronteira russa. Durante cinco dias, fingindo ser irmãos, eles seguiram a pé para o leste. Os camponeses lhes davam batatas e *borscht* e deixavam que dormissem nos galinheiros. Escondiam-se em valas quando avistavam os soldados.

– Não morri fazendo isso – minha avó comenta, inspecionando com desconfiança o prazo de validade da caixinha de leite de soja –, não vai ser falar a respeito que vai me matar.

Na fronteira, eles foram parados por soldados russos quando cruzavam um riacho congelado e foram obrigados a esperar em terra de ninguém. Por fim, receberam permissão para entrar e se credenciar como operários fabris nos Urais, a espinha dorsal da indústria nortenha soviética. No meio de um monte de gente das mais diversas religiões, sua preocupação era sobreviver, e não a sinagoga. Na primavera de 1941, não mais apenas amigos, foram para o sul trabalhar no que hoje é a república da Geórgia. Na infância, meu avô adorava caminhar pelas florestas nos arredores de Staszów. Durante a guerra, era uma necessidade: para chegar à fábrica, para conseguir comida ou remédios. Em junho de 1941, os nazistas atacaram a Rússia, e ele foi convocado a servir. Minha mãe nasceu no outono daquele ano.

Finda a guerra, a família dela voltou para a Polônia, daí foi para Nova York, como alguns parentes antes deles, indo parar no Brooklyn, no tal apartamento na frente do Prospect Park. Apesar de ter sido assaltado algumas vezes e do longo expediente a cumprir na linha de produção de uma fábrica de calçados, meu avô redescobriu a alegria de caminhar. Uma trilha pela ravina, uma saída rotineira para fazer alguma coisa: não importava. Anos depois, até mesmo uma volta até a Peanut Plaza tinha o aroma da liberdade.

Eu raramente andava quando criança. Minha mãe gosta de dizer que, assim que consegui me equilibrar sobre duas pernas, saí correndo. Mas meus pais persistiram. Eles nos arrastavam, a mim e meus irmãos, para excursões de fim de semana pela Escarpa do Niágara, a oeste de Toronto. Quando eu não estava correndo na frente e pulando um emaranhado de raízes ou abismos entre as pedras, era porque estava choramingando de cansaço e fome, um refrão que eu também usava na cidade durante marchas forçadas até restaurantes longínquos. Só teríamos um televisor em casa quando eu chegasse à adolescência, e considerava-se a TV um entretenimento saudável de fim de tarde. Minha mãe não dirigia, daí que os passeios com ela (até a biblioteca, ao cinema ou ao shopping) envolviam invariavelmente uma caminhada, mesmo que fosse até o ponto de ônibus. Ela nos persuadia a continuar com biscoitos e serenidade, mas era a normalidade com que ela tratava o ato – de que outra maneira chegaríamos lá? – que ia criando aos poucos uma afinidade.

Por mais que eu reclamasse, algo fundamental acontecia durante aquelas caminhadas. Fui ficando à vontade com o mundo natural, adquiri uma boa noção de meu próprio vigor físico. Comecei a compreender as proporções de nosso bairro e como ele se encaixava no grande cenário urbano. Eu compartilhava observações e teorias com meus pais, e eles tinham tempo para me escutar e debater. E criei laços com meus dois irmãos. Sem amigos nem gibis ou cartas colecionáveis de jogadores de hóquei para nos distrair, negociávamos maneiras de nos divertir e tolerar uns aos outros.

Aos sete anos, comecei a fazer o percurso de um quilômetro até a escola sem a supervisão de nenhum adulto, formando uma turma de amigos pelo caminho. Ainda sou capaz de traçar um mapa até as casas monstruosas que substituíram os bangalôs onde meus colegas de classe costumavam morar. Somadas às excursões de fim de semana e às expedições aos restaurantes, essas viagens abriram novos sulcos de arado no campo das memórias herdadas da guerra e do exílio. A semente vingou.

Primeiro, foram os cachorros que nos perseguiram. Daí tomamos um choque numa cerca elétrica. E depois a vegetação rasteira me deu urticária.

Lisa e eu já fizemos caminhadas épicas juntos. Vimos os imensos bisões nas pradarias, o sol nascendo sobre uma cordilheira de vulcões cobertos de neve no Alasca, as baleias esguichando sob a lua cheia na baía de Fundy. Andamos preguiçosamente numa tarde de verão até nossa pizzaria preferida, do outro lado do rio. Foram assim os primeiros tempos da vida de casal. Antes das hipotecas e das filhas, antes dos joelhos bichados e de precisar usar óculos. De mãos dadas, calados ou falando, nossas histórias começaram a se entrelaçar. Mas ocasionalmente era necessária uma desventura, como daquela vez que nos perdemos nos Pireneus, depois dos sabujos ameaçadores e da eletrocussão, para motivar um novo capítulo.

Estávamos de férias numa cidadezinha na Espanha e saíramos só às quatro da manhã de uma casa noturna, mas eu estava determinado a manter nossos planos (leia-se: *meu* plano). Pegar uma carona até a pitoresca aldeia medieval no fim de uma sinuosa estrada montana. Caminhar como num sonho por uns vinte quilômetros, atravessando florestas e fazendas. Voltar em tempo para tomar uma chuveirada no hotel antes do jantar.

Começamos devagar e, por isso, chegamos ao começo da trilha ao meio-dia. Depois de seis horas e várias ocasiões em que seguimos pelo caminho errado, mal havíamos completado um quarto do percurso. Com as botas ensopadas depois de cruzarmos vários rios, sem comida nem água, nenhum sinal de trilha alguma, sugeri que subíssemos a montanha que havíamos contornado involuntariamente.

– Pode ser que a gente veja a estrada lá de cima – eu disse, todo animado, para compensar minha série de asneiras.

Duas coisas a respeito do meu modo de andar sempre irritaram Lisa nessas duas décadas de convivência: eu sempre procuro atalhos e raramente aceito parar antes de saber o que há depois da curva. Não é uma boa combinação de qualidades quando se está perdido.

Caminhar com o companheiro ou a companheira geralmente faz bem para o relacionamento. Ganhamos algum tempo para nos concentrarmos um no outro e descobrir o que é importante. "Vocês sentem que são um par [...], que conversam em equipe", escreve Howard Scott no *Boston Globe*. "Os laços conjugais se fortalecem discretamente." Mesmo que esses laços ameacem se romper.

Os percalços em nossas caminhadas acabaram reforçando a resiliência de nossa união. Quando erro na interpretação de um mapa e confundo milhas com quilômetros ou não reparo nos contornos, a distância ou elevação extra podem provocar tensões. Mas nós sempre voltamos para casa. Com o passar dos anos, venho aprendendo a escolher nossos itinerários colaborativamente, a controlar meu impulso de seguir em frente e a escutar quando Lisa diz que a saliência de rocha onde estamos é um bom lugar para um piquenique. Eu nem sempre presto atenção. Preciso ser lembrado de que a qualidade dos quilômetros que percorremos é mais importante do que a quantidade. Mas, nos Pireneus, exausto, vencido, percebi, enfim, embora não pela última vez, que nossa excursão não tinha a ver com velocidade, resistência nem habilidades superiores de encontrar o caminho. Tinha a ver, simplesmente, conosco. Era hora de subir a montanha até vermos a estrada, seguir direto para lá e pedir carona.

Hoje em dia, quando Lisa e eu temos algum tempo só para nós, nossa noite geralmente começa com uma caminhada. Mesmo que estejamos no espaço verde logo ali na esquina de casa, a experiência pode ser transcendental. O ocaso alaranjado refletido nas torres de vidro e concreto de Heron Gate Village, o doce aroma dos lilases japoneses que o vento traz. Conversamos enquanto andamos. Sobre nossos pais, nossas filhas e nós mesmos, e como o tempo passa para todos nós. Sobre trilhas que ficaram para trás e lugares que ainda visitaremos. Sobre aqueles grandes receios – apocalipse ambiental, descalabro econômico e tecnologia desembestada – e como ali, naquele instante, eles não parecem tão feios. Sobre encontrar a linha tênue que separa os caminhos Largo e Estreito. Quando finalmente saímos do bosque, nossas preocupações desapareceram.

Minhas filhas e eu ainda ficamos ressabiados na esquina da Alta Vista com a Randall meses depois do acidente. Maggie ficava apreensiva toda vez que íamos de bicicleta para a escola. Era a nossa esquina, mas toda vez que um carro fazia uma curva mais fechada ou freava ligeiramente mais tarde, meu coração disparava. Eu olhava feio para os motoristas infratores e, de propósito, ia mais devagar no cruzamento. Temos crianças aqui, eu pensava, todo convencido de estar certo. Reduzam a velocidade.

Numa manhã de inverno, eu seguia sozinho, a caminho de casa, e um carro derrapou no mesmo ponto onde fui atropelado, e, quando finalmente parou, seu para-choque estava a um metro de minhas pernas. Eu me aproximei da janela do motorista. A mulher baixou o vidro.

– A preferencial era minha – eu disse devagar, trêmulo.

– Me perdoe – ela respondeu. – Não vi você.

– Tem uma escola logo ali – falei, apontando por cima do meu ombro. – As crianças atravessam aqui.

– Me perdoe. Não vi você. Me perdoe. O que quer que eu diga?

– Não peça perdão. Preste atenção. Por favor. Da próxima vez, preste atenção.

De volta ao meu computador, fiz o que qualquer habitante de uma cidade educada e que se dê ao respeito faria. Mandei um e-mail para o vereador do meu distrito. E, incentivado pela indignação, mandei uma cópia a quem interessar pudesse: a diretora da escola, a associação de pais, grupos que defendiam a locomoção a pé. Minhas filhas estarão no quinto ano no ano que vem, escrevi, e devem ser capazes de andar sozinhas para a escola. O que a cidade pode fazer para aumentar a segurança naquele cruzamento? Reduzir o tráfego? Melhorar a sinalização? Colocar ali um guarda para supervisionar a travessia? Teremos de esperar uma criança sair gravemente ferida antes de fazer alguma coisa?

Uma semana depois, eu estava ao telefone com uma das assistentes do vereador. Ela prometeu que haveria mudanças naquela esquina. Já estava agendada a substituição das linhas de tinta branca da faixa de pedestres por "faixas de alta visibilidade", no caso, superfícies de tijolinhos texturizados. Essas faixas ficam mais visíveis para os motoristas, que ficam mais propensos a ceder a preferência aos pedestres, dizem os pesquisadores do trânsito. Uma experiência feita em São Francisco, comparando cruzamentos tratados e controle, determinou que ocorriam 37 por cento menos acidentes envolvendo veículos e pedestres nas faixas que apresentavam superfícies ou marcações de alta visibilidade. Outro estudo, em Clearwater, Flórida, descobriu que os motoristas cediam a preferência aos pedestres até quarenta por cento mais quando as faixas eram mais visíveis.

E mais, o gabinete do vereador me informou, o Departamento de Obras Públicas da Cidade de Ottawa faria uma avaliação quantitativa do tráfego na esquina da Alta Vista com a Randall para determinar se novas medidas de segurança seriam necessárias. Uma das opções era um semáforo de pedestres com estágio exclusivo, que dá aos pedestres cinco segundos exclusivos de luz verde, permitindo-lhes começar a travessia e ficar visíveis antes de os motoristas se moverem. Os semáforos desse tipo, afirma a Associação Nacional das Autoridades de Transporte Urbano, sediada em Nova York, podem reduzir as colisões que envolvem pedestres e veículos em sessenta por cento.

Eu me entusiasmei. O representante que elegi estava trabalhando!

Aí recebi os resultados da avaliação quantitativa do tráfego. Em intervalos de duas horas perto do soar do sinal da escola, de manhã e à tarde, a contagem foi, respectivamente, de 112 e 119 pedestres, o que não era o bastante para justificar novas intervenções. Contudo, o técnico de operação de tráfego da cidade destacou que vários adultos deixavam de apertar o botão que aciona o símbolo do boneco em movimento e, portanto, a "placa de informação/orientação Mx-38" seria instalada para "lembrar aos pedestres os procedimentos recomendados para a travessia da rua".

Decepcionado, fiz uma coisa que eu havia jurado que nunca faria. Fui a uma reunião da associação de pais.

Sentado na biblioteca da escola com mais umas dez mulheres, minhas preocupações fazem coro com outras. Os pais costumam se arriscar fazendo o retorno na Randall, diz a diretora. Bateram recentemente no carro de uma professora. Os motoristas ignoram os agentes de trânsito que cuidam da travessia. Trafegam acima do limite de velocidade e estacionam em áreas proibidas, obstruindo a visão e os caminhos dos pedestres. Toda vez que os policiais ou os fiscais da prefeitura são chamados, nunca chegam a tempo para multar os infratores.

– O que estamos ensinando aos nossos filhos? – uma das mães pergunta. – É assim que queremos que eles se comportem?

Onze adultos estão de pé, formando uma roda, no saguão da Escola Pública Queen Elizabeth numa agradável manhã de maio. O atarracado prédio de tijolos fica numa rua larga, comercial e movimentada na zona leste e operária de Ottawa. É frequentada por quase 350 alunos, do maternal ao oitavo ano. Quarenta e sete por cento deles moram no que a província chama de casas "de baixa renda", e quarenta por cento têm como língua materna outro idioma que não o inglês. Barreiras culturais e socioeconômicas restringem a quantidade de crianças que vão a pé ou de bicicleta para a escola, principalmente nos meses mais frios, informa a diretora da Queen Elizabeth. Mesmo assim, Kateri Deschenes queria aumentar o número de estudantes que recorrem à mobilidade ativa e tornar o entorno da escola mais seguro para aqueles que já a utilizavam. Por isso, ela começara a falar com Wallace Beaton, o homem que convocou a reunião de hoje.

Beaton é o coordenador regional do projeto de Planejamento da Mobilidade Escolar. Nos últimos oito meses, ele e Jessica Sheridan, que também participa do projeto, fizeram levantamentos para determinar como os alunos da Queen Elizabeth iam para a escola, entrevistaram professores e pais a respeito dos hábitos de locomoção e observaram padrões de tráfego e pontos que são perigosos para pedestres e ciclistas no terreno da escola e em seu entorno. Hoje, Sheridan conduzirá um passeio a pé para inspecionar esses locais, então serão discutidas as melhores maneiras de lidar com todos esses obstáculos, tanto reais quanto imaginários. E a ela se juntaram pessoas que podem de fato implementar mudanças: um policial, um fiscal da prefeitura, o coordenador de segurança do tráfego escolar de Ottawa, dois representantes da empresa de transportes da cidade, um agente de saúde, uma professora, um pai e a diretora. Em 2014, a aldeia inteira precisa se unir para fazer uma criança ir a pé para a escola.

Nossa primeira parada é a entrada de carros semicircular diante das portas da frente. Não há marcações no asfalto que indiquem onde estacionar nem placas de pare nos pontos onde os veículos de saída cruzam a calçada. Os carros parados em fila dupla são um perigo para as crianças, afirma Sheridan, lendo uma lista de queixas em sua prancheta. Aí ela aponta o único bicicletário enferrujado, escondido ao lado das portas laterais. Um bicicletário mais destacado e reluzente pode estimular mais crianças a andar sobre duas rodas. Pressão social positiva. Os "investidores" do projeto acenam afirmativamente com a cabeça e tomam notas. Normalmente, eu detesto essa palavra, investidores. Mas, neste caso, seja ao alterar a arquitetura, fazer cumprir a lei ou preparar campanhas educativas e de conscientização, os investidores estão cooperando pelo bem comum.

Seguimos Sheridan até os limites do terreno da escola e, junto aos semáforos, atravessamos o movimentado St. Laurent Boulevard. Ela diz que o semáforo de pedestres, naquele ponto, é breve, o que deixa as crianças ilhadas no meio da travessia e as estimula a atravessar a rua antes de o sinal fechar para os carros. Há um ponto de ônibus do outro lado da St. Laurent, e o primeiro ônibus a passar depois da saída da escola chega às 15h40, apenas dez minutos após o fim das aulas. E isso faz que os estudantes saiam correndo e atravessem a rua antes de o sinal fechar, apesar do tráfego intenso.

– O ônibus seguinte passa daí a quinze minutos – diz um dos representantes da companhia de transportes.

– Quando se está no sexto ano – retruca Beaton –, quinze minutos parecem uma vida.

Prosseguimos para mais meia dúzia de pontos problemáticos, onde Sheridan desfia queixas: motoristas que fazem retornos proibidos, faixas de pedestre desbotadas, calçadas inexistentes, carros que ultrapassam os oitenta quilômetros por hora.

De volta à escola, numa salinha de reuniões, o grupo discute cada local e o que pode ser feito. Beaton promete falar com seus contatos no conselho escolar sobre a pintura e a sinalização da zona de desembarque, inclusive sobre avisos para que os pais não aguardem com os motores ligados. O representante dos transportes diz que vai ver se é possível retardar o ônibus das 15h40. O coordenador de segurança de tráfego escolar de Ottawa tentará fazer o controle dos semáforos aumentar o intervalo de travessia e reduzir o tempo de resposta quando as pessoas apertam o botão de pedestres na St. Laurent, alterações que podem ser implementadas dentro de intervalos específicos perto do toque do sinal da escola. A cidade também pode instalar controladores de velocidade acionados por radar na St. Laurent, que não só mostram aos motoristas a que velocidade estão – e, assustados, alguns até tiram o pé do acelerador –, como também registram informações que podem ser compartilhadas com a polícia. Havendo indícios suficientes de que os carros não respeitam o limite de velocidade, é possível reforçar o cumprimento da lei. Um guarda de trânsito pode ser designado para identificar e multar infratores, diz o policial.

– O que eu sei das pessoas é que, noventa por cento das vezes, elas não prestam atenção nem usam o bom senso – ele acrescenta. – Mas bastam algumas multas, e a tendência é uma mudança de comportamento.

O cirurgião ortopédico pediatra da Universidade de Toronto e pesquisador de lesões causadas por acidentes de trânsito, Andrew Howard, está tentando determinar quais poderiam ser as medidas de segurança escolar mais eficazes. Em 2012, ele fez um levantamento na literatura médica de 85 estudos a respeito de lesões de deambulação em crianças pedestres. Todos foram conduzidos em países altamente motorizados (Austrália, Japão, Nova Zelândia, América do Norte e Europa Ocidental) e todos atendiam a uma série rigorosa de critérios (quase 13 mil artigos foram considerados a princípio). Entre as crianças canadenses de cinco a nove anos, as colisões provocadas por pedestres ficam empatadas com os acidentes automobilísticos como a principal causa de mortes por lesão não intencional. Aproximadamente 55 crianças pedestres são mortas e 780 são hospitalizadas com lesões graves todos os anos. Esses índices despencaram cinquenta por cento entre 1994 e 2003, uma tendência também em outros países. Mas isso se deve ao fato de as crianças já não andarem tanto quanto costumavam andar, um declínio "mais evidente no caso da locomoção escolar". Quando as crianças realmente vão a pé para a escola, acidentes acontecem. "Quase cinquenta por cento de todas as colisões provocadas por crianças pedestres ocorreram durante os períodos de locomoção entre a escola e o lar [...], e a densidade mais alta de colisões ocorreu a 150 metros de uma escola." O levantamento concluiu que nos 85 estudos "apenas a redução da velocidade dos carros e a presença de áreas de recreação/playgrounds estavam consistentemente associadas a mais deambulação e menos lesões de pedestres".

Outro artigo científico, publicado por Howard e colegas em 2014, investigou se o aumento no número de crianças que iam a pé para a escola levaria a um aumento no número de colisões envolvendo crianças pedestres. Foram analisados nove anos de estatísticas de acidentes em zonas escolares do Serviço de Polícia de Toronto no caso de crianças entre quatro e doze anos, e os hábitos de locomoção foram observados em dezenas de escolas de ensino fundamental da cidade. Eram inúmeras as variáveis que diferenciavam os bairros: densidade de habitações plurifamiliares; semáforos, redução do trânsito e densidade de ruas de mão única; presença de agentes que supervisionam a travessia nas escolas; e condição socioeconômica. O artigo afirma que, em última instância, não é a proporção de pessoas que andam, e sim a forma urbana, que tem um impacto maior sobre as colisões que envolvem pedestres. Características do planejamento viário apresentam a relação mais íntima com os índices de acidentes. Principalmente os pontos onde atravessamos a rua. Os trajetos que conectam onde estamos a praticamente todos os outros lugares.

A conversa prossegue em volta da mesa de reunião da Queen Elizabeth, e eu começo a entender como pode ser difícil implementar até mesmo uma nova medida de segurança que seja. Para uma criança, ir a pé para a escola é uma jornada uniforme. Não importa se ela está em propriedade municipal, escolar ou particular. Mas a responsabilidade por sua passagem em segurança recai sobre várias partes, e algumas delas vêm priorizando os carros há um bom tempo.

Beaton era voluntário na organização que deu origem ao projeto de Planejamento da Mobilidade Escolar, uma associação sem fins lucrativos chamada Green Communities Canada. Ele costumava ganhar a vida trabalhando para ONGS em questões ambientais abrangentes, mas muitas vezes tinha a impressão de que estava em rota de colisão com o *Titanic*. Encontrara um obstáculo. Ele precisava se concentrar em mudanças menores. Beaton percebeu, ao se ver usando uma faixa refletora no estacionamento da escola de suas filhas, que a mobilidade ativa vinha se deteriorando. O lobby dos pais, feito tarde da noite e nas horas vagas, tinha um teto baixo. Hoje, o PME é um emprego em tempo integral. Em Ottawa, o programa é financiado pela autoridade de transporte escolar da cidade, que opera a rede de ônibus escolares. A secretaria de educação da província de Ontário gasta cerca de 860 milhões de dólares canadenses por ano com o transporte escolar, e 99 por cento desse montante vai para os ônibus, um serviço que transporta um terço dos alunos da província. Esse custo aumentou muito, em comparação aos 600 milhões de doze anos atrás. Toda criança que mora a certa distância da escola tem direito ao ônibus. Mas Beaton afirma que uma fração desse orçamento poderia ter resultados enormes se fosse designada para promover e apoiar a mobilidade ativa.

– Não estamos falando de muito dinheiro. Dá para fazer muita coisa com diretrizes, algumas pessoas e muito pouco dinheiro.

Os custos de reequipar o ambiente construído podem ser proibitivos. É mais fácil mudar uma decisão que tomamos todos os dias. Se possível, aconselha Beaton, comece a ir a pé para a escola uma vez por semana. Ande uma parte do caminho. Ou simplesmente tire o pé do acelerador e deixe uma criança atravessar a rua. As grandes mudanças virão em seguida.

– Nós criamos uma cultura de transporte escolar, com pais estressados passando batido por placas de pare, que tem a ver com nossas necessidades, nossas urgências adultas. Pode perguntar a qualquer professor: eles conhecem os alunos que vão para a escola a pé ou de bicicleta. Têm energia, estão despertos, estão prontos para aprender.

Sheridan e Beaton estão traçando um plano de ação para a escola Queen Elizabeth e passarão um ano inteiro trabalhando com a diretora, os funcionários e os pais para implementá-lo. Vinte escolas em Ottawa participaram do programa do PME desde que este começou em 2010. Espero que a escola das minhas filhas seja uma das próximas a se inscrever; fui a outra reunião da associação de pais para fazer lobby e exigir um compromisso. Em algumas escolas, o êxito foi fenomenal: a porcentagem de alunos que caminham ou vão de bicicleta para uma escola perto do centro de Ottawa aumentou mais do que o dobro, de 27 para 65 por cento. Nos Estados Unidos, fundou-se um centro nacional de Trajetos Seguros para a Escola em 2006. Entre 2007 e 2012, o número de escolas que participavam de programas semelhantes ao PME passou de 1.833 para 13.863, em todos os cinquenta estados, e os índices de deambulação entre a escola e o lar aumentaram de 12,4 para 15,7 por cento pela manhã, e de 15,8 para 19,7 por cento à tarde, sendo que o maior crescimento ocorreu nas escolas de baixa renda. Kateri Deschenes não sabe se as cifras mudarão significativamente ou não na Queen Elizabeth. Mas, como ela me diz, depois de os investidores saírem, todo esse esforço pelo menos apresentará uma nova maneira de pensar a alguns alunos:

– Posso andar. E pode ser que eu faça isso no futuro.

A Rodovia 401 de Ontário é a autoestrada mais movimentada da América do Norte. Em certos dias, mais de 500 mil veículos passam por um trecho de catorze pistas que atravessa Toronto. A sacada de minha avó dá vista para a rodovia pelo norte. A casa onde cresci fica a uns doze quarteirões para o sul. Julho, horário de pico numa manhã de segunda-feira, estou na rodovia, seguindo para oeste, no contrafluxo, saindo da cidade. Maggie e Daisy estão comigo. Acabou o ano letivo. Vamos fazer caminhada.

Nosso destino é a Trilha Bruce, a mais extensa e mais antiga trilha sinalizada do Canadá. O percurso, hoje com 885 quilômetros, foi inaugurado oficialmente em 1967, o ano do centenário do país. O fundador Ray Lowes imaginava uma faixa de terra que permaneceria intocada, sem ser embelezada nem desenvolvida.

– Não é pedir muito – ele disse. – Uma das gerações futuras exigirá isso.

A trilha acompanha a Escarpa do Niágara, afastando-se da fronteira dos Estados Unidos, cortando Hamilton ao meio e margeando a periferia da região metropolitana de Toronto, a caminho de seu ponto final no norte, um marco de pedras na extremidade da península Bruce.

Desde que Maggie e Daisy aprenderam a andar, Lisa e eu levamos as duas para passear no mato e na cidade. Ao playground, ao supermercado; trilhas à margem de lagos; imersão na mancha verde. Conversamos sobre coisas insignificantes e importantes. Mágoas vêm à tona. A afeição só faz aumentar. Lisa recolhe gravetos, folhas, pedras e flores com as meninas. Enquanto preparamos o jantar, nossas filhas fazem esculturas e colagens no chão da cozinha com o butim. "No intervalo de algumas décadas, a maneira como as crianças entendem e vivenciam a natureza mudou radicalmente", escreve Richard Louv em *Last Child in the Woods: Saving Our Children from Nature-Deficit Disorder* [A última criança no bosque: como salvar nossos filhos do transtorno de déficit de natureza]. "A polaridade da relação se inverteu. Hoje, as crianças estão a par dos perigos globais que o ambiente enfrenta, mas seu contato físico, sua intimidade com a natureza está desaparecendo."

Em maio, eu levara Maggie e Daisy comigo para participar de uma Jane's Walk, uma das milhares de caminhadas públicas livres oferecidas no mundo todo e todos os anos para homenagear Jane Jacobs. Foi uma excursão para coletar coisas de comer numa ravina a alguns quarteirões de nossa casa. Mascamos agrião e lírios-de-um-dia, raiz de bardana probiótica (ótima para estimular o intestino depois de um inverno inteiro à base de batatas e cenouras) e a podagrária (ótima para tratar a podagra, ou gota). Nossa guia, a herborista Amber Westfall, indicava árvores que liberam agentes químicos estudados por cientistas no Japão e sementes que podem ser usadas para preparar um chá que ajuda a lidar com o luto.

– As plantas nos conectam à nossa biorregião – ela disse. – Ao mundo que habitamos. É possível desenvolver uma intimidade genuína. As pessoas que percebem essa conexão começam a se sentir responsáveis por cuidar do mundo.

Daisy fez sinal de positivo ao mastigar uma folha de erva-alheira.

– Foi mais interessante do que achei que seria – ela comentou, terminado o passeio.

A Trilha Bruce fica a menos de uma hora de carro de Toronto, mas eu não voltava lá desde menino. Saímos da rodovia e estacionamos numa estrada secundária. Nossas mochilas estão repletas de sanduíches de Nutella, garrafas de água congelada e trajes de banho; temos uma reserva numa pousada a uns dez quilômetros dali. Uma escadaria de madeira leva a uma floresta luxuriante. As meninas sobem os degraus correndo feito esquilos. Esta será a caminhada mais longa das duas até o momento.

Maggie e Daisy se empanturram de framboesas, estendem as mãos, para que suas palmas sirvam de plataformas de pouso para diminutas borboletas brancas e pretas e se deixam fascinar pela vista, um panorama nebuloso que se prolonga até as altas chaminés de Hamilton Harbour (que, de longe, lembram as muralhas de uma fortaleza de contos de fada). Daisy percorre, quase dançando, uma árvore caída que se projeta sobre a beirada da escarpa. Eu a advirto para que se afaste do penhasco. Maggie me corrige:

– Está mais para uma saliência do que um penhasco, pai.

Além de descobrir a flora e a fauna de um precioso corredor de conservação, minhas filhas têm uma aula de física. Tudo que sobe tem de descer. Atravessamos uma estrada e descemos para um vale antigo e profundo. As meninas correm na frente com seus tênis; minhas pesadas botas de couro de caminhada escorregam no declive barrento. A juventude supera a experiência, mas Daisy tem outra teoria:

– Acho que é porque você é desastrado, pai.

Descansamos sobre uma ponte de madeira no fundo do vale, escutando o gorgolejar de um riacho, e aproveitamos esse raro dia sossegado para discutir o significado da vida... e da morte.

Daisy me informa que ela não acredita em reencarnação. Quando morremos, nossa alma vai para o céu, ela diz. É um lugar entre as nuvens.

– Este lugar aqui é bem bonito – Maggie se intromete, descendo da ponte para a prainha.

– O que é o inferno? – Daisy pergunta.

– O que você acha? – eu retribuo.

– O céu e o inferno não são a mesma coisa? – diz Maggie, olhando para cima lá do riacho, onde ela cata pedrinhas no raso.

Daisy vê um opilião no meu boné, e isso prende sua atenção. Aí ela corre para se juntar à irmã à beira d'água.

A próxima aula de física não é tão agradável. Às vezes, o que desce precisa voltar a subir. Começamos a subir o longo e íngreme aclive que leva para fora da ravina. A tarde é quente e úmida. Começam as queixas. E as meninas não são as únicas a reclamar. Minha camisa está empapada de suor. O ar está parado. Os mosquitos nos encontram. Compro com pirulitos a vontade de prosseguir das meninas, tenho de limpar a terra que gruda no de Daisy quando ela o deixa cair e faço a mesma coisa por Maggie quando ela "acidentalmente" solta o seu.

O açúcar faz efeito numa trilha forrada de sempre-vivas que margeia a escarpa. As meninas cantam canções de acampamento, viram estrelas, equilibram-se nos troncos. Usam gravetos para arrancar solífugos e formigas das árvores e lavam as mãos e os rostos raiados de terra numa cascatinha logo acima de uma cachoeira.

O sol descamba. Os momentos se estendem.

Quando nossas pernas já estão pesadas, depois de passarmos seis horas na trilha, indico por entre as árvores as ruas de uma cidadezinha lá embaixo. Não demora muito e estamos correndo em volta de um *splash pad* num parque sombreado: rindo, saltando, alçando voo. Prontos para qualquer coisa.

Epílogo

"Toda a concatenação de coisas selvagens e artificiais, o ecossistema natural que foi modificado pelas pessoas no decorrer dos séculos, o ambiente construído em camadas e mais camadas, a mistura lúgubre de sons, aromas e vislumbres que não são nem naturais, nem frutos do artifício: é tudo grátis, para ser tomado, para ser assimilado. Tome, assimile, e assimile mais todo fim de semana, todo dia, e o que foi tomado e assimilado logo se transforma no drama que intriga, relaxa, fascina, seduz e, sobretudo, expande a mente que nele se concentra. Lá fora jaz o espaço absolutamente ordinário aberto a todo e qualquer explorador fortuito que se disponha a procurar o extraordinário. Lá fora jaz a consciência livre de programação que às vezes se torna serendipidade dirigida. Lá fora jaz a magia."

John Stilgoe, historiador, Universidade de Harvard

"Não se esqueçam de que um dos grandes princípios do capitalismo é encher o consumidor de medo, insegurança, inveja e infelicidade, para que possamos gastar, gastar, gastar até sairmos dessa situação e, caramba, simplesmente nos sentirmos melhor durante algum tempo. Mas não nos sentimos, né? O caminho para a felicidade – e, bem lá no fundo, todos sabemos disso – é aberto com amor, com autocomplacência, dividindo-se com outras pessoas a sensação de comunhão, tornando-se partícipe, e não espectador, e colocando-se em movimento. Mover-se. Mover-se o dia todo. Levantar as coisas, mesmo que a coisa seja você mesmo. Sair para caminhar todos os dias mudará sua maneira de pensar e produzirá um efeito cascata."

Michael Moore, cineasta

Começo de outubro, quase noite alta, falta só uma fatiazinha para a lua crescente ficar cheia. Embeberam em gasolina e atearam fogo a uma pilha com três metros de comprimento feita de achas de tuia dispostas em camadas perpendiculares. As chamas já a reduziram a um leito de brasas incandescentes. Labaredas dançam sobre os tições, que irradiam um calor de até 800 graus Celsius, e colunas de fumaça cinzenta pairam no céu escuro.

Estou a leste de Ottawa, num retiro rural de propriedade da família que administra a maior rede de academias de kung fu do Canadá. Faz duas horas que, embalados pelo crepitar da lenha, no interior do pagode ao lado, trinta de nós escutamos sentados o grão-mestre Jacques Patenaude e seu filho Martin, que nos explicam o ritual que estamos prestes a vivenciar.

– Vocês têm uma força inacreditável dentro de vocês – dizia Jacques, um franco-ontariano baixo e atarracado que transformou uma juventude passada entre as trocas de socos nos celeiros e as arruaças de uma gangue de motociclistas num império das artes marciais. – É a alegria de viver. Algumas pessoas erguem prisões em suas próprias mentes, mas, sabendo quem vocês são e o que querem, encontrando um foco e evitando distrações, vocês podem usar essa força para fazer qualquer coisa.

Vestindo uma camiseta preta com os dizeres "do medo ao poder" estampados na frente e, nas costas, "eu andei sobre o fogo!", Jacques saltita para frente e para trás ao falar e tem a tendência de citar Bruce Lee.

– Hoje o professor será o fogo – ele nos diz. – Somos apenas os provedores.

As pessoas andam sobre brasas desde 1200 a.C, no mínimo. Desde a Índia da Idade do Ferro e o Japão taoista até os festivais ortodoxos orientais da Grécia atual, a prática é considerada um rito de passagem, uma prova de fé ou coragem. Uma maneira de superarmos nossos medos. Tolly Burkan a trouxe para a América do Norte nos anos 1970, abrindo um instituto dedicado ao ensino e à pesquisa da prática de andar sobre o fogo nas montanhas californianas da Sierra Nevada; um de seus primeiros discípulos foi Tony Robbins, o guru da autoajuda. Robbins convenceu Oprah Winfrey a tentar durante uma de suas palestras "Liberte a Força Interior". Ela se referiu a essa caminhada à meia-noite como "uma das experiências mais incríveis" de sua vida.

Quase todos os meus colegas caminhantes de hoje treinam num dos 22 dojôs dos Patenaude em Ontário e Quebec. A maioria alega estar ali em busca de "desenvolvimento pessoal", a mesma razão que as pessoas me davam quando eu perguntava por que haviam decidido participar da jornada Innu Meshkenu de Stanley Vollant.

– *J'aime beaucoup le barbecue*[1] – brincou um dos participantes.

– *C'est mon cadeaux*[2] – disse outro, que fora trazido pelo irmão, sem saber para onde.

– É uma maneira simbólica de me ajudar a lidar com as dificuldades em meus relacionamentos – comentou um jovem magro e longilíneo. (Posteriormente, eu viria a saber que ele é um dos melhores alunos dos Patenaude, vencedor de várias lutas de artes marciais mistas contra prisioneiros da Tailândia.)

Um sujeito de cabeça raspada e olhos penetrantes veio de carro lá de Toronto.

– Minha vida é um desastre completo – ele me disse. – Tenho de fazer alguma coisa. Mal isto não vai fazer.

Na verdade, pode fazer mal, sim. *Algumas pessoas saíram gravemente feridas de caminhadas sobre o fogo*, lia-se no termo de responsabilidade que assinei ao entrar no pagode. *Existe um risco intrínseco.*

Estou ali em busca de um desfecho metafórico. Dois anos concentrado num único projeto é muito tempo. Mas este livro está quase completo. Comecei na neve, atravessei as brumas da mente, explorei a selva urbana e enfrentei o mundo dos negócios e o da política. Cheguei até mesmo a me aventurar numa galeria de arte e numa igreja. Agora estou preparado para cruzar o limiar. Para confrontar meu maior oponente: eu mesmo.

– As brasas estão quentes – Martin anuncia lá de fora, por meio da porta de correr aberta. – *Muito* quentes.

– Quantas pessoas vamos queimar hoje? – Jacques pergunta, com uma piscadela.

....
[1] "Adoro o churrasco" (N.T.)
[2] "É o meu presente" (N.T.)

Somos capazes de fazer coisas extraordinárias com nossos pés. Por exemplo, andar na corda bamba. Olho cheio de vontade para as pessoas que praticam o esporte nos parques, mas ainda não tive a oportunidade de experimentá-lo. "O essencial é a simplicidade", aconselha o equilibrista francês Philippe Petit, que caminhou por uma corda estendida entre as Torres Gêmeas quando os edifícios estavam quase prontos em 1974 e passou 45 minutos fascinantemente suspenso 110 andares acima de Manhattan. "É por isso que o longo caminho para a perfeição é horizontal."

Tampouco experimentei a sensação de andar descalço para valer. Nossos pés não evoluíram para ficarem envoltos em calçados acolchoados com solas de borracha. Isso enfraquece os músculos e nos faz pisar com os calcanhares, o que pode causar lesões. Quando os bebês calçam sapatos, eles andam mais rápido e dão passos maiores; desconhecem-se os efeitos de longo prazo sobre o modo de andar. Andar descalço é como andar por cima de um estetoscópio, disse-me uma vez um geólogo que conheço depois de completar uma "escalaminhada" sem botas no Yukon. Uma trilha de cascalho na cidade, para ele, é como mastigar batatinhas fritas. Algumas pessoas acreditam que o "enraizamento", o contato desimpedido com a terra, puxa elétrons para o corpo e que essas minúsculas partículas de carga negativa regulam nossos relógios biológicos e neutralizam infecções. (Um de meus irmãos, um biofísico molecular, diz que isso é bobagem pseudocientífica.)

Os benefícios de caminhar de costas já são mais bem fundados. Dizem que faz bem aos joelhos e às costas, melhora o equilíbrio, a postura, a saúde cardiovascular, e pode nos ajudar a manter a mente afiada ao colocar o cérebro numa trajetória inusitada.

As trajetórias exploradas neste livro, as histórias aqui contidas, continuam a se desenrolar. No momento em que escrevo, no outono canadense de 2014, a maioria das pessoas com quem caminhei continua a avançar lenta e constantemente.

Stanley Vollant passou por Ottawa em outubro, no fim de semana em que andei sobre o fogo, e eu o acompanhei num passeio pela margem do rio, até um comício na Colina do Parlamento.

– Meu projeto não é um protesto – ele me contou. – É uma caminhada afirmativa, para ajudar a empoderar as pessoas.

Vollant tem expedições planejadas até 2016, entre elas, uma viagem de inverno pela formidável costa do Labrador, entre as aflitas comunidades *innu* de Sheshatshiu e Natuashish. Em seguida, partirá para Vancouver.

Rich Mitchell está colhendo dados para o experimento Woodlands In and Around Town [Bosques Dentro e em Volta de Cidades] na Escócia e, apesar de o efeito Glasgow ainda ser um mistério, pesquisadores na Inglaterra têm novos indícios de que a relação entre o acesso a espaços verdes e a redução da mortalidade é mais pronunciada em áreas destituídas.

Matt Green já percorreu cerca de 8.850 quilômetros e espera ver cada milímetro de cada quarteirão de Nova York até a primavera estadunidense de 2016. Numa tarde aí, depois de três meses de seca, ele viu a Headz Ain't Ready, sua 92ª barbearia com um z no nome, entre uma sapataria e um serviço de entregas para imigrantes colombianos na 37th Avenue, no Queens.

Os policiais da ronda continuam a patrulhar a zona norte da Filadélfia, e um dos dois homens acusados de matar o policial Moses Walker Jr. declarou-se culpado de homicídio culposo e aceitou testemunhar contra o corréu.

Bairros em todo o Canadá estão começando a perder a entrega de correspondência em domicílio, e um prédio enorme na sede administrativa dos Correios aqui perto de casa tem um novo mural pintado num dos lados: uma imagem, grande como as obras de Richard Long, de uma carteira sorridente com um carrinho cheio de encomendas. "Entregando o mundo on-line", diz a chamada. (Da última vez que passei por lá, o slogan continuava o mesmo, mas a nova imagem mostrava quatro carrinhos e nenhum carteiro.)

Spence, o basset hound, anda por aí no banco do passageiro do carro de Andrew Markle e ainda não sofreu nenhum acidente urinário dentro do veículo.

A exibição Walk On de Mike Collier continua percorrendo o Reino Unido, e Todd Shalom mudou o foco do Elastic City para um festival de caminhadas livres.

Na reta final do referendo sobre a independência da Escócia, o parlamentar Rory Stewart cancelou seus planos de realizar um comício de união, com as pessoas colocando-se de mãos dadas ao longo da Muralha de Adriano, a fortificação romana que acompanha a fronteira setentrional da Inglaterra, na Cumbria. Em vez disso, ele caminhou ao lado da muralha durante um ou dois dias, uma paisagem onde as pessoas "comeram azeitonas, fitaram o chão molhado, os arbustos e a linha distante das colinas durante trezentos anos".

Minha avó trocou seu apartamento por um aposento num residencial geriátrico. O lugar é contornado por uma trilha arborizada e agora ela pode caminhar até a casa de meus pais.

As obras da faixa de pedestres de tijolinhos texturizados ainda não começaram lá no cruzamento movimentado perto da escola de minhas filhas. Mas instalaram uma grande placa azul de "informações/orientações Mx-38" ao lado do botão de pedestre em todas as quatro esquinas.

Mesmo quando eu não procurava pessoas que gostavam de andar, eu as encontrava. Em Tamworth, um vilarejo de encruzilhada em Ontário, com duzentos habitantes, aluguei um apartamento por uma semana para que eu pudesse ter um lugar sossegado onde trabalhar. Três dias antes de eu chegar, um homem recluso, incitado por uma briga por causa de armadilhas para ratos-almiscarados, saíra atirando em todo mundo, matou uma pessoa e mandou outras duas para o hospital antes de tirar a própria vida. Durante minha estada, numa noite fria de março, quase todos os moradores de Tamworth se reuniram na frente do estádio de hóquei para uma caminhada curativa, uma procissão silenciosa pelas ruas.

– A violência se espalhou por uma área geográfica tão grande – disse-me uma das organizadoras quando passávamos pela agência dos correios, onde um bombeiro fora baleado –, então parece que estamos retomando o espaço.

Ela acreditava que a caminhada trocaria por imagens de comunhão as imagens de violência que ficaram gravadas na mente dos moradores.

Alguns meses depois, Lisa, as meninas e eu passamos um fim de semana numa cidadezinha chamada Bancroft, perto de Tamworth. No parque próximo ao nosso hotel, estava em andamento um Revezamento pela Vida que duraria a noite toda e visava arrecadar fundos para o combate ao câncer. Uma banda tocava rock clássico num palco decorado como se fosse uma cabana rústica, e homens e mulheres davam voltas numa trilha que contornava o parque, e o trajeto era delineado por sacos de papel que tinham os nomes de – e mensagens para – sobreviventes e vítimas de câncer. Voltei ao parque depois de botar Maggie e Daisy na cama. Iluminadas por velas elétricas, dançando na relva escura, as "luminárias" pareciam mágicas, feito pequenos faróis que, a qualquer momento, poderiam flutuar e alçar voo. "O câncer tem medo de quem anda", alguém escrevera numa delas. Havia uma sensação de frio no ar. Completei uma volta para me aquecer, daí fiz mais uma.

Geleiras estão derretendo. O Oriente Médio está em chamas. O ebola está se espalhando. Por que se incomodar? Por que caminhar? Por que não se recolher entre quatro paredes e viajar sobre rodas ou asas?

Porque caminhar é um tônico que fortalece o corpo, a mente e a alma. Porque o ato pode restaurar a saúde e insuflar a esperança em lugares onde faltam uma e outra. Porque pode ajudar a replantar as sementes da independência e da interdependência, duas coisas sem as quais não conseguimos florescer. Michael Pollan destilou sua receita para uma dieta saudável em seis palavras simples. *Consuma comida. Sem exageros. Basicamente vegetais.* Meu manifesto cabe em cinco. *Caminhe mais. A qualquer parte.*

A madeira não conduz muito bem o calor. Quando se anda sobre um leito de brasas, os pés não mantêm contato com os tições por tempo suficiente para queimá-los. Ou essa é a teoria. Jacques Patenaude já o fez trezentas vezes, cobrindo distâncias de até doze metros, e saiu queimado em seis delas.

– Não olhem diretamente para o fogo e não corram – ele nos diz. Isso faz os pés afundarem nas brasas e aumenta a probabilidade de alguém sair machucado. – Mas não andem muito devagar – ele acrescenta.

Formamos uma fila sobre uma esteira de borracha diante do pagode. O ar é tomado pelo som de tambores da África Ocidental e pelo bater cadenciado das palmas.

Martin remexe as brasas, iluminando a noite com uma chuva de fagulhas.

Somos instruídos a estender os braços para a frente, palmas para cima, e a repetir o mantra "musgo frio".

Minha mente está livre e desimpedida quando chego à beira do fogo. Nenhuma imagem passa diante de meus olhos. Nenhuma onda de emoção ou medo. Hesito um instante, aí simplesmente dou um passo à frente – "musgo frio, musgo frio" – e, seis passos depois, estou de pé sobre a relva úmida do outro lado. Senti uma pontada no arco do pé esquerdo, mas só isso, nenhuma outra dor. Nenhuma sensação intensa de catarse. Apenas a sensação de que, depois de ter começado, era mais fácil continuar do que parar.

Depois de todos terem caminhado sobre as brasas, eu volto ao fim da fila, pronto para tentar de novo.

Bibliografia

A maioria das entrevistas citadas a seguir foi feita com este livro em mente. Outras foram conduzidas também com o intuito de escrever artigos que foram publicados em *The Walrus*, *Globe and Mail*, *The Economist*, *enRoute*, *Canadian Business*, *Ottawa Magazine*, *Spacing*, *Cottage Life* e *explore*, onde partes deste livro já apareceram.

Prólogo

"Talvez seja melhor imaginar o caminhar": SOLNIT, Rebecca. *Wanderlust: A History of Walking*. Penguin, 2001, p. 250. [Cf. *A história do caminhar*. Trad. Maria do Carmo Zanini, Martins Fontes – selo Martins, 2016, p. 412.]

"Caminho como medicação somática": SELF, Will. "Leaving His Footprints on the City". *New York Times*, 23 mar. 2012.

"Tédio midiático" e "Ievguêni Morózov": MOROZOV, Evgeny. "Only Disconnect". *The New Yorker*, 28 out. 2013.

"[U]m estado no qual a mente, o corpo e o mundo se alinham", SOLNIT, R., op. cit, p. 5. [Cf. *A história do caminhar*, p. 22.]

"O filósofo francês Frédéric Gros": GROS, Frédéric. *A Philosophy of Walking*. Verso, 2014.

"O autor britânico Nick Hunt": HUNT, Nick. "Walking the Woods and the Water". Em *Patrick Leigh Fermor's Footsteps From the Hook of Holland to the Golden Horn*. Nicholas Brealey, 2014.

"Historiador Matthew Algeo": ALGEO, Matthew. *Pedestrianism: When Watching People Walk Was America's Favorite Spectator Sport*. Chicago Review Press, 2014.

"Naturalista Trevor Herriot": HERRIOT, Trevor. *The Road Is How: A Prairie Pilgrimage Through Nature, Desire and Soul*. HarperCollins Canada, 2014.

1 Corpo

Entrevistas com Stanley Vollant e outros participantes da caminhada Innu Meshkenu, fev./mar. 2013, entre Manawan, Quebec, e Rapid Lake, Quebec, Canadá.

"O 1,4 millhão de indígenas do Canadá": Disponível em <www12.statcan.gc.ca/nhs-enm/2011/as-sa/99-011-x/99-011-x2011001-eng.cfm>.

"Homens e mulheres indígenas morrem, em média": Statistics Canada. Life Expectancy. Disponível em <www.statcan.gc.ca/pub/89-645-x/2010001/life-expectancy-esperance-vie-eng.htm>.

"A taxa de mortalidade infantil": Assembly of First Nations. "Fact Sheet – Quality of Life of First Nations," jun. 2011. Disponível em <www.afn.ca/uploads/files/factsheets/quality_of_life_final_fe.pdf>.

"Problema de saúde crônico": Health Canada. First Nations and Inuit Health. Disponível em <www.hc-sc.gc.ca/fniah-spnia/diseases--maladies/index-eng.php>.

"Crianças das primeiras nações [...] acima do peso ou são obesas": Public Health Agency of Canada. Obesity in Canada – Snapshot. Disponível em <www.phac-aspc.gc.ca/publicat/2009/oc/index-eng.php>.

"Uma crise plena": Heart and Stroke Foundation. "A Perfect Storm of Heart Disease Looming on our Horizon", 25 jan. 2010. Disponível em <www.heartandstroke.com/atf/cf/{99452D8B-E7F1-4BD6-A-57D-B136CE6C95BF}/Jan23_EN_ReportCard.pdf>.

"As estatísticas referentes [...] encarceramento": Office of the Correctional Investigator. Annual Report 2012–2013. Disponível em <www.oci-bec.gc.ca/cnt/rpt/annrpt/annrpt20122013-eng.aspx>.

"A causa de morte mais comum": Health Canada. First Nations & Inuit Health. Disponível em <www.hc-sc.gc.ca/fniah-spnia/promotion/mental/index-eng.php>.

"Grupo demográfico mais jovem e de mais rápido crescimento": Statistics Canada. Aboriginal Peoples in Canada. Disponível em <www12.statcan.gc.ca/nhs-enm/2011/as-sa/99-011-x/99-011-x-2011001-eng.cfm>.

"Horário de índio": Duncan McCue. Reporting in Indigenous Communities. Disponível em <www.riic.ca/the-guide/in-the-field/indian-time>.

Entrevistas com Jean-Charles Fortin, fev./mar. 2013, entre Manawan, Quebec, e Rapid Lake, Quebec, Canadá.

"Os estadunidenses têm por hábito": SPECK, Jeff. *Walkable City: How Downtown Can Save America, One Step at a Time*. Farrar, Straus and Giroux, 2012, p. 101.

"Análise de dados recolhidos de pedômetros": VANDERBILT, Tom. "The Crisis in American Walking", *Slate*, 10 abr. 2012. Disponível em <www.slate.com/articles/life/walking/2012/04/why_don_t_americans_walk_more_the_crisis_of_pedestrianism_.html>.

"O declínio do caminhar": VANDERBILT, Tom. "The Crisis in American Walking". Em *Traffic: Why We Drive the Way We Do (and What It Says About Us)*. Vintage, 2008.

"O fisiologista londrino Richard Doll": DOLL, Richard & HILL, Austin Bradford. "Smoking and Carcinoma of the Lung: Preliminary Report". *British Medical Journal*, 2, p. 739-48, 30 set. 1950.

"O ministro da Saúde britânico, Iain Macleod": The National Archives. The Cabinet Papers 1915-1984. Disponível em <www.nationalarchives.gov.uk/cabinetpapers/themes/one-page.htm>.

"O médico londrino Jerry Morris": KUPER, Simon. "The Man Who Invented Exercise". *FT Magazine*, 12 set. 2009. Disponível em <www.ft.com/intl/cms/s/0/e6ff90ea-9da2-11de-9f4a-00144feabdc0.html#axzz3E3QFLQUS>.

"Doença cardíaca coronariana e atividade física no trabalho": MORRIS, Jerry. "Coronary Heart-Disease and Physical Activity of Work". *The Lancet*, 262, n. 6795, p. 1053-7, nov. 1953.

"A deambulação ereta": Smithsonian National Museum of Natural History. Disponível em <humanorigins.si.edu/human-characteristics/walking>. Também: WAYMAN, Erin. "Becoming Human". *Smithsonian*, 6, ago. 2012. Disponível em <www.smithsonianmag.com/science-nature/becominghuman-the-evolution-of-walking-upright-13837658/?no-ist>.

"Usando uma perna rija": ACKERMAN, Jennifer. "The Downside of Upright". *National Geographic*, jul. 2006.

"O cérebro da cabeça aos pés": The Brain from Top to Bottom. Disponível em <thebrain.mcgill.ca>.

"Os canais de parto estreitos": ACKERMAN, J., op. cit.

"Vários movimentos básicos": TYSON, Peter. "Our Improbably Ability to Walk". *NOVA*, 20 set. 2012. Disponível em <www.pbs.org/wgbh/nova/body/our-ability-to-walk.html>.

"O bipedalismo [...] tornou nossa espécie mais inteligente": SHINE, Richard & SHINE, James. "Delegation to Automaticity: The Driving Force for Cognitive Evolution?". *Frontiers in Neuroscience*, 8, n. 90, 29 abr. 2014.

"As concessões evolutivas": ACKERMAN, J., op. cit.

"University College London [...] metanálise das pesquisas sobre o caminhar": Harvard Health Publications, Harvard Medical School. "Walking: Your Steps to Health", ago. 2009. Disponível em <www.health.harvard.edu/newsletters/Harvard_Mens_Health_Watch/2009/August/Walking-Your-steps-to-health>.

"Emma Wilmot [...] da Universidade de Leicester": WILMOT, Emma et al. "Sedentary Time in Adults and the Association with Diabetes, Cardiovascular Disease and Death: Systematic Review and Meta-Analysis". *Diabetologia*, 55, n. 11, p. 2895-905, 14 ago. 2012.

"Os números são preocupantes": PICARD, André. "Why the Sedentary Life is Killing Us". *Globe and Mail*, 15 out. 2012.
Entrevista com Michael Evans, por telefone, abr. 2013.
Entrevista com Michael Vallis, por telefone, abr. 2013.
"No mundo todo, a quantidade de pessoas acima do peso e obesas subiu": "Global, Regional, and National Prevalence of Overweight and Obesity in Children and Adults During 1980-2013: A Systematic Analysis for the Global Burden of Disease Study 2013". *The Lancet*, *384*, n. 9945, p. 766-81, 30 ago. 2014.
"Banho de floresta": WILLIAMS, Florence. "Take Two Hours of Pine Forest and Call Me in the Morning". *Outside*, dez. 2012.
"*Shinrin-yoku*, um termo introduzido": MIYAZAKI, Yoshifumi et al. "The Physiological Effects of *Shinrin-yoku* (Taking in the Forest Atmosphere or Forest Bathing): Evidence from Field Experiments in 24 Forests Across Japan". *Environmental Health and Preventive Medicine*, 15, n. 1, p. 18-26, jan. 2010.
"À presença de fitocidas": MIYAZAKI, Yoshifumi; LI, Qing et al. "Phytoncides (Wood Essential Oils) Induce Human Natural Killer Cell Activity". *Immunopharmacology and Immunotoxicology*, 28, n. 2, p 313-33, fev. 2006.
"Camundongos mantidos num ambiente perfumado [...] redução no crescimento de melanomas": KUSUHARA, M. et al., "Fragrant Environment With α-Pinene Decreases Tumor Growth in Mice". *Biomedical Research*, 33, n. 1, p. 57-61, 24 fev. 2012.
"Executivos japoneses de meia-idade": LI, Qing. "Effect of Forest Bathing Trips on Human Immune Function". *Environmental Health and Preventive Medicine*, 15, n. 1, p. 9-17, jan. 2010.
"É como se fosse uma droga milagrosa": WILLIAMS, F., op. cit.
"Todas as funções fisiológicas humanas": MIYAZAKI, Yoshifumi et al. "Physiological Effects of *Shinrin-yoku* (Taking in the Atmosphere of the Forest) Using Salivary Cortisol and Cerebral Activity as Indicators". *Journal of Physiological Anthropology*, 26, n. 2, p. 123-8, fev. 2007.
Entrevista com Margaret MacNeill, Toronto, Canadá, abr. 2013.
Entrevistas conduzidas no Challenging Environment Assessment Laboratory de Toronto, Canadá, nov. 2013.

"Apneia do sono": Harvard Medical School. "The Price of Fatigue: The surprising economic costs of unmanaged sleep apnea", dez. 2010.

"O preço que pagamos por cair": The iDAPT Centre. Disponível em <www.idapt. com/index.php/labs-services/research-labs/ceal-labs/stairlab>.

"Uma a cada três pessoas acima dos 65 anos sofre uma queda por ano no Canadá": SCOTT, Vicky; WAGAR, Lori & ELLIOTT, Sarah. "Falls and Related Injuries among Older Canadians", Public Health Agency of Canada, 30 abr. 2010. Disponível em <www.hiphealth.ca/media/research_cemfia_phac_epi_and_inventor_20100610.pdf>.

Entrevista com Amanda Boxtel, por telefone, nov. 2013.

"O segundo dispositivo mais importante de 2010": Gadget Lab Staff. *Wired*, dez. 2012. Disponível em <www.wired.com/2010/12/top-tech-2010>.

"Pergunte a qualquer cadeirante": NICHOLSON, Red. "Why the Obsession with Walking?" Attitude Live, 5 jun. 2014. Disponível em <attitudelive.com/blog/red-nicholson/opinion-why-obsession-walking>.

2 Mente

"Neste exato momento, estamos decidindo": KOLBERT, Elizabeth. *The Sixth Extinction: An Unnatural History*. Henry Holt and Co., 2014.

"Desconheço pensamento do qual, por mais penoso": KIERKEGAARD, Søren. Carta para sua sobrinha Henriette Lund, 1847. Apud POOLE, Roger. *Kierkegaard: The Indirect Communication*. University of Virginia Press, 1993, p. 172.

"A Escócia apresenta a mais baixa expectativa de vida": Office for National Statistics, 16 abr. 2014. Disponível em <www.ons.gov.uk/ons/publications/re-reference-tables.html?edition=tcm%3A77-354758>.

"O efeito Glasgow": Glasgow Centre for Population Health, "Investigating a 'Glasgow Effect,'" abr. 2010. Disponível em <www.gcph.co.uk/publications/61_investigating_a_glasgow_effect>.

"Coleta de Dados sobre a Saúde na Escócia": Office for National Statistics. "The Scottish Health Survey: The Glasgow Effect", nov. 2010. Disponível em <www.scotland.gov.uk/Resource/Doc/330419/0107211.pdf>.

"Comece e pronto, droga": MURIEL, Ali. "Mystery of Glasgow's Health Problems". *The Guardian*, 6 nov. 2012. Disponível em <www.theguardian.com/society/2012/nov/06/mystery-glasgow-health-problems>.

"Eu nem sequer tinha passado a sede do clube de golfe": LIRA, Carl. "Biography of James Watt". Disponível em <www.egr.msu.edu/~lira/supp/steam/wattbio.html>.

"O início do Antropoceno": BILLINGS, Lee. "Embracing the Anthropocene" *Seed*, 19 mar. 2010. Disponível em <seedmagazine.com/content/article/embracing_the_anthropocene>.

Entrevistas com os participantes do programa de caminhadas pela saúde da Paths for All/Scottish National Heath Service. Glasgow, Escócia, jul. 2013.

"A solidão persistente": Mental Health Foundation. "The Lonely Society?", 2010. Disponível em <www.mentalhealth.org.uk/content/assets/PDF/publications/the_lonely_society_report.pdf>.

"Análise do retorno social do investimento": Paths for All. "Glasgow Health Walks: Social Return on Investment Analysis". Jul. 2013. Disponível em <www.pathsforall.org.uk/sroi>.

"Em boa companhia": Canadian Centre for Occupational Health and Safety. "Walking: Still Our Best Medicine". 20 abr. 2006. Disponível em <www.ccohs.ca/oshanswers/psychosocial/walking.html>.

"Caminhar pode ajudar a prevenir o encolhimento do cérebro": GOW, Alan et al. "Neuroprotective lifestyles and the aging brain". *Neurology*, 79, n. 17, p. 1802-8, 23 out. 2012.

"Um cérebro saudável pode desacelerar a progressão": ERICKSON, Kirk. "Physical Activity Predicts Gray Matter Volume in Late Adulthood". *Neurology*, 75, n. 16, p. 1415-22, 19 out. 2010.

"Estima-se que 5,2 milhões de estadunidenses tinham Alzheimer": The Alzheimer's Association. Facts and Figures. Disponível em <www.alz.org/alzheimers_disease_facts_and_figures.asp#quickFacts>.

Entrevista com Rich Mitchell, Glasgow, Escócia, ago. 2013.

"Prática regular de exercícios num parque ou numa floresta poderia diminuir pela metade o risco": MITCHELL, Richard. "Is Physical Activity in Natural Environments Better for Mental Health Than

Physical Activity in Other Environments?". *Social Science & Medicine*, *91*, p. 130-4, ago. 2012.

"Determinantes sociais da saúde": World Health Organization. "The Solid Facts", 2003. Disponível em <www.euro.who.int/__data/assets/pdf_file/0005/98438/e81384.pdf>.

"Uma janela para ambientes externos": ULRICH, Roger. "View Through a Window May Influence Recovery from Surgery". *Science*, 224, p. 420-1, 1984).

"Teoria da Restauração da Atenção": KAPLAN, Rachel & KAPLAN, Stephen. *The Experience of Nature: A Psychological Perspective*. Cambridge University Press, 1989.

"Nem todas as fascinações são igualmente eficazes": KAPLAN, Rachel; KAPLAN, Stephen & RYAN, Robert. *With People in Mind: Design and Management of Everyday Nature*. Island Press, 1998, p. 18.

"Outro psicólogo estadunidense, Terry Hartig": HARTIG, Terry et al. "Tracking Restoration in Natural and Urban Field Settings". *Journal of Environmental Psychology*, 23, n. 2, p. 109-23, jun. 2003.

"A atividade menos vigorosa de caminhar": ROBERTSON, Roma et al. "Walking for Depression or Depressive Symptoms: a Systematic Review and Meta-Analysis". *Mental Health and Physical Activity*, 5, n. 1, p. 66-75, jun. 2012.

"O espaço verde pode reduzir o estresse": MITCHELL, Richard et al. "More Green Space is Linked to Less Stress in Deprived Communities: Evidence from Salivary Cortisol Patterns". *Landscape and Urban Planning*, 105, n. 3, p. 221-9, abr. 2012.

"Woods In and Around Towns": MITCHELL, Richard et al. "How Effective is the Forestry Commission Scotland's Woodland Improvement Programme [...] at Improving Psychological Well-Being in Deprived Urban Communities?". *BMJ Open*, ago. 2013.

Entrevista com Sean Gobin, por telefone, out. 2013; informações disponíveis em <warriorhike.com>.

"O risco de exposição ao trauma": FRIEDMAN, Matthew; U.S. Department of Veterans Affairs, PTSD History and Overview. Disponível em <www.ptsd.va.gov/professional/PTSD-overview/ptsd-overview.asp>.

"A distância é outra quando você encara o mundo a pé": BRYSON, Bill. *A Walk in the Woods: Rediscovering America on the Appalachian Trail.* Doubleday, 1996.

Entrevistas com Shauna Joye e Zachary Dietrich, por telefone, dez. 2013.

"Mais de 350 milhões de pessoas no mundo todo sofrem de depressão": World Health Organization, out. 2012. Disponível em <www.who.int/mediacentre/factsheets/fs369/en>.

"Prevenir a depressão [...] uma questão de movimento": GOODYEAR, Sarah. "How Simple Physical Activity Could Stave Off Depression". CityLab, 13 fev. 2014. Disponível em <www.citylab.com/commute/2014/02/how-simple-physical-activity-could-stave-depression/8398>.

"Camundongos inativos são mais ansiosos": SCHOENFELD, Timothy et al. "Physical Exercise Prevents Stress-Induced Activation of Granule Neurons and Enhances Local Inhibitory Mechanisms in the Dentate Gyrus". *Journal of Neuroscience*, 33, n. 18, p. 7770-7, maio 2013.

"Caminhar é a maneira mais fácil e barata de aliviar a depressão": *The Walking Revolution.* Disponível em <everybodywalk.org/documentary>.

Entrevista com Mark Norwine, por telefone, fev. 2014.

"O neurocientista da Universidade Duke, James Blumenthal": BLUMENTHAL, James et al. "Exercise Treatment for Major Depression: Maintenance of Therapeutic Benefit at 10 Months". *Psychosomatic Medicine*, 62, n. 5, p. 633-8, set./out. 2000.

Entrevista com Chuck Hillman, por telefone, set. 2013.

"Uma única rodada de exercícios de vinte minutos": HILLMAN, Chuck et al. "The Effect of Acute Treadmill Walking on Cognitive Control and Academic Achievement in Preadolescent Children". *Neuroscience*, 159, n. 3, p. 1044-54, mar. 2009.

"Crianças [...] diagnosticadas com TDAH": Centers for Disease Control and Prevention. ADHD Data & Statistics. Disponível em <www.cdc.gov/ncbddd/adhd/data.html>.

"A indústria farmacêutica faturou aproximadamente 9 bilhões de dólares" e "o psicólogo Keith Connors": SCHWARZ, Alan. "The Selling of Attention Deficit Disorder". *New York Times*, 14 dez. 2013.

"Algo tão simples poderia ajudar a nos livrar da Ritalina": RAYNER, Gordon. "Walking to School 'Could Help Reduce Need for ADHD Drugs'". *The Telegraph*, 26 set. 2013.

"O estresse crônico leva à inatividade": BIRD, William. "Combatting NCDs – Time to Get Moving". *The Economist*, 18 nov. 2013.

"Uma breve epidemia de fuga dissociativa": HACKING, Ian. *Mad Travelers: Reflections on the Reality of Transient Mental Illnesses*. University of Virginia Press, 1998.

"Quase trinta por cento da população adulta da Europa": WITTCHEN, H.U. et al. "The Size and Burden of Mental Disorders and Other Disorders of the Brain in Europe 2010". *European Neuropsychopharmacology*, 21, n. 9, p. 655-79, set. 2011.

3 Sociedade

"Entende-se que a cidade cumpre uma função democrática": GEHL, Jan. *Cities for People*. Island Press, 2010, p. 109.

"Se existir uma maneira de conhecer menos um país": NEWBY, Eric. *A Short Walk in the Hindu Kush*. Secker and Warburg, 1958.

"Walker olhou por cima do ombro esquerdo": Disponível em <youtu.be/KJdK7PMVaB8>.

Entrevistas com policiais e moradores do Distrito 22 da Filadélfia, Pensilvânia, EUA, jun. 2013.

"A condição humana é difícil, por si só": JACOBS, Jane. *The Death and Life of Great American Cities*. Vintage, 1961, p. 447.

"A maneira como nos deslocamos pela cidade afeta nossas impressões": Gatersleben, Birgitta et al. "Hoody, Goody or Buddy? How Travel Mode Affects Social Perceptions in Urban Neighbourhoods". *Transportation Research Part F: Traffic Psychology and Behaviour*, 21, p. 219-30, nov. 2013.

"Seguro existencial": KREIDER, Tim. "The 'Busy' Trap". *New York Times*, 30 jun. 2012.

"A capital dos homicídios": Philadelphia Police Department. "Murder/Shooting Analysis, 2013". Disponível em <www.phillypolice.com/assets/crime-maps-stats/HomicideReport-2013.pdf>, p. 3.

"A gente fica na esquina, briga": DENVIR, Daniel; MELAMED, Samantha & SCHNEIDER, Eric. "Dispatches from Killadelphia". *Philadelphia City Paper*, 26 set. 2013.

"Dos 331 homicídios cometidos na Filadélfia": Philadelphia Police Department. "Murder/Shooting Analysis, 2013".

"Lidar com o conflito social": KELLING, George L. "Juveniles and Police: The End of the Nightstick". Em HARTMANN, Francis X. (org.) *From Children to Citizens, Vol. II: The Role of the Juvenile Court*. Springer-Verlag, 1987.

"A princípio, todos os policiais faziam a ronda a pé na Filadélfia": SPROGLE, Howard O. *Philadelphia Police, Past and Present*. LBS Archival Products, 1992.

"Eu sempre defendi a teoria": DEWAN, Shaila. "As Gas Prices Rise, Police Turn to Foot Patrols". *New York Times*, 20 jul. 2008.

"Experimento do Patrulhamento a Pé de Newark": Police Foundation, 1981. Disponível em <www.policefoundation.org/content/newark-foot-patrol-experiment-report>.

"O patrulhamento a pé [...] totalmente desacreditado": KELLING, George L. & WILSON, James Q. "Broken Windows". *The Atlantic*, mar. 1982.

Entrevista com Jerry Ratcliffe, por telefone, jun. 2013.

"Experiência do Patrulhamento a Pé da Filadélfia": Department of Criminal Justice, Temple University. Disponível em <www.temple.edu/cj/footpatrolproject>.

"Numa parte complicada de Roterdã": "The Neighbourhood Takes Charge". Disponível em <www.rotterdam.nl/factsheet_neigbourhood_takes_charge_project> e <www.huffingtonpost.ca/jon-packer/urban-crime_b_4959466.html>.

Entrevista com Matt Green, Harlem, Nova York, EUA, jun. 2013.

"Demolir todas as generalizações": GREEN, Matt. "Why I'm Walking Every Single Block in New York City". *Good*, 24 mar. 2013. Disponível em <magazine.good.is/articles/why-i-m-walking-every-single-block-in-new-york-city and imjustwalkin.com/nyc-details>.

"Ondas de imigração e gentrificação": HELMREICH, William B. *The New York Nobody Knows*. Princeton University Press, 2013.

"Quando pensamos nas cidades": Matt Green at TEDxDumbo, 13 out. 2012. Disponível em <youtu.be/XlR4fVGI39s>.

"A empresa e a aventura do dia": THOREAU, Henry David. "Walking". *Atlantic Monthly*, jun. 1862.

"O pedestre não é ninguém nesta cidade": CASEY, Nicholas. "A Very Pedestrian Superhero Grapples With Mexico City Traffic". *Wall Street Journal*, 29 maio 2013.

"Aproximadamente 270 mil pedestres são mortos por veículos motorizados": World Health Organization. "Global Status Report on Road Safety 2013". Disponível em <www.who.int/violence_injury_prevention/road_safety_status/2013/en>.

"Mais de 47 mil pedestres foram mortos nas ruas dos Estados Unidos": Smart Growth America. "Dangerous by Design 2014". Disponível em <www.smartgrowthamerica.org/research/dangerous-by-design/dbd2014/national-overview>.

"Distrações durante a condução do veículo [...] provocam 1,6 milhão de acidentes": National Safety Council. Disponível em <www.nsc.org/Pages/NSCestimates16millioncrashescausedbydriversusingcellphonesandtexting.aspx>.

"Todo mundo sabe que é bom olhar para a esquerda e a direita": "Phones Put Pedestrians in a Fog". *Consumer Reports*, ago. 2012.

"Mandar mensagens de texto enquanto andamos não só distorce o fluxo de informações sensoriais": SCHABRUN, Siobhan et al. "Texting and Walking: Strategies for Postural Control and Implications for Safety". *PLUS ONE*, 9, jan. 2014.

"Desdém pelo caminhar": VANDERBILT, T., op. cit.

"Já no século XIV a.C.": GALLAGHER, Leigh. *The End of the Suburbs: Where the American Dream Is Moving*. Portfolio/Penguin, 2013.

"Cidades dispersas eram o sonho do capitalista": MONTGOMERY, Charles. *Happy City: Transforming Our Lives Through Urban Design*. Doubleday, 2013.

"Os índices de diabetes entre os *baby boomers*": Entrevista com dr. Michael Evans, por telefone, abr. 2013.

"Quanto maior a distância percorrida [entre o lar e o trabalho]": MONTGOMERY, C., op. cit.

"O impacto social do deslocamento diário": PUTNAM, Robert. *Bowling Alone: The Collapse and Revival of American Community*. Simon & Schuster, 2000, p. 213.

"Uma obesidade total e global": SPECK, Jeff, op. cit. p. 101-2.

"O crescimento da população urbana [...] superou o crescimento suburbano": GALLAGHER, Leigh. "The End of the Suburbs". *Time*, 31 jul. 2013.

"Subsídio da expansão": Naheed Nenshi. Disponível em <youtu.be/Eqszj5IYlV4>.

"Tanto a morte quanto as lesões graves nas ruas da cidade": City of New York. "Vision Zero Action Plan 2014". Disponível em <www.nyc.gov/html/visionzero/pdf/nyc-vision-zero-action-plan.pdf>.

"Evolução de quarenta anos de Copenhague": GEHL, J., op. cit.

"O livro é um chamado à luta": SPECK, J., op. cit.

"Gente, isto é Los Angeles": HOCHMAN, David. "Hollywood's New Stars: Pedestrians". *New York Times*, 16 ago. 2013.

"Levantamento anual de qualidade de vida": International HR Adviser. Disponível em <www.internationalhradviser.co.uk/storage/downloads/2012%20Quality%20Of%20Living%20Worldwide%20City%20Rankings%20Survey.pdf>.

"Um sinal reconfortante de que há pessoas por perto": GEHL, J., op. cit., p. 99.

"Limitar as vagas [de estacionamento] e exigir densidade": SHOUP, Donald. *The High Cost of Free Parking*. Planners Press, 2005.

"Num dos primeiros projetos de pesquisa dessa espécie": FARROW, Jane & HESS, Paul. "Walkability in Toronto's High-Rise Neighbourhoods". Cities Centre, University of Toronto, 2010.

"Os ambientes pedestres não são simplesmente itinerários entre A e B": ibidem, p. 5.

"O caminhar feminino muitas vezes é interpretado como performance": SOLNIT, R., op. cit, p. 234. [Cf. *A história do caminhar*, p. 389.]

"Um vídeo que viralizou": Disponível em <youtu.be/b1XGPvbWn0A>.

"Quase metade das mulheres tinha medo de andar sozinha à noite": General Social Survey, 1972-2012. National Opinion Research Center. Disponível em <www3.norc.org/gss+website>.

"Um poema de John Morse": Disponível em <www.nyc.gov/html/dot/downloads/pdf/curbside-haiku-sample.pdf>.

"Nenhum desses jovens": Associated Press. "Chicago Homicides Down Drastically in 2013 to Fewest Murders Since 1965, Police Say", 1 fev. 2014. Disponível em <www.huffingtonpost.com/2014/01/02/chicago-homicides-down-dr_n_4531328.html>.

4 Economia

"Em troca de lucro e velocidade": MACKENZIE, Melanie. "Canada Post Wants to Eliminate My Job as a Letter Carrier. Here's Why You Should Care". *The Coast*, 19 dez. 2013.

"Nenhuma das extravagantes estratégias de desenvolvimento econômico": LEINBERGER, Christopher. *The Option of Urbanism: Investing in a New American Dream*. Island Press, 2009, p. 170.

Entrevista com Christine Murray, Ottawa, Canadá, nov. 2013.

"Símbolo benigno da grande rede de governança": "Post Office Symbolism". *New York Times*, 23 jul. 2003.

"Carteiro que assinou como": WALKER, Bill. "The Last Post?". *The Walrus*, maio 2012.

"Diante de uma redução de 25 por cento no volume da correspondência": The Conference Board of Canada. "The Future of Postal Service in Canada", abr. 2013.

"A empresa obteve lucro": "Canada Post: Mail Volume, Costs, and Other Quick Facts". CBC News, 11 dez. 2013. Disponível em <www.cbc.ca/m/touch/news/story/1.2459693>.

"Os Correios dos Estados Unidos": United States Postal Service. "A Decade of Facts and Figures". Disponível em <about.usps.com/who-we-are/postal-facts/decade-offacts-and-figures.htm>.

"Os Correios da Rainha divulgaram um lucro": WALKER, Ian. "Royal Mail Posts Strong Profit Growth in First Annual Results Since IPO". *Wall Street Journal*, 22 maio 2014.

"A maior varejista on-line do mundo": "Amazon Booms in 2013 with $74.45 Billion in Revenue", 30 jan. 2014. Disponível em <www.digitalbookworld.com/2014/amazon-booms-in-2013-with-74-45-billion-inrevenue>.

"Você é uma espécie de robô": O'Connor, Sarah. "Amazon Unpacked". *FT Magazine*, 8 fev. 2013. Disponível em <www.ft.com/intl/cms/s/0/ed6a985c-70bd-11e2-85d0-00144feab49a.html#slide0>.

"Que pudesse contar como eram as coisas lá dentro [da Amazom]": Nolan, Hamilton. "True Stories of Life as an Amazon Worker". *Gawker*, 2 ago. 2013. Disponível em <gawker.com/true-stories-of-life-as-an-amazon-worker-1002568208>.

"Na cidadezinha operária britânica de Rugeley": O'Connor, S., op. cit.

"As pessoas passaram a caminhar 66 por cento menos": Alliance for Biking & Walking. "Bicycling and Walking in the United States, 2012 Benchmarking Report", 2012. Disponível em <www.bikewalkalliance.org/resources/benchmarking#previousreports>.

"O custo de cidadãos obesos e acima do peso ideal": Society of Actuaries/Committee on Life Insurance Research. "Obesity and Its Relation to Mortality and Morbidity Costs", dez. 2010.

"Vamos abraçar o retrô, pessoal": Lushniak, Boris (Cirurgião Geral dos Estados Unidos). The Washington Post Health Beyond Health Care Forum, 18 jun. 2014. Disponível em <www.washingtonpost.com/blogs/post-live/wp/2014/06/24/surgeon-general-walking-and-cooking-are-your-patriotic-duties>.

"Com a recessão econômica atingindo quase todos os escalões de nossa sociedade": Alliance for Biking & Walking, op. cit., p. 174.

"Infraestrutura de transportes em Baltimore": Garrett-Peltier, Heidi. Political Economy Research Institute University of Massachusetts. "Estimating the employment impacts of pedestrian, bicycle, and road infrastructure, case study: Baltimore", 2010.

"O livro de Chris Turner": Turner, Chris. *The Leap: How to Survive and Thrive in the Sustainable Economy*. Random House, 2011.

"58 projetos de construção de onze cidades estadunidenses": Garrett-Peltier, Heidi. Political Economy Research Institute University of Massachusetts. "Pedestrian and Bicycle Infrastructure: A National Study of Employment Impacts", jun. 2011.

"Ruas Totais": Disponível em <www.smartgrowthamerica.org/complete-streets>.

"Uma comunidade caminhável também valoriza os imóveis": Downtown Baltimore Family Alliance. "Enhancing Walkability in the City of Baltimore" maio 2011. Disponível em <dbfam.org/PDF/DBFA_Walkability_White_Paper.pdf>, p. 4.

"O aumento de um ponto na escala da Walk Score valoriza o imóvel": CORTRIGHT, Joe. "Walking the Walk: How Walkability Raises Home Values in U.S. Cities". CEOs for Cities, ago. 2009.

"Consumo em cidadezinhas britânicas": LITMAN, Todd. Victoria Transport Policy Institute. "Economic Value of Walkability", 22 mar. 2014, p. 15. Disponível em <www.vtpi.org/walkability.pdf>.

"Seis em cada dez estadunidenses [...] optariam": National Association of Realtors. "2011 Community Preference Survey", 18 mar. 2011, p. 2. Disponível em <www.realtor.org/reports/2011-community-preference-survey>.

"A caminhabilidade é mais do que um conforto atrativo": FLORIDA, Richard. "America's Most Walkable Cities". *The Atlantic*, 15 dez. 2010.

"A cidade que fica a uma hora de carro de Baltimore": LEINBERGER, Christopher & ALFONZO, Mariela, Brookings Institution. "Walk This Way: The Economic Promise of Walkable Places in Metropolitan Washington, D.C.", 25 maio 2012.

"O carro [...] ocupa o centro de ": LITMAN, T., op. cit.

"A economia no orçamento pessoal promovida por uma redução no uso veicular": LITMAN, T., op. cit.

"Portland, Oregon, [...] a garota-propaganda do urbanismo": CORTRIGHT, Joe. "Portland's Green Dividend". CEOs for Cities, jul. 2007.

Entrevista com Jennifer Keesmaat, Toronto, Canadá, nov. 2013.

"No País de Gales, caminhar [...] põe comida na mesa": Economy Research Unit, Cardiff University. "The Economic Impact of Walking and Hill Walking in Wales", 28 jun. 2011.

"Aproximadamente 2,9 milhões de pessoas percorreram a TLG": Economy Research Unit, Cardiff University. "The Economic Impact of Wales Coast Path Visitor Spending on Wales 2012", nov. 2012.

"Difícil associar valores monetários à biodiversidade e à paisagem": ibidem, p. 3.

Entrevista com Joseph Murphy, Nova Galloway, Escócia, jul. 2013.

"Projetos de desenvolvimento mal concebidos": MURPHY, Joseph. *At the Edge: Walking the Atlantic Coast of Ireland and Scotland*. Sandstone Press, 2009.

"Toda a atividade econômica depende desse meio ambiente": NELSON, Gaylord. *Beyond Earth Day: Fulfilling the Promise*. University of Wisconsin Press, 2002.

"Emissões de gases do efeito estufa nos Estados Unidos": United States Environmental Protection Agency. National Greenhouse Gas Emissions Data. Disponível em <www.epa.gov/climatechange/ghgemissions/usinventoryreport.html>.

"O primeiro quilômetro e meio da caminhada é um vozerio só": PALLOTTA, Dan. "Take a Walk, Sure, but Don't Call it a Break". *Harvard Business Review Blog Network*, 27 fev. 2014. Disponível em <blogs.hbr.org/2014/02/take-a-walk-sure-but-dont-call-it-a-break>.

"*Management by walking around*": "Management by Walking About". *The Economist*, 8 set. 2008.

"Você pode cuidar da saúde": MERCHANT, Nilofer. "Got a Meeting? Take a Walk". TED Talk, fev. 2013. Disponível em <on.ted.com/Nilofer>.

Entrevista com Margaret MacNeill, Toronto, Canadá, abr. 2013.

"Um argumento complexo em pouco tempo": KAHNEMAN, Daniel. *Thinking, Fast and Slow*. Doubleday, 2011.

"A cadeirice está afetando absurdamente os seres humanos": ORLEAN, Susan. "The Walking Alive". *New Yorker*, 20 maio 2013.

"A eficiência do trabalho em cima de uma esteira": JOHN, Dinesh; BASSETT, David R. et al. "The Effect of Using a Treadmill Workstation on Performance of Simulated Office Work". *Journal of Physical Activity & Health*, 6, n. 5, p. 617-24, set. 2009.

Entrevista com Brecken Hancock e Andrew Markle, Ottawa, Canadá, fev. 2014.

5 Política

"A democracia, como a conhecemos": THOREAU, Henry David. "Civil Disobedience", 1849.

"Entendi como eu e meus colegas no governo estávamos distantes": STEWART, Rory. "My Long March to be a Tory MP in Cumbria". *The Sunday Times*, 3 jan. 2010.

Entrevista com Rory Stewart, Penrith e Tebay, Reino Unido, jul. 2013.

"Pela cara dos pecuaristas": STEWART, R., op. cit.

"Uma cópia perfeita de um ou vários Rolling Stones": "Hunky Foreign Correspondents and How to Woo Them". *Vanity Fair*, 8 fev. 2013. Disponível em <www.vanityfair.com/politics/2013/02/hottest-male-foreign-correspondents_slideshow_item1_2>.

"Uma das 75 pessoas mais influentes do século XXI": KHANNA, Parag. "Rory Stewart". *Esquire*, 6 out. 2008. Disponível em <www.esquire.com/features/75-most-influential/rory-stewart-1008>.

"Taí uma maneira péssima de terminar um filme": AITKENHEAD, Decca. "Rory Stewart: 'The Secret of Modern Britain is There is No Power Anywhere'". *The Guardian*, 3 jan. 2014.

"Um desligamento quase onírico em relação à maneira como o resto dos mortais vivencia o mundo": GLOVER, Julian. "Rory Stewart's Awfully Big Adventure". *The Guardian*, 14 jan. 2010.

"Atrasado, periférico e irrelevante": STEWART, Rory. *The Places in Between*. Harvest/Harcourt, 2006, p. 25.

"São três metros de neve": ibidem, p. 3.

"O único item de tecnologia estrangeira era um Kalashnikov": ibidem, p. xii.

"Al-Qaeda também era boa no começo": ibidem, p. 84.

"Porque o governo russo proibiu": ibidem, p. 143.

"Eu era passado de mão em mão feito um pacote": ibidem, p. 207.

"A criação de um governo centralizado, de bases amplas e multiétnico": ibidem, p. 245.

"Uma análise séria de uma cultura estrangeira": ibidem, p. 247.

"Stewart é independente demais": DUNT, Ian. "Rory Stewart's Remarkable Commons Speech Showed How to Make the Case for the Union", 6 fev. 2014. Disponível em <www.politics.co.uk/comment-analysis/2014/02/06/rory-stewart-s-remarkable-commons-speech-showed-how-to-make>.

"Até mesmo uma caminhada em terreno conhecido [...] pode oferecer novas perspectivas": THOREAU, Henry David. "Walking". *The Atlantic*, jun. 1862. Disponível em <www.thcatlantic.com/magazine/archive/1862/06/walking/304674>.

"Desfile pelo Sufrágio Feminino": TAYLOR, Alan. *The Atlantic*, 3 mar. 2013. Disponível em <www.theatlantic.com/infocus/2013/03/100-years--ago-the-1913-womens-suffrage-parade/100465>.

"Pernas de brancos e negros": BRANCH, Taylor. *The King Years: Historic Moments in the Civil Rights Movement*. Simon & Schuster, 2013, p. 66.

"Depois do sexo": HOBSBAWM, Eric. *Interesting Times: A Twentieth--Century Life*. Allen Lane, 2002, p. 73.

"Abriu caminho para outro avanço": BRANCH, T., op. cit.

"American Indian Movement": Disponível em <www.aimovement.org/ggc/history.html>.

"Professor doutor Lehman Brightman": Disponível em <youtu.be/086w-erjlgQ>.

"As complicadas intersecções da ecologia do deserto, da saúde e cultura humanas": O'BRIEN, Susie. "Survival Strategies for Global Times: The Desert Walk for Biodiversity, Health and Heritage". *Interventions: International Journal of Postcolonial Studies*, 9, n. 1, p. 84-99, 2007.

Entrevista com Leanne Simpson, por telefone, abr. 2013.

"Caminhada das Mulheres Indígenas a Ottawa": SILMAN, Janet. *Enough Is Enough: Native Women Speak Out*. Women's Press, 1992.

"Não achávamos que alguém fosse nos dar ouvidos": SILMAN, J, op. cit., p. 162.

"As avós das primeiras nações": MCMAHON, Kevin. "A Native Grandmother's Epic Walk for the Water". *Toronto Star*, 4 abr. 2009.

Entrevista com Leo Baskatawang, abr. 2013.

"O chefe hereditário Beau Dick": JONES, Jeffrey. "Idle No More: March to Victoria". *Sointula Ripple*, 13 fev. 2013. Disponível em <sointula-ripple.ca/2013/02/idle-no-more-march-to-victoria>.

Entrevista com Ben Isitt, por telefone, abr. 2014.

Entrevista com Dave Sauchyn, por telefone, out. 2013.

Entrevista com John Fraser, Ottawa, Canadá, jul. 2013.

"Uma das vidas mais extraordinárias de que se tem registro": PRAAGH, Anna van. "Rory Stewart: A New Kind of Tory". *The Telegraph*, 1 nov. 2009.

"A política como a conhecemos titubeia": The Dark Mountain Manifesto. Disponível em <dark-mountain.net/about/manifesto>.

6 Criatividade

"Caminhar nos expõe ao fluxo constante": SOWDEN, Paul. National Trust. Disponível em <www.ntsouthwest.co.uk/tag/weekend-walk>.

"Só consigo meditar quando caminho": Jean-Jacques Rousseau, *Confessions*, 1782.

Entrevista com Todd Shalom e Ben Weber, Brooklyn, Nova York, EUA, jun. 2013.

"Liberdade suspensa": GROS, F., op. cit. p. 5.

"Aristóteles lecionava andando para lá e para cá": CLARK, William. *Academic Charisma and the Origins of the Research University*. University of Chicago Press, 2007, p. 71.

"Diógenes [...] *solvitur ambulando*": HUFFINGTON, Arianna. "Hemmingway, Thoreau, Jefferson and the Virtues of a Good Long Walk", 29 ago. 2013. Disponível em <www.huffingtonpost.com/arianna-huffington/hemingway-thoreau-jeffers_b_3837002.html>.

"Uma de suas caminhadas por um desfiladeiro secreto": MICHALKO, Michael. "Thought Walking", 19 nov. 2012. Disponível em <www.creativitypost.com/create/thought_walking>.

"William Wordsworth [...] 300 mil quilômetros": SOLNIT, R., op. cit., p. 104. [Cf. *A história do caminhar*, p. 175.]

"Vendo-se obrigado a se concentrar em fatos logísticos e passageiros": BAIRD, Trina-Marie. "How Did Walking Serve as an Integrative Activity for Wordsworth?". Lancaster University, Dept. of Religious Studies, 2008.

"Nietzsche manteria uma rotina igualmente disciplinada": BAER, Drake. "The Workday Secrets of the World's Most Productive Philosophers". *Fast Company*, 9 out. 2013. Disponível em <www.fastcompany.

com/3019654/leadership-now/the-workday-secrets-of-the-worlds-most-productive-philosophers>.

"Somente os pensamentos aos quais se chega caminhando têm valor": NIETZSCHE, Friedrich. *Twilight of the Idols*, 1889.

"Richard Long tomou um trem rumo ao sudeste": Disponível em <www.tate.org.uk/art/artworks/long-a-line-made-by-walking-ar00142/text-summary>.

"Long mudou nosso conceito de escultura": O'HAGAN, Sean. "One Step Beyond". *The Observer*, 10 maio 2009. Disponível em <www.theguardian.com/artanddesign/2009/may/10/art-richard-long>.

"*Anywhere*": Disponível em <www.richardlong.org/Textworks/2012textworks/anywhere.html>.

"Linha interna do horizonte, escarpada e acidentada": British Council. Disponível em <visualarts.britishcouncil.org/exhibitions/exhibition/out-of-britain-2012/object/spring-circle-long-1992-p6284>.

"Uma definição ambulante de humanidade": CUMMING, Laura. "Hamish Fulton: Walk, Turner and the Elements – review". *The Guardian*, 29 jan. 2012. Disponível em <www.theguardian.com/artanddesign/2012/jan/29/hamish-fulton-walk-turner-margate-review>.

"*Slowalk (In support of Ai Weiwei)*": Disponível em <www.turnercontemporary.org/news/hamish-fulton-slowalk-in-support-of-ai-weiwei>.

"Somente a arte que resulta da experiência de caminhadas individuais": Disponível em <www.tate.org.uk/whats-on/tate-britain/exhibition/hamish-fulton-walking-journey>.

"Protesto passivo contra as sociedades urbanas": British Council. Disponível em <visualarts.britishcouncil.org/collection/artists/hamish-fulton-1946/initial/f>.

Entrevista com Mike Collier, Sunderland, Reino Unido, jul. 2013.

"*Walk On: From Richard Long to Janet Cardiff – 40 Years of Art Walking*": MORRISON-BELL, Cynthia; COLLIER, Mike; INGOLD, Tim & ROBINSON, Alistair. Catálogo oficial. Art Editions North, 2013.

"Jena Walk (Memory Field)": Disponível em <www.cardiffmiller.com/artworks/walks/jena.html>.

"Tenho a impressão de que existe um, quando, por exemplo, saio para andar": Disponível em <youtu.be/10wl-Fipvtk>.

"O país não é tão vasto": Disponível em <www.artgarfunkel.com/articles/talks.html>.

"Regra da Caminhada nº 1": DUNKEL, Tom. "He's Gone to Look for America". *Sports Illustrated*, 15, out. 1990.

"O impacto de caminhar na natureza sobre a resolução criativa de problemas": ATCHLEY, Ruth Ann & STRAYER, David. "Creativity in the Wild: Improving Creative Reasoning through Immersion in Natural Settings". *PLoS ONE*, 12 dez. 2012.

"Unidade de Comportamento e Aprendizado Absurdamente Adaptativo e Avançado": OPPEZZO, Marily & SCHWARTZ, Daniel L. "Give Your Ideas Some Legs: The Positive Effect of Walking on Creative Thinking". *Journal of Experimental Psychology*, 40, n. 4, p. 1142-52, abr. 2014.

Entrevista com Marily Oppezzo, por telefone, abr. 2014.

"A teoria cognitiva do duplo processo": KAHNEMAN, D., op. cit.

"Uma torrente de informações novas": SOWDEN, P. Disponível em <www.ntsouthwest.co.uk/tag/weekend-walk>.

Entrevista com Paul Sowden, por telefone, mar. 2014.

Entrevista com Liane Gabora, por telefone, abr. 2014.

"Big bang" da criatividade": GABORA, Liane. *The Cambridge Handbook of Creativity*. Cambridge University Press, 2010, p. 279-301.

"Pintor [...] chamado Ryan Larkin": National Film Board of Canada, 1968. Disponível em <www.nfb.ca/film/walking>.

"Eu passava de uma palavra a outra": KING, Stephen. "On Impact". *The New Yorker*, 19 jun. 2000.

"The Pedestrian": BRADBURY, Ray. "The Pedestrian". Em *The Golden Apples of the Sun*. Doubleday, 1953.

7 Espírito

"As peregrinações possibilitam a locomoção": SOLNIT, R., op. cit., p. 50. [Cf. *A história do caminhar*, p. 93.]

"Quem caminha com vigor suficiente": CHATWIN, Bruce. *In Patagonia*. Penguin Classics, 2003, p. 43.

Entrevistas na Península de Llŷn, País de Gales, ago. 2013.

"A chuva e o vento são mestres severos": THOMAS, R. S. "Too Late". Em *Collected Poems: 1945-1990*. Phoenix Press, 2002.

"Estado liminar, entre suas identidades passada e futura": SOLNIT, R., op. cit., p. 51. [Cf. *A história do caminhar*, p. 93.]

"Transformando o dia a dia numa prática contínua de meditação": CIANCIOSI, John. "Mindful Nature Walking (One Step at a Time)". *Yoga Journal*, 28 ago. 2007. Disponível em <www.yogajournal.com/article/practice-section/mindful-nature-walking-one-stepat-a-time>.

"Mais ou menos 95 por cento do tempo": TAPON, Francis. "10 Reasons Why El Camino Santiago Sucks". Disponível em <francistapon.com/Travels/Spain-Trails/10-Reasons-Why-El-Camino-Santiago-Sucks>.

"Os peregrinos costumam ir embora tranquilos e abençoados": REICHER, Stephen. "Participation in Mass Gatherings Can Benefit Well-Being: Longitudinal and Control Data from a North Indian Hindu Pilgrimage Event". *PLoS ONE*, 17 out. 2012.

"O poder da experiência coletiva": REICHER, Stephen. "Kumbh Mela Festival is Proof that Crowds Can Be Good for You". *The Guardian*, 15 jan. 2013. Disponível em <www.theguardian.com/science/blog/2013/jan/15/kumbh-mela-festival-crowds-good-for-you>.

"Nesse espaço é possível obter uma interação humana direta": BADONE, Ellen & ROSEMAN, Sharon R. (org.) *Intersecting Journeys: The Anthropology of Pilgrimage and Tourism.* University of Illinois Press, 2004.

"Experiências ritualísticas que representam rupturas": LEWIS-KRAUS, Gideon. *A Sense of Direction: Pilgrimage for the Restless and the Hopeful.* Riverhead Books, 2012.

"A humanidade, com passos temerosos e vacilantes": Disponível em <www.peacepilgrim.com/htmfiles/mdppbio.htm>.

"Eles têm um modo de vida sustentável": CHUNG, Andrew. "Montreal Man Walks Around the World". *Toronto Star*, 1 out. 2011. Disponível em <www.thestar.com/news/canada/2011/10/01/montreal_man_walks_around_the_world.html>.

"Percorrer lenta e milimetricamente a superfície da Terra": SHARP, Naomi. "On the Job". *Columbia Journalism Review*, 2 jan. 2014. Disponível em <www.cjr.org/on_the_job/on_the_job_1.php>.

"Por que tão pouca gente doa tudo que tem": "Self-Improvement Kick". *This American Life*, 1 abr. 2013. Disponível em <www.thisamericanlife.org/radio-archives/episode/483/transcript>.

"Os anos que passei como naturalista sabe-tudo": HERRIOT, T., op. cit.

"Milquetoast Harold Fry": JOYCE, Rachel. *The Unlikely Pilgrimage of Harold Fry*. Random House, 2012.

"Em vários aspectos, o Caminho dos Peninos é um exercício fútil": ARMITAGE, Simon. *Walking Home: Travels with a Troubadour on the Pennine Way*. Faber and Faber, 2012.

8 Família

"Que as crianças caminhem na natureza": MUIR, John. *A Thousand-Mile Walk to the Gulf*. Houghton Mifflin, 1916, p. xii.

"Estamos há tanto tempo de molho nessa cultura da velocidade": HONORÉ, Carl. *In Praise of Slow*. Vintage, 2004.

"O melhor momento para conversar com os filhos": "Fire, Water, Earth, Air: Michael Pollan Gets Elemental in 'Cooked'". 21 abr. 2013. Disponível em <www.npr.org/2013/04/21/177501735/fire-water-air-earth-michael-pollan-gets-elemental-in-cooked>.

"Sincronia inconsciente – um indicador de interação social": SHIMOJO, Shinsuke; YUN, Kyongsik & WATANABE, Katsumi. "Interpersonal Body and Neural Synchronization as a Marker of Implicit Social Interaction". *Scientific Reports*, 11 dez. 2012.

"Sentimentos comuns de conformidade": LAKENS, Daniël & STEL, Mariëlle. "If They Move in Sync, They Must Feel in Sync: Movement Synchronicity Leads to Attributions of Rapport and Entitativity". *Social Cognition*, 29, p. 1-14, 2011.

Entrevista com Carl Honoré, por telefone, jun. 2014.

"Nos Estados Unidos, 89 por cento dos estudantes": U.S. Department of Transportation. "Nationwide Personal Transportation Survey", 1972. Disponível em <www.fhwa.dot.gov/ohim/1969/q.pdf>.

"Atualmente, 35 por cento percorrem essa pequena distância": The National Center for Safe Routes to School. "How Children Get to School: School Travel Patterns from 1969 to 2009". Disponível em <saferoutesinfo.org/sites/default/files/resources/NHTS_school_travel_report_2011_0.pdf>.

"A proporção de crianças que iam de carro para a escola": Safe Routes to School. "Children's Mobility, Health and Happiness: A Canadian School Travel Planning Model". Disponível em <www.saferoutestoschool.ca/downloads/Executive%20Summary-CLASP%20Results-May%202012.pdf>.

"Em seu boletim de 2014": Active Healthy Kids Canada. "Is Canada in the Running?". Disponível em <dvqdas9jty7g6.cloudfront.net/reportcard2014/AHKC_2014_ReportCard_Short_ENG.pdf>.

"Pais e mães estressados e materialismo desmedido": BARTON, Adriana. "Consumerism is Creating Cunning and Callous Kids, Therapist Finds". *Globe and Mail*, 29 maio 2014. Disponível em <www.theglobeandmail.com/life/parenting/consumerism-is-creating-cunning-andcallous-kids/article18913979>.

"O poder de transformar relacionamentos": KRZNARIC, Roman. *Empathy: A Handbook for Revolution*. Random House, 2014.

"As crianças que se locomovem predominantemente a pé": GOODYEAR, Sarah. "Kids Who Get Driven Everywhere Don't Know Where They're Going". CityLab, 7 maio 2012. Disponível em <www.citylab.com/commute/2012/05/kids-who-get-driven-everywhere-dont-know-where-theyre-going/1943>.

"Geralmente expressavam sentimentos de aversão e perigo": APPLEYARD, Bruce. "Livable streets for schoolchildren". Disponível em <www.indiaseminar.com/2013/648/648_bruce_appleyard.htm>.

"Pessoas que moram em ruas urbanas com tráfego menos intenso têm mais amigos": APPLEYARD, Donald. *Livable Streets*. University of California Press, 1981.

"A maior alegria dos carros": BURDEN, Dan. Project for Public Spaces. Disponível em <www.pps.org/reference/dburden>.

"Ir a pé para a escola também é um rito de passagem": KEESMAAT, Jennifer. TEDxRegina, 16 maio 2012. Disponível em <www.tedxregina.com/video-gallery-2012>.
Entrevista com Jennifer Keesmaat, Toronto, Canadá, nov. 2013.
"Estar sempre ocupado ganhou status social": SCHULTE, Brigid. *Overwhelmed: Work, Love, and Play When No One Has the Time*. Sarah Crichton Books, 2014.
"O primeiro subúrbio planejado do Canadá": JAVED, Noor. "Toronto's Mother of All Suburbs". *Toronto Star*, 21 March 2009. Disponível em <www.thestar.com/news/gta/2009/03/21/torontos_mother_of_all_suburbs_don_mills.html>.
"A área em volta da Peanut Plaza": FARROW, Jane & HESS, Paul. "Walkability in Toronto's High-Rise Neighbourhoods". Cities Centre, University of Toronto, 2010.
"Embora essas vias tenham sido concebidas": FARROW, J. & HESS, P., op. cit., p. 2.
"Uma vida satisfatória do começo ao fim": SMITH, Emily. "Walking as a way of life". American Trails. Disponível em <www.americantrails.org/resources/health/wayoflife.html>.
"Vocês sentem que são um par": SCOTT, Howard. "Walk with Her". *Boston Globe*, 19 fev. 2012. Disponível em <www.bostonglobe.com/magazine/2012/02/19/walk-with-her/zuZerB9IrEqyOBpm1QGrVL/story.html>.
"Faixas [de pedestres] de alta visibilidade": MCGRANE, Ann & MITMANN, Meghan. "An Overview and Recommendations of High-Visibility Crosswalk Marking Styles". Pedestrian and Bicycling Information Center, para a U.S. Federal Highway Administration. Disponível em <katana.hsrc.unc.edu/cms/downloads/PBIC_WhitePaper_Crosswalks.pdf>.
"Os semáforos [de pedestres com estágio exclusivo]": National Association of City Transportation Officials. *Urban Street Design Guide*. Island Press, 2013, p. 128.
Entrevistas na escola pública Queen Elizabeth, Ottawa, Canadá, maio 2014.

"Casas de baixa renda": Ontario Ministry of Education. Disponível em <www.edu.gov.on.ca/eng/sift/schoolProfile.asp?SCH_NUMBER=463523>.

"Colisões envolvendo pedestres ficam empatadas com os acidentes automobilísticos": Rothman, Linda et al. "Walking and Child Pedestrian Injury: A Systematic Review of Built Environment Correlates of Safe Walking". *Injury Prevention*, 20, n. 1, p. 41-9, fev. 2014.

"Aumento no número de colisões envolvendo crianças pedestres.": Rothman, Linda. "Motor Vehicle-Pedestrian Collisions and Walking to School: The Role of the Built Environment". *Pediatrics*, publicado on-line em 7 abr. 2014.

"A secretaria de educação da província de Ontário gasta": Green Communities Canada. "Saving Money and Time With Active School Travel", set. 2010. Disponível em <www.saferoutestoschool.ca/oldsite/downloads/Saving_Money_and_Time_with_AT-Final-Sept_2010.pdf>.

"O número de escolas que participavam de programas semelhantes ao PME": National Center for Safe Routes to School. "Trends in Walking and Bicycling to School from 2007 to 2012", out. 2013. Disponível em <saferoutesinfo.org/sites/default/files/Trends_in_Walking_and_Bicycling_to_School_from_2007_to_2012_FINAL.pdf>.

"O fundador Ray Lowes imaginava": "Ray Lowes, Father of the Bruce Trail, 1911-2007". Disponível em <brucetrail.org/news/show/9-ray-lowes-father-of-the-bruce-trail-1911-2007>.

"No intervalo de algumas décadas": Louv, Richard. *Last Child in the Woods: Saving Our Children from Nature-Deficit Disorder*. Algonquin Books, 2008, p. 1.

Entrevista com Amber Westfall, Ottawa, Canadá, maio 2013.

Epílogo

"Toda a concatenação de coisas selvagens e artificiais": Stilgoe, John. "The Art of the Everyday Adventure". *Utne Reader* (excerto do livro *Outside Lies Magic*), jul./ago. 1999, <www.utne.com/mind-and-body/plainadventures.aspx>.

"Não se esqueçam de que um dos grandes princípios do capitalismo": MOORE, Michael. "Why I Walk". Disponível em <www.michaelmoore.com/walk-with-mike>.

Entrevistas com Jacque Patenaude e outras pessoas no ritual Fang Shen Do de andar sobre o fogo, Casselman, Ontário, Canadá, out. 2014.

"'Uma das experiências mais incríveis' de sua vida": SCHNALL, Marianne. "Tony Robbins Sets the Record Straight About Fire Walk 'Controversy'". *Huffington Post*, 31 jul. 2012. Disponível em <www.huffingtonpost.com/marianne-schnall/tony-robbins-firewalk_b_1718499.html>.

"O essencial é a simplicidade": "Etching Movements in the Sky". The Alchemist's Pillow, 11 set. 2011. Disponível em <www.alchemistspillow.com/2011/09/etching-movements-in-sky.html>.

"Efeitos de longo prazo sobre o modo de andar": WEGENER, Caleb et al. "Effect of Children's Shoes on Gait: A Systematic Review and Meta-Analysis". *Journal of Foot and Ankle Research*, 18 jan. 2011. Disponível em <www.jfootankleres.com/content/4/1/3>.

"'Enraizamento', o contato desimpedido com a terra": OSCHMAN, James L. "Can Electrons Act as Antioxidants? A Review and Commentary". *The Journal of Alternative and Complementary Medicine, 13,* n. 9, p. 955-67, nov. 2007.

"Os benefícios de caminhar de costas": MERCOLA, Joseph. "Stimulate Your Fitness IQ by Walking Backwards", 14 dez. 2012. Disponível em <fitness.mercola.com/sites/fitness/archive/2012/12/14/walkingbackward.aspx>.

Entrevista com Stanley Vollant, Ottawa, Canadá, out. 2014.

"Pesquisadores na Inglaterra têm novos indícios": LACHOWYCZ, Kate & JONES, Andy P. "Does Walking Explain Associations Between Access to Greenspace and Lower Mortality?". *Social Science & Medicine, 107,* p. 9-17, 15 fev. 2014.

"Headz Ain't Ready": GREEN, Matt. Disponível em <imjustwalkin.com/2014/04/20/barberz-92>.

"Comeram azeitonas, fitaram o chão molhado": STEWART, Rory. "Rory Stewart Walks Hadrian's Wall". *Financial Times*, 20 jun. 2014. Disponível em <www.ft.com/intl/cms/s/2/7bd1ed92-f318-11e3-a3f8-00144feabdco.html#axzz3H1dN5wEB>.

"Um homem recluso, incitado por uma briga por causa de armadilhas para ratos-almiscarados": FRIESSEN, Joe & SCILLEY, Claude. "Shootings Leave Tiny Southern Ontario Town of Tamworth shaken". *Globe and Mail*, 28 fev. 2014.

Entrevistas realizadas em Tamworth, Ontário, Canadá, mar. 2014.

"A madeira não conduz muito bem o calor": ROACH, John. "Why Fire Walking Doesn't Burn: Science or Spirituality?". *National Geographic News*, 1 set. 2005. Disponível em <news.nationalgeographic.com/news/2005/09/0901_050901_firewalking.html>.

Agradecimentos

Dezenas de pessoas me deixaram caminhar ao lado delas e/ou responderam pacientemente às minhas perguntas intermináveis nos últimos anos. Este livro não teria sido possível sem a generosidade e a sabedoria dessas pessoas. A maioria já tem seus nomes mencionados nestas páginas, mas seria de bom-tom voltar a mencionar vários deles.

Em Quebec: Stanley Vollant, Jean-Charles Fortin e Jesse Schnobb, que estabeleceram o tom de toda a minha jornada. Em Glasgow: Rich Mitchell, Heather MacLeod e os integrantes do grupo de caminhadas pela saúde do hospital New Victoria. Na Filadélfia: o sargento Bisarat Worede e os policiais da ronda a pé do Distrito 22. Em Nova York: Matt Green, que faz muito mais do que "simplesmente" andar. No sudoeste da Escócia: o geógrafo Joseph Murphy. Em Ottawa: a entregadora de correspondência Christine Murray, os passeadores de cães Brecken Hancock e Andrew Markle, o ativista da deambulação escolar Wallace

Beaton, o grão-mestre de kung fu Jacques Patenaude e o parlamentar provincial John Fraser. No Distrito dos Lagos da Inglaterra: o parlamentar Rory Stewart e o lendário guia Chris Wright, que me conduziu numa escalaminhada inesquecível ao topo do Helvellyn. No distrito nova-iorquino do Brooklyn: o jornalista Norman Oder, Todd Shalom e Ben Weber do Elastic City; Em Sunderland, Reino Unido: Mike Collier, que mudou meu jeito de pensar a arte. No País de Gales: o fornecedor Peter Hewlett, que garantiu que minhas preocupações se resumissem a caminhar. Em Tamworth, Ontário: Carolyn Butts, Hans Honegger e seu apartamento histórico, sua energia criativa e os calçados de neve de aluguel, que juntos propiciam um fantástico retiro para escritores.

Minha extraordinária agente literária, Martha Magor Webb, da Anne McDermid & Associates, me apoiou com entusiasmo desde o começo. Assim como fez Kevin Patterson, cuja paixão por embarcar em longas caminhadas e escrever a respeito delas me colocou nesta estrada.

A equipe da minha editora original, a ECW Press, com a qual foi maravilhoso trabalhar e que se mostrou essencial em todas as etapas do caminho: a editora Jen Knoch soube elogiar e criticar da maneira certa e no momento certo; os *publishers* Jack David e David Caron me deram liberdade para dizer o que eu queria; a gerente de vendas e marketing Erin Creasey fez o livro cair no mundo; a agente publicitária Sarah Dunn e a especialista em mídias sociais Alexis van Straten convenceram as pessoas a ler minha obra; a diretora de arte Rachel Ironstone deu ao livro a aparência e a sensação mais adequadas; o designer David Gee foi certeiro como capista; o preparador Stuart Ross catou todos os meus erros; e a produtora editorial Crissy Calhoun não nos deixou perder o rumo durante todo o processo.

Diversas revistas me fizeram viajar ou escrever matérias que foram cruciais na construção deste livro. Meus agradecimentos vão para Amy Macfarlane de *The Walrus*, Deb Cummings e Jill Foran da *Up!*, Julie Traves da *Globe and Mail*, Robert Guest de *The Economist*, Ilana Weitzman da *enRoute*, Natasha Mekhail da *Spafax*, David Fielding da *Canadian Business*, Rebecca Caldwell e Jay Teitel da *Cottage Life*, James Little da *explore*, Matthew Blackett e Dylan Reid da *Spacing*, e Sarah Brown e

Dayanti Karunaratne da *Ottawa Magazine*. Outros escritores e editores amigos deram-me conselhos e estímulos valiosos: Rick Boychuk, Eric Harris, Alan Morantz, Allan Casey, Curtis Gillespie, Chris Turner, Marcello Di Cintio, Scott Messenger, Craille Maguire Gillies e muitos outros, cujos nomes eu certamente esqueci de mencionar. (Foi mal!)

Eu procuro respaldo em vários livros nesta obra, particularmente no clássico *Wanderlust* de Rebecca Solnit, no indispensável *Walkable City* de Jeff Speck, no instigante *The Happy City* de Charles Montgomery e no comovente *The Road Is How* de Trevor Herriot. Recomendo a leitura de todos eles.

O Conselho Canadense em Prol das Artes, o Conselho de Arte da Província de Ontário e os Institutos Canadenses de Pesquisa em Saúde financiaram o projeto, pelo que sou muito grato.

A todos os meus amigos e familiares – principalmente meus pais, minha avó, meus irmãos e suas respectivas famílias –, obrigado por me apontarem o rumo certo e por me escutarem falar ininterruptamente sobre o caminhar sem perder o bom humor.

E, por último, mas não menos importantes, agradeço às minhas filhas Maggie e Daisy, e à minha esposa Lisa Gregoire, a melhor escritora que conheço, por permitirem que este projeto dividisse conosco nossa casa e nossa vida.

1ª **edição** março de 2018 | **Fonte** Minion Pro
Papel Avena 70 g/m² | **Impressão e acabamento** Orgrafic